2015年浙江省提升地方高校办学水平专项资金项目资助
浙江理工大学人文社科学术专著出版资金资助（2017年度）
浙江理工大学科研启动基金资助（15102077-Y）

应对基于健康状况的歧视：理论、经验和挑战

李子瑾 著

法律出版社
LAW PRESS · CHINA

浙江理工大学法学文库

序

我很高兴能为李子瑾博士的书写这篇序言。这本书是在她向英国华威大学提交的博士毕业论文的基础上完成的。我在华威大学任教期间,有幸担任了李子瑾博士的博士研究导师。看着她在几年时间里成长起来,成为一个训练有素、有坚定信念、取得了一定成绩的研究者,我感到非常自豪。李子瑾博士的学术水平从她的博士毕业论文答辩委员对其论文的肯定中可见一斑。她的博士毕业论文答辩委员没有要求她对论文做任何修改即获得了通过。这种成绩虽然不是绝无仅有,但也是极为罕见的。

李子瑾博士的博士毕业论文以及这本书关注了一个具有世界性意义的话题:社会如何应对基于健康状况的歧视?在不同程度上,全球大部分国家和文化都存在对具有特定医学情况的人的歧视,不论其形式是针对疾病或是残疾。这类歧视经常发生在工作场所、教育、医疗、住房或其他服务中,往往缺乏科学或理性的根据。这类歧视是人们无知或任意偏见的产物,在有些情况下,是长期以来的文化所决定的行为模式。

李子瑾博士的书对国际法上反歧视原则的发展提供了一个精细的分析,其中特别讨论了基于健康状况的歧视逐渐被国际法规则所禁止的情况。同时,她还对美国、英国、澳大利亚、荷兰,以及中国香港地区等国家和地区的法律进行了详细和有价值的探讨,指出了这些法域禁止基于健康状况的歧视的经验。

作为一个来自中国的法律学者,李子瑾博士的书主要关注了中国的相关经验。她对中国自公元前1046年起就出现的基于健康状况的歧视及其应对的历史进行了分析。同时,她还与读者分享了她所开展的广泛的实地调查的结果。李子瑾博士大量和深入地访谈了律师、医生、基于健康状况的歧视的受害者等人,提供了许多重要和有启发意义的信息。她的结论和对中国法律、制度、社会等改革的建议值得政策制定者和每一个关心此话题的人深思。总的来说,李子瑾博士的这本出色的作品在中国和其他地方都应得到广泛的读者关注。

史蒂芬·伊斯特凡·波加尼教授
华威大学法学院退休教授
中欧大学法学院访问学者

自　序

本研究是在我博士论文的基础上修改完成的。本研究的最终完成要感谢许多热心的人士和机构。

在英国华威大学攻读博士学位期间，我不仅收到了学校全额奖学金的鼓励，更得到各位老师和同事的支持。我的主要导师史蒂芬·伊斯特凡·波加尼教授持续关心和耐心教导我，用他在学术研究中的严格、勤奋和创造力鼓舞了我。Octavio Ferraz 博士、George Meszaros 博士作为我的阶段导师，在选择合适的研究方法和培养好的写作习惯方面帮了我很多。Abdul Paliwala 教授总是和我分享他关于中国文化的绝妙点子。其他各位老师和我的博士同事们也都对本研究提出了建设性的反馈意见。

我对人权法尤其是平等和反歧视法的兴趣是在北京大学攻读学士和硕士学位期间开始培养的，为此我特别感谢北京大学提供的宽松自由的学术氛围和恩师们对我的启发和指导。我的硕士导师沈岿教授从我保研时起就鼓励我参加他负责的反歧视国际合作项目，手把手地教导我如何组织和开展研究，以身作则为我树立了一个优秀学者的榜样。白桂梅教授在我加入国际人权法硕士项目期间和之后，一直支持我在人权法这一领域大胆探索，并推荐我到各个机构学习和交流。叶静漪教授多年来致力于推进平等就业权的保障，在反健康就业歧视方面有深入的研究和丰富的实践经验，激发了我对相关方面研究的兴趣。北京大学法学院尤其是宪法与行政法和国际法专业的其他各位老师也都对我进行了颇有启发的指导。

在我学术生涯探索的早期，我十分有幸遇到了一群志同道合的学术前辈，他们在平等和反歧视研究方面孜孜不倦并乐于鼓励后进。像中国政法大学的刘小楠教授、四川大学的周伟教授、清华大学的李楯教授、中华女子学院的刘明辉教授等，都身体力行地为中国的反歧视事业持续奋斗，并无私地提携和指点我这样的年轻学者。可惜在这里不能一一列举各位前辈对我的宝贵帮助。

自我到浙江理工大学工作以来，学校和学院对我的研究一直非常支持。学校提供了种类丰富的资源和鼓励创造的环境。王健教授、施鹏教授、金碧华教授、章迪薇教授、王晓教授、魏静教授、李建忠教授等各位院系领导和前辈在学术和思想上都对我十分关心，给予我许多支持和帮助。在本研究过程中，王健教授、李建忠教授等都经常和我讨论研究的进展，分享宝贵的学术经验，鼓励我在新的领域大胆开拓。各位老师都是我在事业上学习的楷模。

最后，我想感谢我的父母这些年来对我的不懈支持。您二位对我永不停歇的爱使一切得以成为可能。

李子瑾

2018年9月

前　言

基于健康状况的歧视是一种世界范围内广泛存在的歧视现象。在中国,这一问题已影响了至少上千万人的基本权利。自 2003 年起,在工作、教育、医疗、保险等领域,由于糖尿病、抑郁症、色盲、肺结核、地中海贫血基因、乙肝病毒、艾滋病毒、丙肝病毒、白细胞指数高、具有特定女性生理特征等健康状况而受到不利对待的案件或事例被广泛报道。国家也试图建立起专门的反歧视制度来应对这一挑战。至今,立法机关已制定、颁布或修改了超过 20 项专门法律规定以禁止基于健康状况的歧视,各级政府尤其是其卫生、教育和人力资源与社会保障部门出台了相关反歧视措施,法院已受理或裁决了超过 200 个有关基于健康状况的歧视的诉讼案件。然而,尽管现有的反歧视制度已做了上述努力,这一歧视在今天仍很严重,影响着人们的工作权、教育权、健康权等基本权利的享有,甚至在极端情况下造成了人员伤亡。为更好地理解基于健康状况的歧视持续存在的原因,从理论和实践上论证反歧视制度的必要性、合理性、有效性等问题,本研究使用文献的、实证的、历史的、国际的和比较的法学研究方法对基于健康状况的歧视及其应对进行了较为全面和深入的探讨。

本研究共分为八个章节。

第一章介绍了基于健康状况的歧视这一问题的基本背景。通过对基于健康状况的歧视的典型案件和事例的不完全列举和对现有反歧视制度有限作用的概括,笔者揭示了这一歧视的严重性和应对的紧迫性。在与以往相关研究进行比较后,明确了本研究的主要特色为针对基于健康状况的歧视这一话题进行一项深入情境分析规范的社会法学的整体研究。

第二章探讨了应对基于健康状况的歧视的相关定义和理论。通过将术语“基于健康状况的歧视”解释为“基于任何实际的或认知的身体或精神健康状况的不利对待,且缺乏合理、适当或合法原因”,笔者澄清了基于健康状况的歧视在概念上的不正当性。进一步考察从古至今其他国家与地区和中国有关平等和非歧视理论及其在应对基于健康状况的歧视中可能的应用后,论证了基于健康状况的歧视在理论上的不可接受性。

第三章和第四章分析了国际法和其他国家与地区法上对基于健康状况的歧视的应对。其中,第三章通过论证“健康状况”在国际法中已被逐渐确立为一种独立的禁止歧视理由,表明了中国目前应承担的应对基于健康状况的歧视的国际法义务。第四章则通过比较美国、英国、澳大利亚、荷兰和我国香港地区等不同法域应对基于健康状况的歧视的经验,总结了其他国家与地区法上较常见的反歧视路径,并指出中国无论选择学习哪种路径,都应当从发展现有的反歧视制度做起。

第五章和第六章总结了中国在历史上和今天所面临的基于健康状况的歧视问题及其应对方式。其中,第五章回顾了中国从公元前1046年至公元2000年应对基于健康状况的歧视的历史,指出在大约3000年的时间里,基于健康状况的歧视是一个时而提及的问题,但在大多数历史时期被广为忽视。而第六章分析了2000年之后中国在应对基于健康状况的歧视问题上的发展,主张在21世纪的中国法中已开始确认基于健康状况的歧视,并逐步建立起专门的反歧视制度处理这一问题,然而仍存在许多法律和非法律的障碍妨碍这一制度充分发挥作用。

为更加准确地表明基于健康状况的歧视持续存在的原因和更加深入地评估当今反歧视制度在应对这一歧视问题上的有效性,第七章讨论了笔者实施的一项关于中国基于健康状况的歧视现状及其应对的实地调查。通过访谈多名与该歧视问题相关的人士,包括具有特定健康状况的人及其亲属、非政府组织工作人员、学者、律师、立法者、行政官员、法官、具有特定健康状况的人的雇主和同事、学校医生、医院医生等,从各方面不同视角较为完整地展示了当今中国社会基于健康状况的歧视的情况和反歧视制度的效果。

在上述理论和实践分析的基础上,第八章全面总结了基于健康状况的歧视在中国持续的主要原因。其中,尤为突出的因素包括:碎片化的、不完整的、含糊的和有时互相冲突的立法,效率有待提高和官僚主义仍然时有存在的行政,独立性不强和不够有效的司法,活跃程度不足的非官方行动者。上述因素与其他相关的政治、经济、文化、医学等因素互相交织,共同造成了基于健康状况的歧视持续存在的现状。据此,笔者倡议建立一个更有效的反歧视制度,全面禁止基于健康状况的歧视。这一制度至少应当包括以下主要方面:制订一部平等和反歧视法,其中包括专门条款禁止基于健康状况的歧视;建立一个专门的行政机构,密切监督上述反歧视法的实施;改进当前的司法制度,支持更多有关基于健康状况的歧视的案件得到法院受理、公正审理和判决;鼓励更多的非政府组织和个人参与到禁止基于健康状况的歧视的活动中;推动与之相关的政治、经济、文化和医疗等方面的改革,推进对平等、自由和尊严的普遍尊重。

目　录

CHAPTER 01 >>

第一章

介　绍

对乙肝病毒携带者的健康歧视是中国就业歧视的另一个常见领域。据报道"超过1.2亿中国人，相当于法国和英国的人口总和，被认为是这种疾病的携带者"。另据报道有22种疾病，例如严重心脏病和高血压，使人们不能被录用为公务员。中国还有近100万艾滋病毒携带者/艾滋病人也受雇主歧视。

Ronald Brown①

一、本研究的背景

在中国，许多具有特定医学情况的人由于其健康状况而受到不利对待。② 自2003年起，具有某种健康状况，例如，携带乙肝病毒、丙肝病毒、艾滋病毒，或患有糖尿病、抑郁症、色盲、肺结核，或具有地中海贫血

---

① Brown, R, "China's Employment Discrimination Laws during Economic Transition", *19 Columbia Journal of Asian Law*, 2005 – 2006, pp. 364 – 365.

② 尽管没有准确数据表明中国因健康状况而遭受不利对待的人数，这一数字可能是非常庞大的。以乙肝病毒携带者为例，目前卫生部公布的数据表明，中国大约有9300万乙肝病毒携带者，他们在生活中可能受到多种形式的不利对待。下文中对此将具体阐释。

基因、白细胞指数高、特定女性生理特征等,陆续被报道为不利对待的原因。[①] 这些不利对待主要以下列方式发生在工作、教育、医疗、保险等领域。在工作中,具有上述健康状况的人被拒绝工作申请、从现有岗位解聘、调至较低层次的岗位、强迫在工作中与他人隔离等。在教育中,他们被拒绝入学申请、强迫暂时或永久休学、强迫在学习中与他人隔离等。在医疗中,他们被拒绝医疗、强迫多付费以使用单独的医疗器械等。在保险中,由于他们的健康状况被认为属于保险责任的例外范围,他们被商业保险排除在外等。[②] 在本研究中,这些不利对待被统称为"基于健康状况的歧视"。这一定义将在第二章中进行更深入的讨论。

因为基于健康状况的歧视,具有特定医学情况的人不能完全享有许多基本权利,如工作权、教育权和健康权等。在极端情况下,基于健

① 这里列举了关于中国基于健康状况的歧视的一些典型案件和事例,这些典型案件和事例将在随后的章节中加以讨论。(1)"乙肝歧视第一案"——张先著诉芜湖市人事局案 2003 年 12 月诉至法院。参见吴学安:《"乙肝歧视"背后的漠视》,载《人民日报》2003 年 12 月 17 日。(2)"糖尿病歧视第一例"——华明被山东中医药大学勒令退学事件 2007 年 11 月发生。参见李志题、宁鸣:《乙肝歧视的另一种表现方式? ——大学生因糖尿病被勒令退学》,载《南方周末》2007 年 12 月 4 日。(3)"抑郁症歧视第一例"——袁毅鹏被 IBM 公司解雇事件 2008 年 3 月发生。参见孙毅蕾:《为与 IBM 抗争他曾三次自杀》,载《羊城晚报》2011 年 8 月 10 日。(4)"色盲歧视第一案"——曾磊诉河南省农信社案 2009 年 2 月诉至法院。参见徐春柳:《求职遇挫打响色盲歧视第一案》,载《新京报》2009 年 2 月 27 日。(5)"地中海贫血基因歧视第一案"——小周、小谢、小唐诉佛山市人力资源和社会保障局案 2009 年 12 月诉至法院。参见唐梦:《中国基因歧视第一案 3 考生终审败诉》,载《南方日报》2010 年 9 月 6 日。(6)"艾滋/艾滋病歧视第一案"——小吴诉安庆市人力资源和社会保障局与教育局案 2010 年 10 月诉至法院。参见乔剑:《艾滋歧视第一案终审判决》,载《安徽商报》2011 年 3 月 24 日。(7)"丙肝歧视第一案"——冯静诉中国银行陕西分行案 2011 年 4 月诉至法院。参见王俊秀:《西安一女大学生诉中国银行丙肝歧视》,载《中国青年报》2011 年 4 月 27 日。(8)"肺结核歧视第一案"——陈林诉中科院广州地球化学研究所案 2011 年 5 月诉至法院。参见刘晓星、章程:《首例肺结核歧视案原告终审败诉》,载《广州日报》2011 年 12 月 10 日。(9)"白细胞歧视第一案"——小陈诉浙江省义乌市教育局与人力资源和社会保障局案 2011 年 6 月诉至法院。参见王俊秀:《入职体检白细胞偏高遭拒录》,载《中国青年报》2011 年 8 月 18 日。(10)"特定女性生理特征歧视第一例"——小娟在入职体检中被强迫进行特定女性生理特征检测事件 2012 年 3 月发生。参见张颐佳:《女公务员能力与月经有关系吗——公务员录用体检妇科项目惹争议政协委员称侵犯隐私,医学专家称涉嫌歧视》,载《三湘都市报》2012 年 3 月21 日。

② 参见北京大学法学院人权与人道法研究中心、联合国开发计划署、中国国际经济技术交流中心:《反对歧视艾滋病病毒感染者/病人与乙肝病原携带者/病人调研报告》,联合国开发计划署,2011 年,第 14 ~ 66 页。

康状况的歧视甚至会造成人员伤亡。周一超故意杀人案就是这样一个例子。2003 年,乙肝病毒携带者周一超申请了一个公务员职位。由于携带乙肝病毒,他的申请被拒绝。对歧视性的招聘政策感到绝望,周一超猛刺了负责公务员招聘的两名官员,杀死一人,重伤另一人。他在审判后被执行死刑。[①] 这一案件将在第六章中进行讨论。

这一悲剧引起了全国对基于健康状况的歧视的关注。几个月后,中国乙肝歧视第一案——张先著诉芜湖市人事局案——被诉至法院。在本案中,乙肝病毒携带者张先著同样申请了一个公务员职位。当他的申请由于携带乙肝病毒被拒绝时,他起诉了政府主管公务员招聘的部门。他在诉讼中赢得了这一案件,尽管最终他没有得到所申请的职位。[②] 这一案件也将在第六章中进行讨论。

自上述两起案件在 2003 年被审理后,基于健康状况的歧视逐渐被确认为中国社会中一个严重的问题,相关的反歧视制度被建立起来以应对这一歧视。中国相关反歧视制度的发展可简略概括为以下几个方面。第一,在立法方面,超过 20 项法规被制定、颁布或修改以禁止基于健康状况的歧视。第二,在行政方面,中央人民政府及其部门,特别是卫生部、教育部、人力资源和社会保障部等都出台了专门的措施应对这一歧视,包括开展有关基于健康状况的歧视的调查和组织专项检查评估反歧视法律法规的执行情况。第三,在司法方面,超过 200 个有关基于健康状况的歧视的诉讼被诉至法院。第四,在法律以外的方面,中国的民间社会特别是具有特定医学情况的人和社会中关心这一群体的人,通过个人行动或建立起非政府组织,参与到反对基于健康状况的歧视的活动中。在第六章和第七章里,将会更详细地分析相关反歧视制度的发展。

然而,尽管相关的反歧视制度已做了上述努力尽力消除基于健康状况的歧视,这一歧视现象在 2010 年后仍然很严重。2011 年,又发生了一起因基于健康状况的歧视致人死亡的悲剧——李女士故意杀人案。在本案中,怀孕的乙肝病毒携带者李女士被丈夫要求堕胎,因为她

---

① 参见朱立毅、傅丕毅:《因患乙肝小三阳未被录用公务员,遂报复刺死经办人——浙江高院驳回上诉,周一超被执行死刑》,载《新华每日电讯》2004 年 3 月 4 日。

② 参见吴学安:《"乙肝歧视"背后的漠视》,载《人民日报》2003 年 12 月 17 日。

丈夫相信他们的孩子必然也会携带乙肝病毒,于是决定放弃孩子的生命。李女士和丈夫发生了激烈的争吵,不幸在争执中刺死了丈夫,且重伤了自己并导致流产。李女士在本案审判后被判处无期徒刑。[①] 这样的悲剧使人们对相关反歧视制度的效果产生了质疑。为何基于健康状况的歧视如此难以消除? 中国未来应如何更有效地应对这一歧视? 本研究试图对这些问题进行深入探讨。

二、本研究与以往研究的区别

在本研究之前,已有许多研究关注了与基于健康状况的歧视相关的问题。本研究与以往研究有所区别,努力通过整合多种层面和不同视角,为应对基于健康状况的歧视这一话题提供一项在情境中深入讨论规范的社会法学的整体研究。

第一,尽管本研究讨论了一些普遍的平等和非歧视理论,但它专注于应用这些理论分析基于健康状况的歧视这一特定问题,而不是全面介绍这方面的理论。许多其他专注于平等和非歧视理论的研究通常对这方面的理论介绍更为具体,但是不常专门讨论这些理论在基于健康状况的歧视方面的应用问题。例如,在《反歧视法原理》一书中,李薇薇教授分析了一般意义上的非歧视理论。她用对乙肝病毒携带者和艾滋病毒携带者的歧视作为歧视在实践中的例子,[②]不过没有将非歧视理论特别应用于对基于健康状况的歧视的讨论。

第二,本研究考虑了基于健康状况的歧视发生的数个领域,包括工作、教育、医疗、保险等。许多其他研究都注重于分析某一领域基于健康状况的歧视。例如,在“HIV – related Stigma in Health Care Settings”一文中,Li Li、Wu Zunyou、Wu Sheng、Zhao Yu、Jia Manhong、Yan Zhihua等研究者讨论了医疗环境中个人和机构因素如何影响对艾滋病毒携带

---

① 参见江滔、苏微、陈一军:《为保护胎儿女子杀夫》,载《玉林日报》2012 年 11 月 22 日。

② 参见李薇薇:《反歧视法原理》,法律出版社 2012 年版,第 9 ~ 10 页。

者/艾滋病人的歧视,[①]没有更多提及医疗领域外的因素对艾滋病毒携带者/艾滋病人的歧视。

第三,本研究分析了人们在健康状况方面的差异如何影响他们在众多领域的待遇和机会。许多其他研究讨论了人们在其他因素方面的差异如何影响他们的健康状况。例如,在《社会经济地位、生活方式与健康不平等》一文中,王甫勤教授检验了中国不同的社会经济条件如何通过不同生活方式影响了健康不平等。[②] 而本研究与这种分析正好是方向相反的,即检讨健康不平等如何造成了其他领域的差异。

第四,本研究检验了多种类型的健康状况如何被确认为歧视的理由。许多其他研究仅专注于某一种或两种成为歧视理由的特定医学情况。例如,在"Discrimination against People with HIV/AIDS in China"一文中,Wan Yanhai、Hu Ran、Guo Ran、Linda Arnade 等研究者指出中国基于艾滋病/艾滋病毒的歧视十分严重,并为艾滋病毒携带者/艾滋病人的权利而呼吁。[③] 他们主要分析了中国基于健康状况的歧视这一整体问题中有关艾滋病的特定部分。而艾滋病在中国是比较新的且完全由国外输入的疾病类型,针对艾滋病/艾滋病毒的歧视与中国历史上长久以来存在的对诸如乙肝病毒、麻风病等的歧视还是存在许多的差别。

第五,本研究探索的重点是中国基于健康状况的歧视持续的原因及这些原因如何相互作用,这一探索是通过详尽的文献资料和实证调查完成的,在此基础上才有针对性地提出了未来反歧视制度应当如何改进的建议。而许多其他研究也为禁止中国基于健康状况的歧视提供了建议,但缺乏对这一歧视原因进行仔细考察的过程,甚至有把某一种或两种疾病受歧视的原因以偏概全地适用于所有健康状况,这样显然是不够严谨的。这样的研究很多是在基于健康状况的歧视这一问题受到关注的早期开展的,这里就不进行列举了。

因此,从以上这些方面来看,本研究是一个尝试为基于健康状况的

---

① See Li, L, Wu, Z, Wu, S, Zhao, Y, Jia, M and Yan, Z, "HIV - related Stigma in Health Care Settings: A Survey of Service Providers in China", *21 AIDS Patient Care STDS*, 2007, pp. 753 - 762.

② 参见王甫勤:《社会经济地位、生活方式与健康不平等》,载《社会》2012 年第 2 期。

③ See Wan, Y, Hu, R, Guo, R and Arnade, L, "Discrimination against People with HIV/AIDS in China", *4 The Equal Rights Review*, 2009, pp. 15 - 25.

歧视及其应对提供全面和深入的理论和实践分析的独特实验。在前人研究的基础上,本研究特别注重整合多种视角,提供整体分析,在情境中深入讨论法律规范的适用效果。

三、本研究关注的主要问题

本研究专注于以下几方面的问题:

第一,如何理解基于健康状况的歧视?现有的相关定义和理论中如何体现了禁止这一歧视?

第二,国际法和其他国家与地区法是如何应对基于健康状况的歧视的?在应对这一歧视方面,中国应承担怎样的国际法义务?可以向其他国家与地区法学习什么经验?

第三,中国在历史和现实中是如何应对基于健康状况的歧视的?为什么这一歧视不仅历史悠久,而且难以消除?中国的反歧视制度具有怎样的特点和作用?为什么各方面的反歧视制度在禁止基于健康状况的歧视这一问题上没有发挥出期望达到的效果?

第四,在总体上,中国基于健康状况的歧视持续的主要原因是什么?这些原因是如何相互作用的?中国未来应如何更有效地应对基于健康状况的歧视?

四、本研究采用的主要方法

本研究采取了多种研究方法,其中主要包括文献的、实证的、历史的、国际的和比较的法律研究方法。[①]

① 根据 Mike McConville 和 Wing Hong Chui 的研究,法学研究方法至少包括以下一些:文献法学研究、实证法学研究/社会法学研究、国际和比较法学研究、历史法学研究、女性主义法学研究等。See McConville, M and Chui, W (ed.), *Research Methods for Law*, Edinburgh University Press, 2007, pp. 1 – 15.

（一）文献法学的研究

文献的或是文本的法学研究主要使用法律法规和案件判决来研究和解释法学现象。本研究分析了多个法域的法律法规和案件判决，以便更好地分析各个法域如何应对基于健康状况的歧视。在讨论中国的法律法规和案件判决时，有两个重要问题需要加以注意。

首先，中国的法律法规有多种层次和效力。根据《立法法》和全国人民代表大会的规定，中国实行一种“统一的、多层次的”立法制度。其中，全国人民代表大会和全国人民代表大会常务委员会行使国家立法权制定法律。国务院根据宪法和法律，制定行政法规。省、自治区、直辖市的人民代表大会及其常务委员会根据本行政区域的具体情况和实际需要，在不同宪法、法律、行政法规相抵触的前提下，可以制定地方性法规。民族自治地方的人民代表大会有权依照当地民族的政治、经济和文化的特点，制定自治条例和单行条例。国务院各部、委员会、中国人民银行、审计署和具有行政管理职能的直属机构，可以根据法律和国务院的行政法规、决定、命令，在本部门的权限范围内，制定部门规章。省、自治区、直辖市和设区的市、自治州的人民政府，可以根据法律、行政法规和本省、自治区、直辖市的地方性法规，制定地方政府规章。这些法律法规效力的一般原则是：宪法具有最高的法律效力；法律的效力高于行政法规、地方性法规、规章；行政法规的效力高于地方性法规、规章；地方性法规的效力高于本级和下级地方政府规章；部门规章之间、部门规章与地方政府规章之间具有同等效力，在各自的权限范围内施行。这些法律法规都是中国法的正式渊源且具有强制的法律约束力。

除上述法律法规外，中国的案件判决中还常常引用一些不是中国法的正式渊源也不具有强制的法律约束力的文件，如政府部门发布的非规章形式的各种通知指南、政党的规定、社会团体的规定、行业的规定等。这些文件严格说来并不属于必须适用或参照的法律法规。然而，因为它们通常更具体地对特定法律问题作出了规定，从而在实践中还是被广泛引用和采纳。甚至有些时候，它们在案件判决中所起的作用超过了那些正式的法律法规。①

---

① See Lubman, S, “Bird in a Cage: Chinese Law Reform after Twenty Years”, *20 Northwestern Journal of International Law and Business*, 1999 - 2000, pp. 384 - 385.

其次，不像许多其他法域，中国没有建立正式的案例法制度。自2010年以来，最高人民检察院和最高人民法院已经颁布了一系列指导性案例以指导审判实践，但这些指导性案例在数量和范围方面仍然是比较有限的。至今，有关基于健康状况的歧视案件的指导性案例还很缺乏。[①] 同时，尽管最高人民法院颁布了许多规则鼓励各层级的人民法院公开判决和决定，[②]许多法院仍未将定期发布判决和决定作为普遍实践。[③] 本书在第六章和第七章将要对此进行讨论，这也是司法不够有效的表现。通常，公众通过媒体报道或其他非官方途径才能了解案件情况。例如，中国乙肝歧视第一案——张先著诉芜湖市人事局案——在媒体中被广泛报道。这些媒体报道包含了部分判决。同时，本案的原告律师在一本书中公布了本案的司法文件。[④] 因此，本研究在讨论有关基于健康状况的歧视的案件时参考了媒体报道和当事方提供的资源。

（二）实证法学的研究

实证的或社会法学的研究在今天的法学研究中日趋重要。本研究使用了从广泛的实地调查中获得的丰富的质性研究数据来探讨中国基于健康状况的歧视现状以及目前各种应对措施的有效性。

从2009年2月至2011年9月的多个时期中，笔者在中国的北京、上海和杭州等地开展了一系列半结构化的访谈。笔者访谈了35位具有应对基于健康状况的歧视的经验的人。这些访谈对象包括以下几种类型：第一类，具有特定医学情况的人，他们的亲属和支持者如非政府组织工作者和学者；第二类，为国家工作的人，包括人民代表大会代表和官员，政府官员和司法人员；以及第三类，与具有特定医学情况的人一起工作的人包括他们的雇主和同事，以及在教育和医疗机构中的医

---

① 截至2017年10月31日，最高人民检察院公布了38个指导性案例，最高人民法院公布了87个指导性案例。这些案例较多涉及合同纠纷、知识产权纠纷、行政赔偿和刑法的各种犯罪案件。

② 根据2009年公布的《关于司法公开的六项规定》，人民法院可以根据法制宣传、法学研究、案例指导、统一裁判标准的需要，集中编印、刊登各类裁判文书。除涉及国家秘密、未成年人犯罪、个人隐私以及其他不适宜公开的案件和调解结案的案件外，人民法院的裁判文书可以在互联网上公开发布。

③ 参见王明达、吴在存：《关于加强司法公开建设的调研报告》，载《人民司法》2009年第5期。

④ 参见周伟等：《法庭上的宪法》，山东人民出版社2011年版，第87～137页。

生。这些访谈从多种角度反映了人们对基于健康状况的歧视的态度，有助于理解中国这一歧视持续的原因。开展这些访谈的更多细节将在第七章提供。

（三）历史法学的研究

历史法学研究从历史视角分析法学问题。本研究考察了中国自3000年前起如何应对基于健康状况的歧视，以理解这一歧视今天为何仍很严重。

在20世纪之前，文言文在中国广泛使用。因为文言文和现代汉语有巨大差异，本研究区分了这两种语言的使用。当本研究讨论中国现代的问题时，直接从现代汉语出发进行分析；而当本研究讨论中国在历史上的问题时，则尽量引用文言文原文，并就其在现代汉语上的含义进行解释和分析。后一种分析过程中，笔者努力保持文言文原文的完整性，在此基础上对当时的问题尽量作出比较公正的评价。

（四）国际和比较法学的研究

国际法规范了国家在国际上的法律义务。本研究参考了国际法以理解中国在应对基于健康状况的歧视问题上应承担的国际法义务。

比较法研究比较了不同法域在处理相同或类似法律问题时采用的做法。本研究采用了比较法研究以考察其他国家与地区法如何应对基于健康状况的歧视，以及中国可向其他国家与地区法学习的经验。本研究选择了以下5个法域进行分析：美国、英国、澳大利亚、荷兰和我国香港地区①。和中国内地相比，这5个法域在应对基于健康状况的歧视中基本都有更先进的经验。

五、本研究的局限性

尽管笔者在本研究中努力注意到了各种实体和程序的要求，还是不可避免地存在各种客观和主观的局限。特别地，除了上述提及的由

① 根据1990年《香港特别行政区基本法》，作为中国的一个特别行政区，香港可以“依照本法的规定实行高度自治，享有行政管理权、立法权、独立的司法权和终审权”。因此，香港通常被看做不同于中国内地的法域。

于本研究重心所在而对一些相关理论列举不够全面之外，有关时间、资助、研究材料和主体的可获得性也对本研究的范围进行了限制。

首先，尽管基于健康状况的歧视在许多法域被广泛禁止，本研究仅选择了美国、英国、澳大利亚、荷兰和我国香港地区这 5 个法域研究其应对这一歧视的经验。这些经验反映了其他国家与地区法应对基于健康状况的歧视的典型方法，但它们并不涵盖更为穷尽的所有相关经验。

其次，尽管笔者努力与不同背景的访谈对象接触，但是仍不可能收集到中国社会所有不同类型背景的人对基于健康状况的歧视及其应对的观点。因此，这些访谈对象的观点仅反映了其中一些重要问题，而不是中国应对基于健康状况的歧视的完整图景。

考虑到这些局限，笔者并不主张本研究揭示了中国在应对基于健康状况的歧视中所涉及的所有相关问题。然而，通过尽量避免在上述局限的基础上作出片面的、极端性的结论，这些局限不会从根本上损害本研究的整体价值。

六、本研究的结构说明

本研究分为八章。本章即是对本研究背景和整体情况的介绍。第二章分析了应对基于健康状况的歧视所涉及的相关定义和理论，说明这种歧视不具有可接受性。第三章讨论了国际法中如何应对基于健康状况的歧视，指出中国在国际法上有义务消除这种歧视。第四章探索了 5 个法域如何应对基于健康状况的歧视，指明其中有些经验可以学习。第五章回顾了中国历史上发生的基于健康状况的歧视问题及其应对，发现这种歧视在中国扎根很深。第六章总结了中国今天所面临的基于健康状况的歧视问题及其应对，提出当前的反歧视制度虽然有所进步但仍不够有效。第七章通过实地调查评估了中国基于健康状况的歧视现状及其应对措施的实效，反映当前社会对这一问题的关注。第八章是本研究的结论，在全面总结了中国基于健康状况的歧视持续存在的主要原因的基础上，倡议建立一个更有效的反歧视制度。

第二章

应对基于健康状况的歧视:定义和理论

丘也闻有国有家者,不患寡而患不均;不患贫而患不安。盖均无贫,和无寡,安无倾。

孔子[①]

一、介绍

大约2500年前,孔子提出,在国和家的治理中,均等对待是重要的。这一论述是中国关于平等和非歧视观点的最早表述之一。在本章中,将分析更多中国和其他国家的平等和非歧视理论,以理解为何应当禁止基于健康状况的歧视。

本章探讨应对基于健康状况的歧视的相关定义和理论。通过澄清与术语"基于健康状况的歧视"相关的定义,本章解释了基于健康状况的歧视在概念上的错误性。通过考察平等和非歧视理论,本章进一步论证基于健康状况的歧视在理论上不可接受。

本章分4个部分。第2部分讨论了"基于健康状况的歧视"的相关定义。第3部分分析了中国和其他

---

① Soothill, W, *The Analects of Confucius*, Fukuin Printing Company, 1910, p. 781.

国家的平等和非歧视理论以及它们在应对基于健康状况的歧视中可能的应用。第4部分提供了一些结论性评论。

二、基于健康状况的歧视的相关定义

本研究使用术语“基于健康状况的歧视”来描述第一章所总结的对具有特定医学情况的人的不利对待。在以下几段中,本研究将分别探讨术语“歧视”和术语“健康状况”的含义,以更好地理解“基于健康状况的歧视”。

(一)歧视的定义

字面上,“歧视”是一个复杂的概念,可意味着许多不同的事物。根据《牛津英语词典》,术语“歧视”有7种含义,其中3种今天仍经常使用。这3种含义是:第一种,是指区分的行动;感知、注意或作出区别或区分不同事物;区别(在思想上或行动上作出)。第二种,是指对与自己不同种族或肤色的人作出有偏见的区分,如种族歧视。第三种,是指在学习的场合,对刺激的识别和选择合适的回应。①

在以上三种含义中,第二种含义与本研究中讨论的这种“歧视”最为相合,因为它指明了一项歧视性行为的“偏见”性质。然而,这一定义是不够完整的。首先,这一定义仅仅澄清了一项歧视性行为的性质,但没有提及这种行为的其他特征,如这种行为的效果。其次,这一定义仅仅提供了“种族”和“肤色”作为一项歧视性行为作出的基础,却没有包括其他常见的歧视性行为的基础,如性别、语言、宗教等。

在法律上,术语“歧视”也有多种解释。在国际法中,“歧视”已被通过提供专门定义的方式直接加以解释。例如,在《公民权利和政治权利国际公约》下设的人权事务委员会发布的第18号一般性意见中,委员会将“歧视”定义为“任何基于种族、肤色、性别、语言、宗教、政治或其他见解、国籍或社会出身、财产、出生或其他身份的任何区别、排斥、限制或优惠,其目的或效果为否认或妨碍任何人在平等的基础上认识、享有

---

① See Weiner, E and Simpson, J, *Oxford English Dictionary*, 2nd edition, Vol. IX, Oxford University Press, 1989, p. 235.

或行使一切权利和自由”。这一定义相对来说比较全面。它包括了一项歧视性行为的性质、基础和效果。特别地,“区别、排斥、限制或优惠”指出一项歧视性行为的性质是对某人不利对待;列举的方面包括“其他身份”指向一项歧视性行为的未穷尽的基础;且“否认或妨碍任何人在平等的基础上认识、享有或行使一切权利和自由”显示一项歧视性行为的效果是侵犯某人的平等权利或自由,因此是不允许的。

在许多法域的国内法中,常通过解释特定形式的歧视来间接理解“歧视”一词。例如,2010年《英国平等法》将“因残疾引起的歧视”定义如下:“(1)如发生以下情形,则甲歧视了残疾人士乙——(a)因为由乙的残疾导致的某些事实,甲对乙不利对待,且(b)甲不能证明该对待是达到某个合法目标的适当手段。(2)如甲证明甲不知道乙有残疾,或不能合理期待甲知道乙有残疾,则上述第(1)款不适用。”这一定义提出“歧视”是基于一些受保护特征(“残疾”)的不利对待(“甲对乙不利对待”)。这种不利对待缺乏合理的(“甲不知道乙有残疾,或不能合理地期待甲知道乙有残疾”)、适当的或合法的(“甲不能证明该对待是达到某个合法目标的适当手段”)原因。

在中国,尽管平等和非歧视的思想2000多年前就已经出现,术语“歧视”的使用却是相对晚近的事。1891年,晚清时期的光绪皇帝向意大利国王发送了一份国书,国书中写道:“中外一家,罔有歧视。”[①]这可能是中国最早正式使用“歧视”一词的官方记录。尽管国书中并没有解释这一术语,这里使用的术语“歧视”可被恰当地认为是在中国和其他国家间的不平等对待。

由于术语“歧视”直到相对晚近才在中国使用,在中国法中难以找到“歧视”的专门定义就不令人惊讶了。一些中国的法律法规规定禁止特定形式的歧视,但它们都没有定义术语“歧视”。例如,2004年《宪法》第36条禁止宗教歧视:“任何国家机关、社会团体和个人不得强制公民信仰宗教或者不信仰宗教,不得歧视信仰宗教的公民和不信仰宗教的公民”。这一条款仅说明了信仰或不信仰宗教不能构成歧视的基础,而没有定义“宗教歧视”或“歧视”。此外,“歧视”在法律实施中也

① 参见钟叔河主编:《薛福成:出使英法义比四国日记》,岳麓书社1985年版,第331页。

没有被专门解释。在中国，全国人民代表大会常务委员会有法定权力解释宪法和法律，最高人民法院和最高人民检察院可以分别解释在审判、检察工作中具体应用法律、法令的问题。目前，全国人民代表大会常务委员会的立法解释和最高人民法院、最高人民检察院的司法解释中尚未涉及对“歧视”的含义的解释。

由于中国缺乏“歧视”的权威定义，而该术语在中国法中越来越经常被使用，法学家们开始尝试对它进行学术上的定义。例如，周伟教授在《中华人民共和国反歧视法（草案）学术建议稿》中提议对“歧视”定义如下：“歧视是指任何以种族、民族、宗教信仰、性别、婚姻状况、社会出身、年龄、传染病病原携带、性取向、人体特征等理由损害特定群体或他人合法权益的不合理的差别对待”。① 这一定义与上述人权事务委员会给出的定义类似，也包含了一项歧视行为的性质、基础和效果。“不合理”显示一项歧视行为的性质；“损害特定群体或他人合法权益”指出一项歧视行为的非法效果；“种族、民族、宗教信仰、性别、婚姻状况、社会出身、年龄、传染病病原携带、性取向、人体特征”指明一项歧视行为可能的广泛基础。特别地，这一定义确认了“传染病病原携带”和“人体特征”作为歧视的可能基础，这两者都与“健康状况”有关，是不被允许的歧视原因。

根据上述分析，本研究将“歧视”定义为“缺乏合理、适当或合法原因的不利对待”。尽管这一定义相对直白，它包含了术语“歧视”需要的所有逻辑基本部分——性质、基础和效果。

（二）健康状况的定义

术语“健康状况”也可在文义上被广泛理解。它可意味着任何身体或精神状况或情况，如生病、携带病原、保持健康等，很难对它进行精确定义。

本书将在第三章中展开讨论，在国际法上，“健康状况”被视为一种禁止歧视的事由。然而，也很难在国际法上找到“健康状况”的准确定义。例如，在《经济、社会及文化权利国际公约》下设的经济、社会、文化权利委员会发布的第20号一般性意见中，委员会将“健康状况”表述为

---

① 周伟：《反歧视法研究：立法、理论与案例》，法律出版社2008年版，第135页。

"一个人的身体和精神健康情况",并且指出:"缔约国应确保一个人的实际或认为的健康状况不妨碍《公约》权利的实现。"根据这个一般性意见,"健康状况"意味着广泛的实际的和认知的身体或精神健康。在实践中,这一广泛的定义是有益的,因为人们有可能因为认知的而非实际的健康情况受到不平等对待。以艾滋病毒/艾滋病为例,一名雇主可能相信他的一名雇员携带艾滋病毒/患有艾滋病。因为携带艾滋病毒是不可见的,即使这名雇员实际上未携带艾滋病毒,他的雇主仍可能由于这种错误的确信而开除这名雇员。因此,在国际法上采用宽泛的"健康状况"定义是可以理解的。

在许多法域的国内法中,"健康状况"或类似术语也被当做一种不允许歧视的理由。这些术语常被宽泛地理解。例如,2003 年《匈牙利平等待遇和机会平等促进法》规定:"由于他/她的……健康的情况……而使某人或某个团体相较他人或其他团体在可比照的情形下受到或可能受到不利对待的所有安排被认为是直接歧视。"这里的术语"健康的情况"看起来意味着一个人的健康状况。然而,该法律并未进一步定义这一术语。

在中国,"健康状况"这个词语在日常生活中被广泛使用。如某甲询问某乙的"健康状况",某甲通常是在问某乙是否生病了。这里使用的术语"健康状况"意味着非常广泛的各种医学情况。

在中国法上,也没有专门规定"健康状况"的定义。然而,现有的法律法规看来是在比较宽泛的字面意义上使用这一术语。例如,《传染病防治法》第 78 条规定,"流行病学调查"包括"对人群中疾病或者健康状况的分布及其决定因素进行调查研究"。在这一条款中,"健康状况"意味着是否患有特定疾病的情况。

此外,目前学者们也还未能就"健康状况"提供一个更为精确的定义。在上述周伟教授提出的"歧视"定义中,"传染病病原携带"和"人体特征"被建议为禁止歧视的理由。[①] 这两个理由都可被理解为某些类型的健康情况,包含在字面意义的"健康状况"中。

根据上述分析,本研究将"健康状况"定义为"任何实际的或认知的

---

① 周伟:《反歧视法研究:立法、理论与案例》,法律出版社 2008 年版,第 135 页。

身体或精神健康状况”。这一定义主要参考了“健康状况”的字面含义,但它足够宽泛,可包括任何可能构成不利对待理由的医学情况。

(三)基于健康状况的歧视的定义

将上述“歧视”和“健康状况”的定义结合起来,本研究将术语“基于健康状况的歧视”定义为“基于任何实际的或认知的身体或精神健康状况的不利对待,且缺乏合理、适当或合法原因”。

根据第一章中的总结,至少有10种医学情况已经被媒体陆续报道为在中国进行不利对待的原因。这些医学情况可被分成以下4组:第一组主要是指传染病或传染病原,包括肺结核、乙肝病毒、丙肝病毒和艾滋病毒/艾滋病等;第二组主要是指慢性病,包括糖尿病和色盲等;第三组主要是指精神异常,包括抑郁等;第四组主要是指健康特征,包括地中海贫血基因、白细胞指数高和特定女性生理特征等。由于下列原因,对具有这些医学情况的人进行不利对待构成这里定义的“基于健康状况的歧视”。

首先,第一组医学情况是传染的,但其传染性是有限的。同时,它们通常不至于严重到否认一个人学习或工作能力的程度。肺结核通过空气传播,但不是每一个感染到肺结核菌的人都会得病并传播该病。肺结核是可治愈的,因此人们在适当治疗后可以如常学习或工作。乙肝病毒、丙肝病毒和艾滋病毒/艾滋病主要通过体液传播,特别是血液、精液和阴道分泌物,但不通过被污染的食物、水或日常接触传播。在学习或工作中传播这些病毒一般不可能。此外,尽管乙肝病毒、丙肝病毒和艾滋病毒/艾滋病最终可能引起严重疾病或致死,它们可在个人体内多年保持无症状。在这一时期内,它们不影响个人学习或工作的能力。因此,在日常学习或工作中拒绝具有这些医学情况的人缺乏医学基础。

其次,第二组医学情况是不传染的,且它们通常不至于严重到损害一个人学习或工作的实质能力。糖尿病会缓慢发展。在糖尿病的早期阶段,人们可以如常生活。色盲损害一个人辨别特定颜色的能力。具有色盲的人可做任何不需要他们辨识该种特定颜色的事。因此,在学习或工作中完全排除具有这些医学情况的人对他们是不公正的。

再次,第三组医学情况是不传染的,且它们可足够轻微从而使人保持学习或工作的能力。抑郁可是轻微的、中度的或严重的。在轻微阶段,人们仍能控制自己且如常表现。在学习或工作中排斥具有轻微抑郁的人是不必要的。

最后,第四组医学情况尚不构成疾病,且它们可能在未来也不会发展为疾病。具有地中海贫血基因的人有可能患上地中海贫血病,但这种患病的可能性是不确定的。仅出现白细胞指数高和特定女性生理特征等也不一定会导致疾病。因此在学习或工作中禁止具有这些医学情况的人是不公正的。

上述分析显示,对具有这几组医学情况的人进行不利对待与这些医学情况的传染性和严重性不符。因此,使用前文定义的"基于健康状况的歧视"来描述这些不利对待是恰当的。由于术语"基于健康状况的歧视"的定义表明了该种对待是不合理、不适当与不合法的,在中国禁止基于健康状况的歧视就成了当务之急。

三、平等和非歧视理论及其在应对基于健康状况的歧视中可能的应用

尽管平等和非歧视在20世纪前尚未成为法律中的一个重要部门,2500多年前,中国和其他国家的政治家和学者们就已发展出了丰富的平等和非歧视理论。在这一部分中,本研究讨论了中国和其他国家的一些重要的平等和非歧视理论,并试图将它们应用于分析基于健康状况的歧视。因为平等和非歧视理论往往与正义、权利等相关理论紧密联系,经常会一并提及,所以本研究在适当的时候也讨论那些相关理论。

(一)国外的平等和非歧视理论及其在应对基于健康状况的歧视中可能的应用

1.古典时期的平等和非歧视理论及其在应对基于健康状况的歧视中可能的应用

在古代希腊和罗马,哲学家们比如苏格拉底、柏拉图、亚里士多德、西塞罗等,表述了欧洲最早的平等理论。在他们当中,亚里士多德的观点可能是最著名的。亚里士多德在讨论公正问题时表述了他的平等观

点。他提出:“在不均等的事物之间存在一个中点,这个中点就是均等,因为任何行为中都存在着多或少,所以也就存在中庸。如若不公正就是不均等,那么公正就是均等,这个道理不用说,人人都会明白。”①因此,在亚里士多德的观点中,平等(也即均等)就是公正,而且是在相对更多和更少之间的一个中点。

进一步地,亚里士多德区分了两种平等:比例上的平等和数目上的平等。在描述比例上的平等时,他提出,“公正就是比例”。② 在描述数目上的平等时,他声称,“公正就是在非自愿交往中的所得和损失的中庸,交往以前和交往以后所得相等”。③ 总结来说,他认为,平等有两种:数目上的平等与以价值或才德而定的平等。他所说的数目上的平等是指在数量或大小方面与人相同或相等;依据价值或才德的平等则指在比例上的平等。④ 因此,根据亚里士多德的观点,平等可以分为两类:第一类,是指作为一种绝对平等类型的数目上的平等。这种平等类型聚焦于数目或规模的平等,通常发生在为权利受侵害者提供救济的场合。它意味着所有人无论有何不同应受相似的对待。第二类,是指作为一种相对平等类型的比例上的平等。这种平等类型着眼于比例的平等,通常发生在分配公共福利或服务的场合。它意味着所有人应根据其不同受不同对待。这两种平等类型是互补的。

亚里士多德的平等观念对以后的平等和非歧视理论有着深远影响。然而,他的观点通常不被认为与今天“人人平等”的观点相同,因为在亚里士多德时期,奴隶和女性不被当做自由人对待——他们与自由人不“相似”。⑤ 将亚里士多德的理论应用于应对基于健康状况的歧视,人们可以首先分辨哪种“平等”类型被这种歧视所否定。由于得到学习

---

① Barnes, J, *The Complete Works of Aristotle* (*The Revised Oxford Translation*), Vol. 2, Princeton University Press, 1991, pp. 70 – 71.

② Barnes, J, *The Complete Works of Aristotle* (*The Revised Oxford Translation*), Vol. 2, Princeton University Press, 1991, p. 71.

③ Barnes, J, *The Complete Works of Aristotle* (*The Revised Oxford Translation*), Vol. 2, Princeton University Press, 1991, pp. 72 – 73.

④ Barnes, J, *The Complete Works of Aristotle* (*The Revised Oxford Translation*), Vol. 2, Princeton University Press, 1991, p. 100.

⑤ See Cane and Tushnet (ed.), *The Oxford Handbook of Legal Studies*, Oxford University Press, 2003, pp. 202 – 203.

或工作机会、获得医疗和保险等是获取公共服务或福利的行为，比例上的平等应被应用于检视行为是否构成“基于健康状况的歧视”。因此，人们应检查不利对待是否与上述医学情况的传染性和严重性成比例。本章中的讨论已经证实，不利对待不符合这些医学情况的传染性和严重性。所以，基于健康状况的歧视违反了亚里士多德关于比例上的平等的观点，根据他的理论是不公正的。

2. 中世纪的平等和非歧视理论及其在应对基于健康状况的歧视中可能的应用

在中世纪，占统治地位的欧洲哲学建立在基督教的基础上。基于上帝至高无上的前提，思想家如奥古斯丁和阿奎那等将平等和非歧视理论发展为上帝面前的平等。特别地，阿奎那在讨论“人在无罪的状态下是否平等”时提及平等。[①] 阿奎那讨论说：“即使在堕落以前，人们之间也非有某种悬殊不可……无论就判断或知识来说，本来也会有精神能力上的差异……同样的，也会有某种体力上的差别。”[②]他相信这样的悬殊可能来自“上帝”或“自然”。因为“有一个人比其余的人聪明和正直”等原因，“统治权可以在无罪状态下的人与人之间存在”。[③]

对一些人来说，阿奎那的平等理论看起来可能意味着否定了对具有特定医学情况的人的平等对待，因为这些医学情况可能构成一种“体力上的差别”。然而，这种结论只是对阿奎那理论的一种片面的理解。阿奎那并没有说所有种类的“悬殊”都必然导致歧视。他仅声称那些精神能力更强的人，例如，比别人更聪明和正直的人，可以有权统治他人。缺乏明确证据证明他的理论认可“体力上的差别”是统治他人的合法原因。

在《圣经》中，同样难以找到坚实的基础支持对具有特定医学情况的人进行不利对待。在《旧约》中有过关于传染性皮肤病的条例。例

① 根据阿奎那的观点，“无罪的状态”意味着人在堕落之前还没有遭到上帝惩罚的状态。这是《圣经》中描述的人类的一种理想状态。See Dyson，R，*Aquinas：Political Writings*，Cambridge University Press，2004，pp. 1 – 4.

② Dyson，R，*Aquinas：Political Writings*，Cambridge University Press，2004，pp. 1 – 4.

③ Dyson，R，*Aquinas：Political Writings*，Cambridge University Press，2004，pp. 160 – 161.

如,《利未记》中规定:“身上有长大麻风灾病的,他的衣服要撕裂,也要蓬头散发,蒙着上唇,喊叫说‘不洁净了！不洁净了!’灾病在他身上的日子,他便是不洁净。他既是不洁净,就要独居营外。”[①]这些规定看来是有些歧视这些患有传染性皮肤病的大麻风病人,因为它们把患有这些病的人认作是“不洁净”的而且将这些人与宿营里的其他人隔离开来。然而,考虑到《旧约》记录当时极端受限的医学水平,这些规定不算是特别过分。而到了《新约》中,对大麻风病人的态度就发生了一些转变。《新约》多次记录了耶稣治疗生病的人并且净化他们。例如,《马太福音》中记载,当耶稣遇到一个长大麻风的人,耶稣伸手摸他说“你洁净了吧!”,他的大麻风立刻就洁净了。耶稣让他回到营里与家人团聚,并且把自己的身体给大祭司查看,以证明上帝的爱。[②] 类似这样的记录显示,至少在《新约》写作的时候,基督教理论是倾向于鼓励融合和接受患病的人包括患传染病的人的。这样的待遇支持平等对待具有特定医学情况的人。因此,即使是基于《圣经》学说的阿奎那的平等理论中,也不应认为基于健康状况的歧视是得到认可的。

3. 启蒙时期的平等和非歧视理论及其在应对基于健康状况的歧视中可能的应用

在启蒙时期,哲学家如洛克、卢梭、孟德斯鸠等挑战了基督教的权威,发展了平等和非歧视的理论。在资本主义兴起时,这些哲学家将他们对平等的解释与对自由的追求结合起来。他们普遍将平等视为一种自然权利,而不是人为地植根于神学戒律。卢梭是这些哲学家中比较激进的一位代表。他将不平等在各种变革中的发展进程表述为以下三个阶段:“法律和财产所有权的确立是第一阶段,行政官职位的设立是第二阶段,第三阶段即最后阶段,就是合法权力向专制权力的转变。因此,第一阶段认可富与穷的分野,第二阶段认可强与弱的分野,第三阶段则认可奴隶主与奴隶的分野——这便是最大限度地不平等了,这个阶段是其他一切阶段的归宿,直到新的一轮变革彻底摧毁这个政府,或

---

① International Bible Society, *Holy Bible*, New International Version, International Bible Society, 1984, p. 184.

② See International Bible Society, *Holy Bible*, New International Version, International Bible Society, 1984, p. 13.

者恢复它的合法制度。”①

卢梭的学说是动摇国王君权神授理论合法性的有力武器,对法国大革命和随后的独立革命产生了积极的影响。在探索人类不平等的起源和基础时,卢梭提出:“我认为人类存在两种不平等:一种我称为自然的或生理上的不平等,因为它是由自然造成的,包括年龄、健康状况、体力以及心理或精神素质的差别;另一种,我们可以称为伦理或政治上的不平等,因为它取决于一种协约,并且这种协约是由人们的同意确立的,或者起码是人们许可的,而这种协约是由某些人专门享受且往往有损于他人的各种特权(如比他人更富有、更高贵、更有权势,或者甚至要求他人服从他们)组成的。”②因此,卢梭指出健康状况的不平等是自然的不平等。然而,他并未简单地由此论断得出健康不平等是对人们不利对待的合理基础这一结论。相反,他强调“在自然状态下,几乎觉察不出不平等现象存在”。③

因此,即使卢梭承认自然上的不平等包括了健康状况的差别存在,他并未以此合法化之后人们创造的支配关系。将卢梭的理论应用于应对基于健康状况的歧视,对具有特定医学情况的人进行不利对待也缺乏合法基础。

4. 19世纪的平等和非歧视理论及其在应对基于健康状况的歧视中可能的应用

在19世纪,尽管封建等级制度已经在很大程度上消亡,工业革命的出现和资本主义的快速发展仍促成了新的类型的社会不平等。政治家和学者们进一步发展了平等和非歧视理论来理解这种新型的社会不平等。不同于比较激进的挑战了资本主义存在基础的马克思主义者们,功利主义者们如边沁、密尔等用功利原理解释了资本自由下的不平等。他们的观点深刻影响了现代资本主义社会的平等和非歧视理论。密尔在分析功利与正义的联系时讨论了平等。他提出:“每个人都坚持认为,平等是正义所必需的,但当他认为利益需要不平等的时候,便另

---

① Cole, G, *Rousseau's Social Contract, etc.*, J. M. Dent & Sons Ltd., 1913, p. 231.

② Cole, G, *Rousseau's Social Contract, etc.*, J. M. Dent & Sons Ltd., 1913, p. 163.

③ Cole, G, *Rousseau's Social Contract, etc.*, J. M. Dent & Sons Ltd., 1913, p. 182.

当别论了。"①

密尔的功利原理发展了边沁关于功利主义的早期思想，该思想直白地寻求"最大多数人的最大幸福"。② 与边沁相比，密尔更细致地考虑了人们在"利己"方面的区别。他强调："每个人对幸福拥有平等的权利，蕴含着对获得幸福的一切手段也拥有平等的权利，不过，不可避免的人生状况以及包含了每个人利益的公共利益，都对这个平等准则做了限制，当然这些限制应当予以严格的解释。"③根据密尔的观点，否认少数人的权利和利益不能仅仅因为这些权益不符合大多数人的权利和利益而被正当化。

将密尔的平等理论应用于应对基于健康状况的歧视，人们必须在作出限制平等权决定前仔细考虑那些具有特定医学情况的人的权利和利益。由于否认那些具有特定医学情况的人进行工作或学习的权利会剥夺他们最基本的生活能力，并且这样做的好处仅仅是减少了社会中其他人不必要的恐惧（而非真正存在的危险）。比较对具有特定医学情况的人进行不利对待的所得和损失，歧视就不应该是一种理想的选择。

5. 20世纪之后的平等和非歧视理论及其在应对基于健康状况的歧视中可能的应用

20世纪被一些人称为"平等的时代"。在这个世纪中，平等逐渐成为社会的关注焦点。第二次世界大战后，平等和反歧视法作为法律当中的一个重要部门在许多法域的国内法和一般国际法上迅速发展起来。同时，现代社会日益增长的复杂性导致了平等和非歧视理论更加的多元化。自由主义者、女性主义者、批判主义者等通过不同的路

---

① Warnock, M, *Utilitarianism and On Liberty, Including Mill's "Essay on Bentham" and Selections from the Writings of Jeremy Bentham and John Austin*, 2nd edition, Blackwell Publishing, 2003, pp. 219 – 220.

② Warnock, M, *Utilitarianism and On Liberty, Including Mill's "Essay on Bentham" and Selections from the Writings of Jeremy Bentham and John Austin*, 2nd edition, Blackwell Publishing, 2003, pp. 10 – 11.

③ Warnock, M, *Utilitarianism and On Liberty, Including Mill's "Essay on Bentham" and Selections from the Writings of Jeremy Bentham and John Austin*, 2nd edition, Blackwell Publishing, 2003, pp. 233 – 234.

径解释了平等。在他们当中,罗尔斯的理论可能是最著名的。类似于亚里士多德,罗尔斯在正义的语境下讨论平等的概念。他相信正义是"公平"且具有两个原则:"第一个原则是:每个人对与其他人所拥有的最广泛的基本自由体系相容的类似自由体系都应当有一种平等的权利。第二个原则是:社会的和经济的不平等应当这样安排,使它们既能被合理地期望适合于每一个人的利益;并且能够依系于地位和职务向所有人开放。"①

罗尔斯的正义第一原则主要涉及传统的自由和制度,确保对这些自由的享有受法律保护。而罗尔斯的正义第二原则主要涉及财富和收入的分配。他认为,社会和经济的不平等,如财富和权力的不平等,只要其结果能给每一个人,尤其是那些最少受惠的社会成员带来补偿利益,它们就是正义的。② 因此,他的正义两个原则可以用于检验分配社会与经济的权益的合法性。

在基于健康状况的歧视的场合,工作、教育等的机会明显是社会与经济方面的利益,应受罗尔斯提出的上述正义第二原则的约束。这一原则要求在以上领域的机会能够平等地让所有人获得,除非某种不平等的分配可被证实有益于每个人。因此,具有特定医学情况的人应在就业、教育等方面享有平等机会,除非否定他们的平等机会有益于每个人。然而本章中的讨论已经显示,根据相关医学情况的传染性和严重性,这种否定一般来说既对具有特定医学情况的人本人有害,又对其他人没有什么好处。因此,基于健康状况的歧视违反了罗尔斯的正义第二原则。

本部分的讨论简要说明了在中国以外的其他国家平等和非歧视理论的发展及其在应对基于健康状况的歧视中可能的应用。综上所述,从古典时期到20世纪,所有上述讨论的理论都对一些基本价值显示了持续的尊重,如正义、公正、自由、权利等,并且可以被一般性地理解为否定了基于健康状况的歧视的合理性。

---

① Rawls, J, A *Theory of Justice*, revised edition, The Belknap Press of Harvard University Press, 1999, p. 53.

② Rawls, J, A *Theory of Justice*, revised edition, The Belknap Press of Harvard University Press, 1999, pp. 10 – 15.

(二)中国的平等和非歧视理论及其在应对基于健康状况的歧视中可能的应用

1. 古代中国前期——封建王朝建立之前的平等和非歧视理论及其在应对基于健康状况的歧视中可能的应用

在秦朝于公元前221年建立以前,中国一直处在奴隶社会。自从公元前722年开始,中国进入了一个混乱的时代。各个小的奴隶制国家互相争战。这一时代包括春秋时期(公元前722年~公元前476年)和战国时期(公元前476年~公元前221年)。在这个时代中,中国的思想家们发展出了上百种不同流派的思潮,如儒家、道家、法家、墨家等。许多重要流派的思想家们表达了他们关于平等的观点,形成了中国最早的比较系统的平等和非歧视理论。

在这些思潮中,儒家思想是最有影响力的。儒家思想的缔造者孔子在讨论国和家的治理与提供教育时阐述了他的平等思想。孔子相信平等在国和家的治理中是重要的,因为它可以克服人少和贫穷的问题。他提出:"丘也闻有国有家者,不患寡而患不均;不患贫而患不安。盖均无贫,和无寡,安无倾。"①此外,他也认为教育应当不分类别地提供"有教无类"。②

孔子的平等思想与当时另一种典型思潮墨家的平等思想不同。墨家思想的缔造者墨子表达了一种更为激进的平等观点:"天下兼相爱,爱人若爱其身"。③ 比较而言,这两种平等思想中孔子的平等思想看起来更为实际和具体,墨子的平等思想对人的要求很高,"爱人若己"不是一般人能够达到的思想境界。孔子对平等的理解包含了对人们平等对待的基本要求,特别是在教育中。将他的理论应用于应对基于健康状况的歧视,孔子的对人们平等对待的基本要求支持普遍性的平等对待,而这将否定基于健康状况的歧视的见解。此外,他的教育应当不分类别地提供的观点也支持了在教育中对人一视同仁。因此,应用孔子的平等理论理解基于健康状况的歧视时,一般可认为歧视做法违背了孔子理论的精神。

---

① Soothill, W, *The Analects of Confucius*, Fukuin Printing Company, 1910, p. 781.

② Soothill, W, *The Analects of Confucius*, Fukuin Printing Company, 1910, p. 767.

③ 周才珠、齐瑞端译注:《墨子全译》,贵州人民出版社1990年版,第124页。

2. 古代中国后期——封建王朝建立之后的平等和非歧视理论及其在应对基于健康状况的歧视中可能的应用

从公元前221年到公元1911年，中国处在漫长的封建王朝时期。这一时期占统治地位的哲学是一种经过统治阶级改造、更能适应封建等级制度的儒家思想。这种经过改造的儒家思想由西汉时期的学者董仲舒率先提出。董仲舒在讨论天和人的交互时表达了他的平等观点。他说："天人一也。"[①]基于这一论断，董仲舒通过以下方式使君主制合法化："唯天子受命于天，天下受命于天子，一国则受命于君"。[②]

董仲舒的天和人的交互思想显示了一种强烈的君权天授的色彩和等级制度的观念，即皇帝是天的儿子，直接由天来授予皇帝统治大权，全天下的大权都归于皇帝，而一国的大权都归于该国国君。由此，统治阶级尤其是皇帝享有了一种天授的不受挑战的统治人民的权力。基于这一观点，人们在自然上是不平等的。因此，尽管歧视的事项，如基于健康状况的歧视，没有出现在董仲舒的论述中，他的封建等级观点已经显示出对平等原则的一般否定。作为一种被此后的封建皇帝们广为借用的占统治地位的哲学，董仲舒及其后继者发展的这一理论支持了大约2000年间中国封建社会对权利和自由的普遍否定。

在漫长的中国封建王朝历史上，也出现了一些其他的平等观点支持对自由的追求。晚清时期最大的农民起义领袖洪秀全提出："开辟真神为上帝，无分贵贱拜宜虔；天父上帝人人共，天下一家自古传。"[③]洪秀全的主张受到了西方基督教的影响，以上帝取代了天的权威。根据洪秀全的观点，上帝和人之间的关系证明人在自然上是平等的。尽管洪秀全没有专门提及歧视事项而是聚焦于对权力来源的讨论，他的理论仍然是反对封建等级制度的一种有力的武器（当然在现实中，这种理论最终没有取代封建传统的等级思想）。这种理论也可以用于今天对各种歧视事项包括基于健康状况的歧视的普遍反对。

① 袁长江主编：《董仲舒集》，学苑出版社2003年版，第267页。
② 袁长江主编：《董仲舒集》，学苑出版社2003年版，第242～243页。
③ 扬州师范学院中文系编：《洪秀全选集》，中华书局1976年版，第14～15页。

3. 现代中国前期——新中国成立之前的平等和非歧视理论及其在应对基于健康状况的歧视中可能的应用

在中华人民共和国成立之前的近代中国,传统的封建社会逐渐转变为半殖民地半封建社会。这一转变造成了强烈的社会动荡,引起了中国与其他国家之间关系和中国社会内部之间关系的改变。政治家们如康有为、梁启超、孙中山等从其他国家学习了平等和非歧视理论,挑战了传统的聚焦于社会等级制度的封建思想。中华民国的"国父"孙中山在提出"三民主义(民族、民权、民生)"时讨论了平等。他指出:"吾人今日欲改造新国家,当实行三民主义。何谓三民主义?即民族、民权、民生之主义是也。民族主义,即世界人类各族平等,一种族绝不能为他种族所压制……民权主义,即人人平等,同为一族,绝不能以少数人压制多数人。人人有天赋之人权,不能以君主而奴隶臣民也。民生主义,即贫富均等,不能以富者压制贫者是也。"①

孙中山的平等观点将外国的国家主义、民主和社会均等等思想与中国传统的民生等观念结合起来,提出了新的关于种族、权利、经济等方面平等的要求。这一观点部分反映出他建立一个自由、民主、平等的中华民国的政治理想。尽管他的观点最终没能在实践中取得成功,但仍然设定了一个很高的平等标准,成为当时的楷模。

将孙中山的平等观点应用于应对基于健康状况的歧视,对具有特定医学情况的人的不利对待就不符合孙中山关于民权的平等概念。这一概念要求人人平等,不能以少数人压制多数人。对具有特定医学情况的人的不利对待也不符合孙中山关于民生的权利概念。由于这种不利对待否定了这些人享有工作的权利,从而使他们没法养活自己,形成了贫富不均。因此总的来说,根据孙中山的平等理论,基于健康状况的歧视是无法合理化的。

4. 现代中国后期——新中国成立之后的平等和非歧视理论及其在应对基于健康状况的歧视中可能的应用

在中华人民共和国于 1949 年成立后,中国共产党的领导人如毛泽东、邓小平等,在社会主义的原则下发展了平等和非歧视的理论。邓小

① 孙中山:《孙中山选集》,人民出版社 2011 年版,第 903 页。

平在提出中国特色的社会主义发展和共同富裕理论时讨论了平等问题。他指出："社会主义的目的就是要全国人民共同富裕，不是两极分化。……总之，一个公有制占主体，一个共同富裕，这是我们所必须坚持的社会主义的根本原则。"[①]他对共同富裕做了如下解释："社会主义财富属于人民，社会主义的致富是全民共同致富。社会主义原则，第一是发展生产，第二是共同致富。我们允许一部分人先好起来，一部分地区先好起来，目的是更快地实现共同富裕。正因如此，所以我们的政策是不使社会导致两极分化，也就是说，不会导致富的越富，贫的越贫。"[②]

邓小平理论，与毛泽东思想和中国共产党此后主要领导人创立的理论，都是引领今天中国各项工作的主要指导思想和哲学基础。邓小平的中国特色的社会主义发展和共同富裕理论反映了中国在社会主义建设时期采取了效率和平等并重的原则。这种平等观点遵循了现实发展的要求，既要发展富裕起来，又要保证大家在发展富裕的过程中利益均衡。根据邓小平的理论，机会平等和结果平等对保持社会公正和生产力发展的平衡都很重要。

将邓小平的中国特色的社会主义发展和共同富裕理论应用于应对基于健康状况的歧视，否定工作、教育等机会正是否定具有特定医学情况的人的机会平等的一种类型。当这种机会平等被否定，并且其目的不是促进生产力发展时，就违反了共同富裕的原则。因此，基于健康状况的歧视是与邓小平的平等理论相违背的。

本部分讨论了中国的平等和非歧视理论及其在应对基于健康状况的歧视中可能的应用。综上所述，从古代到现代，中国社会的平等和非歧视理论的发展基本上反映了追求善治的一种持续努力。尽管封建时代的一些观念看起来否定了人与人之间的普遍平等，但是绝大多数上述理论都可被理解为反对基于健康状况的歧视。

---

① 邓小平：《邓小平文选》（第3卷），人民出版社1993年版，第110～111页。

② 邓小平：《邓小平文选》（第3卷），人民出版社1993年版，第172页。

四、结论

本章探讨了应对基于健康状况的歧视中的相关定义和理论。其中，将术语“基于健康状况的歧视”定义为“基于任何实际的或认知的身体或精神健康状况的不利对待，且缺乏合理、适当或合法原因”。这说明了对具有特定医学情况的人进行不利对待在概念上是错误的。接着，本章讨论了中国和其他国家的一些重要的平等和非歧视理论，主张基于健康状况的歧视与国内外各个历史时期绝大多数的平等和非歧视理论相违背。因此，应当在法律和实践中禁止基于健康状况的歧视。

当然，与基于健康状况的歧视有关的许多概念和理论上的事项没有包括在本章的讨论中，如有关公共卫生和医疗理念的理论。这并不是由于这些事项不重要，相反地，研究这些事项将有助于扩展我们对目前持续的基于健康状况的歧视的理解。然而，由于本研究在时间和资源方面的有限，这些事项未能进行更详细的讨论。对基于健康状况的歧视的进一步研究来说，这些事项值得进行更深入的讨论。在下一章中，本研究将分析国际法上如何应对基于健康状况的歧视，以明确中国在面对这种歧视时所应负有的相关国际法义务。

CHAPTER 03 >>

第三章

国际法中应对基于健康状况的歧视

缔约国应确保，一个人的实际或认为的健康状况不妨碍《公约》权利的实现……缔约国还应采取措施解决广泛存在的对一些人的成见问题，如处于下列健康状况的人：患有精神病、麻风病，患有生殖道瘘的妇女，这些经常成为一些人充分享有《公约》权利的障碍。

经济、社会、文化权利委员会

第 20 号一般性意见[1]

一、介绍

上述引文来自 1966 年《经济、社会及文化权利国际公约》下设的经济、社会、文化权利委员会 2009 年发布的第 20 号一般性意见。该引文显示经济、社会、文化权利委员会已经将"健康状况"作为禁止歧视的理由之一。一般来说，国际法上是如何处理基于健康状况的歧视的？本章探讨了这个问题。

本章分 4 个部分。第 2 部分回顾了国际法对歧

① Committee on Economic, *Social and Cultural Rights*, General Comment No. 20 – Non – discrimination in economic, social and cultural rights(art. 2, para. 2, of the International Covenant on Economic, Social and Cultural Rights), UN, 2009, pp. 11 – 12.

视的一般禁止。第3部分专门讨论了国际法上如何应对基于健康状况的歧视。第4部分提供了一些结论性评论。

二、国际法中的禁止歧视

(一)国际法中非歧视法律原则的发展

反歧视法在“二战”后迅猛发展。[①] 尽管国际法上禁止歧视的保护在联合国创立前就已经开始,1945年《联合国宪章》是第一份正式规定所有人都应当无差别地享有基本权利的国际文件。[②]《联合国宪章》第1条规定联合国的宗旨之一是“促成国际合作,以解决国际间属于经济、社会、文化及人类福利性质之国际问题,且不分种族、性别、语言或宗教,增进并激励对于全体人类之人权及基本自由之尊重”。因此,基于种族、性别、语言或宗教的歧视是联合国所明确禁止的。

由联合国大会通过的普遍人权文件——1948年《世界人权宣言》在多个条款中确认了非歧视原则。例如,《世界人权宣言》第2条规定:“人人有资格享有本宣言所载的一切权利和自由,不分种族、肤色、性别、语言、宗教、政治或其他见解、国籍或社会出身、财产、出生或其他身份等任何区别”。这一宣言的许多后续条款都以“人人有资格”或者“人人有权”这一术语开头,显示了在规定许多特定的权利时每个人平等地享有这些权利是一个基本要求。

尽管《世界人权宣言》不是一个严格意义上的有法律约束力的条约,其所包含的许多实质性条款包括非歧视保护的法律原则已被国际社会所广泛接受,并且已经很大程度上成为约束所有国家的习惯国际法中一个重要的部分。[③] 此外,《世界人权宣言》规定的不允许歧视的理由已经扩展为包括以下一些:种族、肤色、性别、语言、宗教、政治或其他

---

① See Bernhardt, R, *Encyclopaedia of Public International Law*, Vol. 1, North - Holland, 1992, pp. 1079 - 1083.

② See Moeckli, D, *Human Rights and Non - discrimination in the "War on Terror"*, Oxford University Press, 2008, pp. 57 - 95.

③ Moeckli, D, *Human Rights and Non - discrimination in the "War on Terror"*, Oxford University Press, 2008, pp. 57 - 95.

见解、国籍或社会出身、财产、出生或其他身份。这可能是术语“其他身份”第一次正式包含在一份国际人权文件中。然而,《世界人权宣言》并未进一步规定这一术语的含义。

国际人权宪章的其他两个部分,1966 年《经济、社会及文化权利国际公约》和 1966 年《公民权利和政治权利国际公约》都是重要的国际人权公约,在多个方面规定了禁止歧视。特别地,《经济、社会及文化权利国际公约》第 2 条与《公民权利和政治权利国际公约》第 2 条和第 26 条都规定非歧视是保护这些权利的一般原则。

《经济、社会及文化权利国际公约》第 2 条规定:“本公约缔约各国承担保证,本公约所宣布的权利应予普遍行使,而不得有例如种族、肤色、性别、语言、宗教、政治或其他见解、国籍或社会出身、财产、出生或其他身份等任何区分。”该条款列举了与《世界人权宣言》中相同的非法歧视的理由,但将这些理由适用的权利范围限制为“本公约所宣布的权利”。如果一项权利没有在《经济、社会及文化权利国际公约》中规定,就难以用这一条款来禁止相关歧视的发生。因此,这一条款不是独立存在的条款,适用时需要结合该公约中具体规定权利内容的条款。此外《经济、社会及文化权利国际公约》第 2 条也没有进一步规定术语“其他身份”的定义。

《公民权利和政治权利国际公约》第 2 条是与《经济、社会及文化权利国际公约》第 2 条相类似的一个条款。该条款规定:“本公约每一缔约国承担尊重和保证在其领土内和受其管辖的一切个人享有本公约所承认的权利,不分种族、肤色、性别、语言、宗教、政治或其他见解、国籍或社会出身、财产、出生或其他身份等任何区别。”由于内容相似,该条款产生了与《经济、社会及文化权利国际公约》第 2 条类似的问题,即无法独立适用和缺乏对“歧视”定义的规定。

与上述两个条款相比,《公民权利和政治权利国际公约》第 26 条在禁止歧视方面的效力更强。《公民权利和政治权利国际公约》第 26 条规定:“所有的人在法律前平等,并有权受法律的平等保护,无所歧视。在这方面,法律应禁止任何歧视并保证所有的人得到平等的和有效的保护,以免受基于种族、肤色、性别、语言、宗教、政治或其他见解、国籍或社会出身、财产,出生或其他身份等任何理由的歧视。”该条款同样规定了“其他身份”为禁止歧视的一个理由，并且也没有对这一术语进行定义。然而，《公民权利和政治权利国际公约》第 26 条却没有规定与歧视相联系的任何特定权利必须属于该公约所宣布的权利。因此，通过适用这一条款，非歧视原则的适用范围可以扩展到《公民权利和政治权利国际公约》所包含的权利之外的其他权利。

《公民权利和政治权利国际公约》的条约机构——人权事务委员会在发布第 18 号一般性意见时具体阐述了第 2 条和第 26 条在非歧视保护方面的区别：“尽管第 2 条把受到保护不得歧视的各项权利限制在该公约规定的范围内，第 26 条却未具体规定这种限制。也就是说，第 26 条规定，所有的人在法律面前平等，并有权受法律的平等保护，无所歧视，并且法律应保证所有的人得到平等和有效的保护，以免受基于任何所列原因的歧视。委员会认为，第 26 条并不仅仅是重复第 2 条已经做出的保证，而是本身就规定了一项单独存在的权利。它禁止公共当局管理和保护的任何领域中法律上或事实上的歧视。”在这个一般性意见中，人权事务委员会就非歧视原则如何适用提出了一些比较权威的意见。首先，这个一般性意见确认非歧视是人权保护中一项“基本而普遍的”原则。人权事务委员会还规定了缔约国有采取措施保障平等的义务，包括在必要时使用积极行动措施。其次，这个一般性意见将《公民权利和政治权利国际公约》中使用的术语“歧视”定义为“任何基于种族、肤色、性别、语言、宗教、政治或其他见解、国籍或社会出身、财产、出生或其他身份的任何区别、排斥、限制或优惠，其目的或效果为否认或妨碍任何人在平等的基础上认识、享有或行使一切权利和自由”。这是在核心人权公约的条约机构中首次对“歧视”进行定义。最后，这个一般性意见澄清了歧视与不构成歧视的合法的区别待遇的不同之处，主要包括区别标准是否是“合理和客观的”，以及作出区别待遇的目的是否是“为了达到根据公约视为合法的目的”。

其他的核心国际人权文件中一般也都包含了关于非歧视法律原则的条款。特别地，1965 年《消除一切形式种族歧视国际公约》专门禁止与种族有关的歧视，1979 年《消除对妇女一切形式歧视公约》专门禁止对妇女的歧视，1981 年《消除基于宗教或信仰原因的一切形式的不容忍和歧视宣言》旨在禁止由于宗教或信仰原因产生的不容忍和歧视。这些文件都致力于消除特定类型的歧视。

关注特定群体人权保护的条约，如1989年《儿童权利公约》，1990年《保护所有移徙工人及其家庭成员权利国际公约》和2006年《残疾人权利公约》等，都包含了规定这些群体非歧视待遇的专门条款。其中，《残疾人权利公约》专门保护残疾人士的权利，将"不歧视"和"机会均等"规定为公约的基本原则。《残疾人权利公约》规定缔约国"禁止一切基于残疾的歧视，保证残疾人获得平等和有效的法律保护，使其不受基于任何原因的歧视"，"采取一切适当步骤，确保提供合理便利"。本章下面将要讨论，这里使用的术语"残疾"与术语"健康状况"具有相近含义，因此为一部分具有特定医学情况的人享有国际法上的非歧视待遇提供了公约依据。

上述例子说明，在过去20多年来国际法的持续发展过程中，国际人权条约已经大量增加了禁止歧视的条款和理由，非歧视法律原则已经成为国际人权保护的基本原则之一。由于这些重要的国际人权条约得到全世界各国的广泛参与，[①]这些条约的规定已经对这一领域的国际习惯法发展产生了重要影响。[②] 因此，非歧视法律原则在国际法中具有重要意义，可能在国际人权法领域已经上升为一个习惯法原则。

联合国的各类专门机构，例如，国际劳工组织和联合国教育、科学及文化组织也在许多文件中规定了权利的非歧视保护。其中，国际劳工组织注重对工作和就业权利的平等保护，联合国教育、科学及文化组织注重对教育权利的平等保护。例如，1958年国际劳工组织《歧视（就业及职业）公约》针对发生在就业及职业领域的歧视问题进行了规定，以保护平等的劳动权/就业权。1960年联合国教育、科学及文化组织《取缔教育歧视公约》针对发生在教育领域的歧视问题进行了规定，以保护平等的教育权。

除了上述适用于全球范围的国际法外，在一些适用于特定区域的地区国际法如美洲国家组织、非洲联盟、欧洲联盟等跨国组织颁布的相

---

① 截至2017年10月31日，上述条约中的绝大多数已有超过150个成员方。

② See Cancado, A, *Separate Opinion of Judge A. A. Cancado Trindade in Accordance with Internal Law of the United Declaration of Independence in respect of Kosovo*, ICJ, 2010, pp. 126 – 216.

关法律规范中,也规定了非歧视原则。[①] 特别地,由于欧盟法在欧盟各成员国可以同时适用于国家和公民,欧盟法现在已经超越了仅仅作为一般地区国际法的地位,成为一种“超国家法”。[②] 因此,欧盟法上的非歧视原则具有比一般地区国际法中的非歧视原则更强的法律效力。总体来说,欧盟反歧视法中规定了每个成员国的国内法中统一的禁止歧视最低标准,如果哪个成员国的国内法没有达到这一标准,就有法律义务修改国内法来达到这一标准。

从历史阶段上来看,欧盟反歧视法的发展可以简要划分为3个主要阶段。第一阶段是从欧洲共同体建立开始直到20世纪70年代早期。在这一阶段中,根据1957年《罗马条约》,欧盟在1957年颁布了《性别就业指令》。这是欧盟为了平等和反歧视所颁布的第一个特别指令。第二阶段是从20世纪70年代后期开始直到90年代后期。在这一阶段中,欧洲法院审判了许多反歧视诉讼的案件,特别是1976年确认男女同工同酬原则的Defrenne v. Sabena Airlines一案。这一案件不仅发展了欧盟法上的“歧视”概念,而且被认为是欧盟法通过欧洲法院的案例法推动其成员国进行反歧视法律改革的开端。欧盟反歧视法发展的第三阶段是从1999年《阿姆斯特丹条约》生效开始直到今天。这一阶段最重要的变化包括1999年《欧洲保护人权与基本自由公约》新第13条的通过,2000年《种族平等指令》和《就业框架指令》的颁布,以及2006年新的《性别就业指令》的颁布等。[③] 在这一阶段中,欧盟反歧视法在形式和内容方面都发生着剧烈转变,向着更彻底地追求实质平等和程序平等的方向发展。

欧盟反歧视法当中包括了至少两个层次的立法。第一层次的立法包括了包含在欧盟条约、公约和宪章中的反歧视条款,如《欧洲保护人权与基本自由公约》第13条。第二层次的立法包括了相关的规章、指令、决定和建议,如2000年《种族平等指令》、2000年《就业框架指令》

---

① See Nowak, M, *Introduction to the International Human Rights Regime*, Martinus Nijhoff Publishers, 2003, pp. vii – ix.

② Schiek, D, Waddington, L and Bell, M (ed.), *Cases, Materials and Text on National, Supranational and International Non – discrimination Law*, Hart Publishing, 2007, pp. 9 – 13.

③ See Ellis, E, *EU Anti – discrimination Law*, Oxford University Press, 2005, pp. 1 – 42.

和2006年《性别就业指令》。在欧盟法中,一项条约是“在欧盟成员国间有约束力的协议”,而一项指令则是“表明所有欧盟国家必须达成的目标的立法文件,但可由每个成员国决定如何达成目标”。因此,尽管欧盟反歧视法中包括的条约和指令都是有法律约束力的文件,但是它们的执行方式是不同的。欧盟各成员国在指令的实施中拥有相对更大的自由裁量权。本书在第四章中将要讨论,这种自由裁量权造成了欧盟各成员国在应对基于健康状况的歧视方面更为灵活,路径更为多样化。

此外,欧洲法院对实施欧盟法具有司法上的权威。欧洲法院对各成员国提出的反歧视疑难案件进行初裁,初裁结果对各国实施欧盟反歧视法客观上起到了一种指导作用。因此,欧洲法院在实践中裁决的相关的反歧视案例推动了欧盟反歧视法的整体发展。案例法也成为欧盟反歧视法律体系中的一个重要的组成部分。

(二)国际法中的禁止歧视理由

随着联合国和其他国际组织尤其是国际人权条约机构下通过或达成的国际法律文件中非歧视原则适用范围的扩张,国际法上禁止歧视的理由也随之发展。

特别地,1965年《消除一切形式种族歧视国际公约》的条约机构——消除种族歧视委员会和1979年《消除对妇女一切形式歧视公约》的条约机构——消除对妇女歧视委员会分别根据其条约发布的一般性意见和建议,明确将其条约中禁止歧视的理由进行了扩展。例如,消除对妇女歧视委员会指出,1979年《消除对妇女一切形式歧视公约》第1条规定的禁止歧视理由包括性/性别。通过数个一般性意见,该委员会将该条中使用的术语“性/性别”解释为包括以下内容:基于性别的暴力、多偶制、婚姻状况、性取向。这些一般性意见同时指出,其他理由诸如患艾滋病/携带艾滋病毒、残疾、年龄、居住地、民族出身等也是禁止歧视的理由。

如上所述,《公民权利和政治权利国际公约》与《经济、社会及文化权利国际公约》的条约机构在扩大禁止歧视理由的范围方面发挥了关键作用。《公民权利和政治权利国际公约》的条约中规定的禁止歧视理由包括种族、肤色、性别、语言、宗教、政治或其他见解、国籍或社会出身、财产、出生或其他身份。《公民权利和政治权利国际公约》的条约机构——人权事务委员会对这些禁止歧视理由的含义分别进行了解释。人权事务委员会指出，术语“性/性别”可意味着婚姻、怀孕、生育和性取向，“其他身份”可包括少数者、国籍、血统、残疾、公民或军事身份等。

《经济、社会及文化权利国际公约》的条约机构——经济、社会和文化权利委员会规定的禁止歧视理由有很多与人权事务委员会规定的禁止歧视理由相同。《经济、社会及文化权利国际公约》的条约中规定的禁止歧视理由包括种族、肤色、性别、语言、宗教、政治或其他见解、国籍或社会出身、财产、出生或其他身份。通过一系列一般性意见，经济、社会和文化权利委员会将术语“其他身份”解释为包括年龄、经济状况、属于某种群体或团体或状况或其他此类因素、身体或精神残疾、财政状况、国籍、居住地、健康状况包括患艾滋病/携带艾滋病毒、性取向、公民、政治或社会状况、婚姻、难民或移民状况。尤其在2009年发布的第20号一般性意见中，经济、社会和文化权利委员会指出：“本节所述差别待遇的例子只是示范性的，不代表出于相关禁止理由的所有可能的歧视性待遇。”本章下面将要分析指出，这一表述反映了经济、社会和文化权利委员会对在更广泛的国际法范围内普遍禁止歧视持一种开放的态度，这其中就包括了禁止基于健康状况的歧视。

许多其他的国际人权条约机构也通过一般性意见和一般性建议规定了同样的或更为广泛的禁止歧视理由。与这些国际人权条约机构不同，由于《残疾人权利公约》2008年才开始生效，其条约机构残疾人权利委员会目前还没有机会通过较多一般性意见或建议。因此，残疾人权利委员会目前尚未在《残疾人权利公约》的条约规定之外发展出更多的禁止歧视理由。然而，残疾人权利委员会已经指出，在解释《残疾人权利公约》的有关条款时应当结合基于残疾的歧视和基于其他理由，如种族、肤色、性别、语言、宗教、政治或其他见解、国籍或社会出身、财产、出生或其他身份等的歧视。因此，残疾人权利委员会在未来有可能规定“残疾”之外的更多禁止歧视理由。

此外，其他的国际组织也明确规定了一些禁止歧视的理由。例如，国际劳工组织发布了专门的国际劳动法反歧视指南，其中指出，歧视可以基于诸如性/性别、种族/民族、肤色、阶级、社会背景、民族出身、政治见解、宗教或信仰、年龄、生活方式、性取向、健康情况包括感知的或真实的患艾滋病/携带艾滋病毒状况、残疾、工会会员、家庭状况和移民工人等理由。在这个指南里，"健康情况包括感知的或真实的患艾滋病/携带艾滋病毒状况"与本研究所讨论的"健康状况"基本类似。

在欧盟法上，各项反歧视指令规定不论性别、种族或民族出身、宗教和信仰、残疾、性取向和年龄等的特征，给予人平等待遇。而欧盟条约则禁止基于性别、种族、肤色、种族、民族或社会出身、宗教或信仰、残疾、年龄、性取向、语言、政治或任何其他见解、国籍或社会出身、少数民族联系或成员、财产、出生、基因特征和其他身份的歧视。因此，性/性别、种族、肤色、种族或民族出身、宗教或信仰、残疾、年龄、性取向、基因等都是欧盟法上已经明令禁止的歧视理由。

综上所述，在过去 60 多年里，国际法上已经规定了十个以上的特征为禁止歧视的理由。尤其是，国际人权条约的机构经由一般性意见和一般性建议大量扩展了禁止歧视理由的范围。在这些理由中，"健康状况"不时被提及。

三、国际法中应对基于健康状况的歧视

（一）国际法中应对基于健康状况的歧视的必要性

基于健康状况的歧视现在已经成为全球面对的一个共同问题。例如，联合国艾滋病规划署的一项调查显示，在全球各地区都存在着对艾滋病患者/艾滋病毒携带者的各种形式的歧视。在缅甸，受调查的艾滋病患者/艾滋病毒携带者中有 11% 的人报告说他们在社会活动中经常受到排斥。在卢旺达，携带艾滋病毒是人们在教育、工作以及住宿等服务中被拒绝的一个主要原因。在英国，受调查的艾滋病患者/艾滋病毒携带者中有 22% 的人报告受到了人身骚扰，40% 的人报告受到了口头骚扰。[①]

① See UNAIDS, Non - discrimination in HIV Responses, UNAIDS, 2010, p. 37.

联合国艾滋病规划署的调查证明，对艾滋病患者/艾滋病毒携带者的歧视在世界上许多地区实际上都在发生。类似地，受麻风病影响的人们和他们的家庭成员也被报告在全球范围内遭受严重歧视。联合国人权理事会在2008年的第8/13号决议“消除对受麻风病影响的人士及其家庭成员的歧视”中指出：“上千万人和他们的家庭成员仍受麻风病折磨，这种折磨不仅来自疾病本身，更来自政治、法律、经济或社会的歧视……麻风病问题不仅是一个医学或健康问题，也是一个可能引起明确的侵犯人权的歧视问题。”

艾滋病患者/艾滋病毒携带者与受麻风病影响的人们仅仅是全球范围内基于健康状况的歧视泛滥的两个典型例子。更多具有特定医学情况的人在今天仍然遭到不公正的待遇。因此，基于健康状况的歧视已经被国际社会作为严重的全球问题之一对待。由于这种歧视的广泛性和严重性，国际法必须发展更为有效的反歧视制度以加快解决这一问题。

（二）国际法中应对基于健康状况的歧视的现状

国际法中已将一些医学情况，如患艾滋病/携带艾滋病毒，包含在禁止歧视的理由中。总体上来看，在过去20年中，“健康状况”一般被认为是国际法上一种独立的禁止歧视理由。

在国际法上，许多人权条约将“健康状况”作为独立于“残疾”之外的一种禁止歧视理由。这些条约中没有使用特定术语“健康状况”，而是使用了一个更为一般化和含义较为模糊的术语“其他身份”，并规定“其他身份”中包含了“健康状况”或某些类型的“健康状况”。

《公民权利和政治权利国际公约》第26条与《经济、社会及文化权利国际公约》第2条等在反歧视条款中涉及了“健康状况”。就像上面所探讨的，这些条约的规定没有明确将“健康状况”作为“其他身份”的一种包含其中。“健康状况”是经由这些条约机构通过的一般性意见或建议以及其他相关联的文件而被规定为“其他身份”的一种。

第一个规定“健康状况”应被包含在“其他身份”的类型中的国际文件可能是联合国人权委员会通过的第1995/44号决议——“艾滋病毒和艾滋病情形下的人权保护”。该决议第1条规定：“国际人权文本的非歧视条款中的术语‘或其他身份’可被解释为包含健康状况，包括患艾滋病/携带艾滋病毒。"尽管这一决议不是严格意义上具有法律约束力的国际文件,它是由联合国人权委员会这一官方机构所通过的,在处理国际人权问题上具有很高的权威性。因此,即使该决议还没有被认为是完全取得了习惯国际法的地位,它在实践中可能已经像国际习惯一样被广泛遵循。①

如上所述,经济、社会和文化权利委员会就《经济、社会及文化权利国际公约》发布的第20号一般性意见继续沿用了联合国人权委员会第1995/44号决议的规定,把"健康状况"包含在术语"其他身份"中。第20号一般性意见规定:"歧视的性质依环境和时间的变化而不同。因此,需要灵活对待'其他身份'这一理由,以便将那些不能合理、客观地说明道理、但可与第2条第2款明确承认的理由进行比较的其他形式的差别待遇也考虑进去。在这些额外理由反映了社会中曾遭受并仍在遭受边缘化的脆弱群体的经历的情况下,它们一般是得到承认的。委员会的一般性意见和结论性意见承认了各种其他理由,下面更详细地说明了这些理由……健康状况。"这个一般性意见显示了为什么术语"其他身份"在今天应当被广泛地解释。"健康状况"由此能够合理地归入"其他身份"的范畴之内。

尽管经济、社会和文化权利委员会发布的一般性意见是否具有法律约束力在国际法上是一个不完全明确的问题,但是它至少是对《经济、社会及文化权利国际公约》的比较权威和有说服力的意见,并在实践中得到了广泛的遵循。② 经济、社会和文化权利委员会在这个一般性意见中明确建议《经济、社会及文化权利国际公约》的缔约国应采取措施解决基于健康状况的歧视。这就对各缔约国包括中国采取行动禁止基于健康状况的歧视提出了要求。

本章前面的讨论已经指出,特定医学情况已经被作为"健康状况"的例子进行规定。例如,上述联合国人权委员会通过的第1995/44号决议中明确规定,患有艾滋病/携带艾滋病毒应当包含在"健康状况"中。

---

① See Nowak, M, *Introduction to the International Human Rights Regime*, Martinus Nijhoff Publishers, 2003, pp. 104 – 107.

② See Shaw, M, *International Law*, 6th edition, Cambridge University Press, 2008, pp. 304 – 311.

经济、社会和文化权利委员会就《经济、社会及文化权利国际公约》发布的第20号一般性意见也规定:“缔约国还应采取措施解决广泛存在的对一些人的成见问题,如处于下列健康状况的人:患有精神病、麻风病,患有生殖道瘘的妇女,这些经常成为一些人充分享有《公约》权利的障碍。”根据这个一般性意见,精神病、麻风病和生殖道瘘等已经被明确归入“健康状况”的范畴,不得作为歧视的对象。

上述分析表明,总体上,国际人权文件通过将“健康状况”包含在“其他身份”的概念中来应对基于健康状况的歧视。通常,“健康状况”是一种独立于“残疾”之外的禁止歧视理由。不过,有时难以区别基于健康状况的歧视和基于残疾的歧视,因为术语“健康状况”与术语“残疾”有时具有相近的含义。例如,上面所讨论的“精神疾病”被当作一种“健康状况”。同时,《残疾人权利公约》第1条规定:“残疾人包括肢体、精神、智力或感官有长期损伤的人,这些损伤与各种障碍相互作用,可能阻碍残疾人在与他人平等的基础上充分和切实地参与社会。”根据这一条款,“精神疾病”在某些情形下也可以被视为“残疾”,只要精神疾病是长期的并且阻碍了患有精神疾病的人在与他人平等的基础上充分和切实地参与社会。因此,“健康状况”与“残疾”的概念可能存在相互交叉或是重叠的部分。

第二章的讨论表明,“健康状况”可被定义为“个人的任何实际的或认知的身体或精神健康状况”。这一定义看起来比《残疾人权利公约》第1条规定的“残疾”的定义更为含糊,不过它在反歧视实践中也可能是很有用的。“健康状况”与“残疾”概念的区别可以通过以下方式进行理解。首先,“健康状况”是一个更广泛的并且更为含糊的概念,其中可能包含了“残疾”的概念。其次,当人们可能批评“健康状况”的内在含糊性时,这一术语允许国际人权公约的公约机构享有一种重要的余留的自由裁量权决定何种情形可以纳入这个含糊的术语的范畴,从而得到国际人权公约的保护。因此,国际人权公约的公约机构可以将“健康状况”适用于该公约起草者所没有预料到的、除此之外无法获得非歧视原则保护的歧视情形。

“健康状况”与“残疾”概念的区别也影响了欧盟法应对基于健康状况的歧视的方式。在欧盟法上,没有关于如何保护具有特定医学情况的人的严格规定。大体上,欧盟法给其成员国留下了比较宽泛的自由裁量权去选择一种合适的路径应对基于健康状况的歧视。例如,2000年《就业框架指令》规定,禁止在就业和职业领域基于宗教或信仰、性取向、年龄或残疾的歧视。这个指令也没有对术语"残疾"进行专门的定义。

然而,在案例法中,欧洲法院已经明确将"健康状况"与"残疾"区别开来。在 Sonia Chacón Navas v. Eurest Colectividades SA 一案中,欧洲法院在裁决中指出:"通过使用该指令第 1 条的'残疾'概念,立法者有意选择了与'疾病'不同的术语。这两个概念不能因此被简单认为是同样的……在第 2000/78 号指令中没有任何证据说明个人在患有某种类型的疾病时立刻就能得到禁止基于残疾的歧视的保护"。① 这一判决说明,欧洲法院认为"残疾"和"疾病"的概念之间存在实质的区别,而"疾病"和"健康状况"的含义相似。因此,欧洲法院的实践倾向于明确区分基于健康状况的歧视和基于残疾的歧视。

不过,上述裁决仅仅讨论了原告当前具有的医学情况。在这一裁决中,欧洲法院并没有指出一种"疾病"不能在晚些时候演变成一种"残疾"。事实上,"疾病"的确是可能发展为"残疾"的。例如,患艾滋病/携带艾滋病毒的人在他们感染的早期可能只是轻微患病。然而,根据目前的艾滋病治疗水平,他们全都会在晚些时候患上更严重的全身疾病,对他们的生命产生致死性的损害。所以,当症状变得严重时,患艾滋病/携带艾滋病毒就有可能被当做"残疾"来对待。因此,欧洲法院只是指出了术语"残疾"和"疾病"之间存在一些区别,而没有对这两个术语进行更具体的定义。Janneke Gerards 教授认为,这样做的一个潜在好处是"法院可以在以后的案件中根据具体的国家问题和事实情况进一步阐明和发展其定义"。② 笔者在第四章中即将对这一点展开进一步的讨论。总体来说,由于欧盟法没有对术语"残疾"和"疾病"进行非常严格的区分,欧盟各成员国还是享有相当的自由裁量权在国内法上将特定的医学情况规定在"残疾"的概念当中。

---

① European Court of Justice, Judgment of 11.7.2006 – CASE C – 13/05 Sonia Chacón Navas v. Eurest Colectividades SA, ECJ, 2006, pp. 1 – 21.

② Schiek, D, Waddington, L and Bell, M, *Cases, Materials and Text on National, Supranational and International Non – discrimination Law*, Hart Publishing, 2007, pp. 127 – 147.

综上所述,在国际法上,一般通过将"健康状况"作为一种独立的禁止歧视理由来应对基于健康状况的歧视。特别地,这种做法主要通过将术语"健康状况"纳入"其他身份"的概念来实现,有时也通过直接规定某些特定医学情况为禁止歧视的理由来实现。尽管"健康状况"与"残疾"的概念可能有相互交叉重叠的部分,国际法大体上是将基于健康状况的歧视与基于残疾的歧视作为两种类型的歧视分别加以禁止的。

(三)在应对基于健康状况的歧视中中国所应承担的国际法义务

本书将在第六章中具体讨论,中国的国内法在2003年之前没有专门禁止基于健康状况的歧视。然而,因为上述国际文件特别是中国签署的1966年《公民权利和政治权利国际公约》和批准的1966年《经济、社会及文化权利国际公约》将健康状况作为禁止歧视的理由,中国受到这些国际文件的影响,就会产生是否需要根据国际法承担禁止基于健康状况的歧视的义务这一问题。

中国在1998年签署了《公民权利和政治权利国际公约》,但是至今仍然没有批准它。这意味着《公民权利和政治权利国际公约》在中国还没有正式产生法律约束力。对于中国为什么用这么长时间来考虑批准《公民权利和政治权利国际公约》的原因,莫纪宏教授评论说,可能是因为中国还没有对法律体系进行充分的修改以符合《公民权利和政治权利国际公约》的要求。[①] 中国的《国家人权行动计划(2012-2015)》看起来也和他的观点一致。《国家人权行动计划(2012-2015)》中规定,要"继续稳妥推进行政和司法改革,为批准《公民权利和政治权利国际公约》做准备"。这一规定事实上表明了中国为什么仍然没有批准《公民权利和政治权利国际公约》,并显示了当中国法律体系做好准备时中国要批准该公约的意图。因此,尽管《公民权利和政治权利国际公约》在中国还不曾具有严格意义上的法律约束力,中国仍然需要对该公约的内容充分尊重,其中就包括了遵循公约机构的一般性意见,禁止基于健康状况的歧视。

中国在2001年批准了《经济、社会及文化权利国际公约》,并从那时起受到了《经济、社会及文化权利国际公约》的正式法律约束。《经

① 参见莫纪宏:《国际人权公约与中国》,世界知识出版社2005年版,第263~265页。

济、社会及文化权利国际公约》下设的经济、社会、文化权利委员会要求其成员国禁止基于健康状况的歧视，因此中国根据该公约应当对禁止基于健康状况的歧视负有义务。然而，就像笔者将要在本研究第六章中所探讨的，这一义务在2003年之前几乎完全被忽略了。这种忽略可能并不完全是有意的，而是部分由于人们不确定应当如何负起这种义务。至今，在我国国内法中，国际条约在中国的适用仍是一个未完全解决的问题。

目前，关于国际条约在中国如何适用的问题中国法上仍然缺乏比较明确、完整的规则。2004年《宪法》中没有包含任何关于国际条约地位或效力的条款，仅提及了在条约相关事项上各个国家机关能够行使的国家权力。《宪法》规定：全国人民代表大会常务委员会决定同外国缔结的条约和重要协定的批准和废除；中华人民共和国主席批准和废除同外国缔结的条约和重要协定；国务院管理对外事务，同外国缔结条约和协定。

这些《宪法》条款显示，在条约相关事项上能行使国家权力的国家机关与有权制定法律的立法机关有些相似。这意味着在中国当前的法律体系中，条约可能在一定程度上与全国人民代表大会及其常务委员会制定的法律有着相似的地位。此外，一些法律还规定了在特定法律领域中条约的适用问题。例如，2017年《民事诉讼法》第260条规定："中华人民共和国缔结或者参加的国际条约同本法有不同规定的，适用该国际条约的规定，但中华人民共和国声明保留的条款除外。"这一条款规定了在民事诉讼法律领域条约的适用。它规定在中国未提出保留的范围内，中国缔结或者参加的国际条约可以直接适用于中国，且在与中国国内法有不同规定时优于中国国内法而适用。

学者们普遍认为，与民事诉讼领域的国际条约具有比较强的直接适用性相比，人权领域的国际公约在直接适用性方面可能要弱一些。例如，黄金荣教授提出："由于人权公约对国内法律秩序冲击较大，我国对待人权条约的普遍做法是修改相关的国内法律，或者通过新的国内立法以保证在国内实际履行公约义务。"①在他看来，国际人权条约通常

① 黄金荣：《经济、社会、文化权利国际公约国内实施读本》，北京大学出版社2011年版，第190页。

需要转化为国内法以便在中国实施。因此,在《经济、社会及文化权利国际公约》的相关国际法规定还没有完全转化为国内法律规定之前,禁止基于健康状况的歧视这一国际法上的义务在中国可能没有办法很好地履行。

综上所述,国际条约在中国的适用在当今仍然是一个理论和实践中存在的问题。因此,尽管中国负有国际义务禁止基于健康状况的歧视,在中国国内法自2003年开始明确禁止这种类型的歧视以前,该义务一直没有得到较好地履行。即使现在这种歧视已被中国国内法所禁止,但是如何更好地履行这方面的国际义务仍然有赖于更明确的有关国际条约在国内适用的规则。

四、结论

本章回顾了国际法上如何应对基于健康状况的歧视。过去60多年来国际法上反歧视法的发展显示,平等和非歧视已经被认为是国际法上的重要法律原则。同时,国际法上确认的禁止歧视的理由已经广泛扩展。因为基于健康状况的歧视的广泛性和严重性,有必要在国际法上发展专门的反歧视制度来解决这一歧视。因此,自20世纪90年代中期以来,"健康状况"已被许多国际文件规定为一种独立的禁止歧视的理由。这些国际文件通常采取的路径是将"健康状况"包含在更广泛的"其他身份"的概念中。尽管术语"健康状况"和"残疾"的区别并不总是明确或显著的,国际法上通常将基于健康状况的歧视与基于残疾的歧视作为两种不同的歧视类型对待。因为中国签署或批准了重要的国际文件,如《公民权利和政治权利国际公约》与《经济、社会及文化权利国际公约》,中国负有国际义务在中国国内法上禁止基于健康状况的歧视。然而,由于条约的地位和效果在中国国内法上仍然没有明确规定,中国还未能较好地履行这一义务在中国法上普遍禁止基于健康状况的歧视。

由于在区分"健康状况"和"残疾"的概念方面存在着困难,欧盟成员国根据欧盟法有较为宽泛的自由裁量权来选择合适的路径解决基于健康状况的歧视。下一章将分析5个国家与地区法中应对基于健康状况的歧视的经验,为中国寻找可以学习的相关经验。

CHAPTER 04 >>

第四章

其他国家与地区法中应对基于健康状况的歧视

在荷兰,禁止因为残疾或慢性疾病而歧视某人。这在《残疾或慢性疾病平等待遇法》中明确规定。该法2003年12月1日生效。平等待遇首先适用于工作和职业与专业教育领域。在一定期限内,该法还将适用于公共交通领域。

荷兰健康、福利和体育部①

一、介绍

上面对2003年荷兰《残疾或慢性疾病平等待遇法》的介绍显示,自2003年起,慢性疾病和残疾已经被荷兰法明确认可为禁止歧视的理由。因为慢性疾病是人们医学情况的一种类型,这部法律代表了基于健康状况的歧视在荷兰被禁止,尽管目前这一反歧视的保护还没有包含更广泛的医学情况。本章将分析5个国家与地区法中应对基于健康状况的歧视的经验,为中国寻找可以学习的相关经验。

---

① Ministry of Health, *Welfare and Sport*, *Disability or Chronic Illness Legal Regulation of Equal Treatment*, Ministry of Health, Welfare and Sport, 2003, pp. 1 – 2.

本章选择了以下5个法域进行分析：美国、英国、澳大利亚、荷兰和我国香港地区。尽管香港是中国的一部分，根据《香港特别行政区基本法》的规定，它保留了大部分1997年以前在本地区适用的普通法的立法和司法传统。因此，香港通常被视为中国（内地）以外的一个不同法域。[①] 和中国（内地）相比，这5个法域在应对基于健康状况的歧视相关问题上都有更先进的经验。同时，因为基于健康状况的歧视与基于残疾的歧视在其中的多个法域都具有非常紧密的联系，本章的一个焦点是讨论这两种歧视之间的关系如何影响了各个法域应对基于健康状况的歧视的经验。

本章分为4个部分。第2部分回顾了5个国家与地区法中禁止歧视的一般情况。第3部分分析了在美国、英国、澳大利亚、荷兰和我国香港地区这5个特定法域中应对基于健康状况的歧视的个别经验。第4部分提出了结论。

二、其他国家与地区法中的禁止歧视

（一）其他国家与地区法中非歧视法律原则的发展

非歧视作为一项法律原则，在国内法上建立的时间比国际法上确认的时间更早。非歧视法律原则通常随平等权利的发展而发展。自1215年英国《大宪章》制定以来，文明的发展聚焦于追求自由和平等。《大宪章》宣告："任何自由人，如未经其同级贵族之依法裁判，或经国法判，皆不得被逮捕，监禁，没收财产，剥夺法律保护权，流放，或加以任何其他损害。"尽管《大宪章》本身并不意在追求个人的平等，但在其限制国王权力的尝试中，客观上影响了未来关于法律上平等权的规定。

1789年法国《人权和公民权宣言》明确接受了法律上平等的原则，并提出了非歧视的相关要求。《人权和公民权宣言》宣称："在权利方面，人们生来是而且始终是自由平等的。除了依据公共利益而出现的社会差别外，其他社会差别，一概不能成立。……法律对于所有的人，

---

① 根据1990年《香港特别行政区基本法》，作为中国的一个特别行政区，香港可以"依照本法的规定实行高度自治，享有行政管理权、立法权、独立的司法权和终审权"。

无论是施行保护或处罚都是一样的。在法律面前，所有的公民都是平等的，故他们都能平等地按其能力担任一切官职、公共职位和职务，除德行和才能上的差别外不得有其他差别。”由于法国大革命在全世界的巨大影响，平等和非歧视成为各国国内法尤其是宪法上的热门主题。

1868 年，《美国宪法》第 14 条修正案——著名的“平等保护条款”通过。这条修正案规定：“任何一州，都不得制定或实施限制合众国公民的特权或豁免权的法律；不经正当法律程序，不得剥夺任何人的生命、自由或财产；在州管辖范围内，也不得拒绝给予任何人以平等法律保护。”尽管这条修正案是在将近 150 年前通过的，它至今仍在持续地发挥影响。一方面，它是美国随后制定的反歧视立法和案例法尤其是 1960 年之后这方面法律发展的宪法基础，另一方面，这条修正案是现代宪法中第一个明确肯定了平等法律保护原则的条款，具有划时代的意义。

在 20 世纪，平等和非歧视法律原则在现代宪法中被更广泛纳入，有时甚至被确认为最重要的宪法原则之一。例如，1949 年《德意志联邦共和国基本法》声称：“法律之前人人平等……任何人不得因性别、出身、种族、语言、籍贯、血统、信仰、宗教或政治见解而受歧视或享特权。”

自 20 世纪 60 年代开始，许多法域通过了专门立法保护人们的平等权利。尽管难以确定这一潮流具体开始于何时，其中一项具有里程碑意义的立法是禁止基于种族、肤色、宗教、民族出身、性别等方面歧视的 1964 年《美国民权法》第七章。其他重要的美国反歧视立法包括：1963 年《平等工资法》、1967 年《雇佣中的年龄歧视法》、1973 年《康复法》、1990 年《美国残疾人法》等。这些法律主要由美国平等就业机会委员会负责实施。该机构是一个联邦机构，负责实施那些“使基于个人的种族、肤色、宗教、性别、民族出身、年龄、残疾或基因信息的，针对求职者和雇员的歧视非法化的联邦法律”。除了上述联邦立法，在美国各州的层面也有丰富的州法律禁止各种类型的歧视。① 本章下面将要讨论，这些联邦和州的立法有时可能互相产生冲突。

---

① See Webber, D and Gostin, L, “Discrimination Based on HIV/AIDS and Other Health Conditions: Disability as Defined under Federal and State Law”, *3 Journal of Health Care Law and Policy*, 1999 – 2000, pp. 266 – 329.

在英国,第一个专门的反歧视法律——《平等工资法》在1970年通过。自那时起,一系列反歧视法律先后出台,包括1975年《性别歧视法》、1976年《种族关系法》、1995年《残疾歧视法》、2006年《平等法》等。这些立法主要由英国平等和人权委员会负责实施。该机构"具有一项立法授权来推动和监督人权;保护、实施和促进9个'受保护'方面的平等——年龄、残疾、性别、种族、宗教和信仰、怀孕和生产、婚姻和民事伴侣关系、性取向和性别转换"。自2010年10月起,一项整合了上述所有单项立法的新的《平等法》开始生效。该法在当时被认为"可能是世界上最引人注目的国内平等立法"。[①] 本章下面将要讨论,这一评价是有争议的。此外,因为英国还是欧盟成员国之一,它有义务同时实施欧盟反歧视法。[②]

与美国相似,澳大利亚也有两个层次的反歧视法律体系:联邦法和州法。在联邦法的层面上,已经通过了诸如1975年《种族歧视法》、1984年《性别歧视法》、1992年《残疾歧视法》、2004《年龄歧视法》等立法禁止基于种族、性别、残疾、年龄等方面的歧视。这些立法主要是由澳大利亚人权委员会负责实施的。该机构"领导澳大利亚人权的促进和保护"。在州法的层面上,澳大利亚所有的6个州——新南威尔士州、维多利亚州、昆士兰州、南澳大利亚州、西澳大利亚州、塔斯马尼亚州都已经通过了专门的平等和反歧视立法。本章下面将要讨论,澳大利亚的各州州法在制订反歧视法律方面具有相当大的自由裁量权。这种自由裁量权再次引起了关于联邦法和州法在反歧视事项上冲突的法律问题。

作为一个欧盟成员国,荷兰也必须实施欧盟的反歧视法。同时,荷兰国内法发展了丰富的针对专门歧视问题的立法。这些立法包括:1975年《平等工资法》、1980年《(男女)就业平等待遇法》、1994年《平

---

① Wadham, J, "Public/Human rights, New Equality Landscape", *160 New Law Journal*, 2010, p. 1482.

② 2016年6月23日,英国国内通过"脱欧"公投决定离开欧盟。2017年3月16日,英国女王伊丽莎白二世批准"脱欧"法案,授权英国首相特雷莎·梅正式启动"脱欧"程序。但是,截至2017年10月,英国与欧盟的"脱欧"谈判仍然没有取得实质性进展。因此,在本研究中,仍然将英国作为欧盟成员国看待。Katya Adler, "No 'magical solutions' for Theresa May's Brexit talks", *BBC Europe*, Oct. 17, 2017.

等待遇法》、1996年《(工时)平等待遇法》、1996年《长期雇佣和短期雇佣平等待遇法》、2003年《残疾或慢性疾病平等待遇法》、2004年《(年龄歧视)就业平等待遇法》等。这些立法主要是由荷兰平等待遇委员会负责实施的。该机构是"一个1994年建立的独立组织,致力于促进和监督立法施行"。本章下面将要讨论,荷兰的反歧视法明确禁止基于慢性疾病的歧视,而该歧视包含在更广泛的"健康状况"类型中。

在香港法上,目前已经有至少4项条例专门禁止歧视。它们是:1995年《性别歧视条例》、1995年《残疾歧视条例》、1997年《家庭岗位歧视条例》和2008年《种族歧视条例》。这些条例主要由香港平等机会委员会负责实施。该机构是"负责在香港执行反歧视条例的官方机构"。本章下面将要讨论,尽管香港反歧视法律的立法框架看起来比较简单,更多的相关立法实际上也包含了保护具有特定医学情况的人的平等权利的规定。

上述5个国家与地区法中禁止歧视法律的发展说明,当前各国的国内法上已经广泛确认了非歧视法律原则。特别是在过去50年里,许多法域的共同经验是:通过专门的反歧视法律并建立专门的国家机构实施这些法律。同时,在有些实行联邦制的国家,联邦的反歧视法律与州的反歧视法律共同合作,尽管它们之间有时也会发生冲突。

(二)其他国家与地区法中的禁止歧视理由

在美国,法律规定的主要禁止歧视理由包括种族、肤色、宗教、性别(包括怀孕)、民族出身、年龄(40岁或以上)、残疾等。在英国,反歧视法律上的受保护特征包括年龄、残疾、性别、种族、宗教和信仰、怀孕和生产、婚姻和民事伴侣关系、性取向和性别转换。在澳大利亚,诸如种族、肤色、血统、国家或民族出身、性别、婚姻状况、怀孕或可能怀孕、家庭责任、残疾和年龄等因素是法律禁止歧视的理由。在荷兰,基于性别、种族、民族、宗教/信仰、政治信念、性取向、公民身份、兼职或全职工作、临时合同、残疾或慢性疾病和年龄等原因而歧视是非法的。在我国香港特区,法律禁止基于性别、婚姻状况、怀孕、残疾、家庭岗位和种族的歧视。

诸如性别、种族、残疾等因素不仅是国际法上禁止歧视的理由,同时也是国内法上禁止歧视的理由。这再次证明了在法律上普遍禁止基于这些理由的歧视的必要性。此外，上述列出的禁止歧视理由表明，"健康状况"在这5个法域中还没有被明确认可为禁止歧视的理由，尽管与其联系紧密的如"残疾"和"慢性疾病"等因素已经被广泛确认为禁止歧视的理由。

三、其他国家与地区法中应对基于健康状况的歧视

(一)美国应对基于健康状况的歧视的经验

美国法律中没有确认"健康状况"为禁止歧视的理由。然而，由于美国法在"残疾"的类型中包含了一些特定的医学情况，仍然有可能利用相关的美国法律来应对基于健康状况的歧视。

1990年《美国残疾人法》将"残疾歧视"解释为"当雇主或其他实体因具有残疾的合格雇员或申请者的残疾而对其进行不利对待，或因其有残疾的历史而对其进行不利对待，或因其被相信有身体或精神上的非短期和轻微的损害而对其进行不利对待，构成残疾歧视"。这里的术语"残疾"可以有以下三种理解：第一，实质性地限制其一项或多项主要生命活动的身体或精神损害；第二，具有该种损害的既往史；第三，被相信具有该种非短期或轻微的身体或精神损害。

在 Bragdon v. Abbott 等案件中，美国联邦最高法院决定，无症状的艾滋病毒感染者应当属于具有身体损害的人，因为他们的主要生命活动——生殖活动——受到实质性的限制。[①] 自从那时开始，携带艾滋病毒就受到《美国残疾人法》的保护。然而，随着20世纪90年代后期相关立法和案例法的发展，"残疾"的定义变得越来越复杂和混乱。

在2009年，美国平等就业机会委员会在2008年修订的《美国残疾人法》第902条中解释了"残疾"的定义，澄清了该定义中的"损害"要求可包括"健康事项"。在这一解释中，美国平等就业机会委员会发现《美国残疾人法》的立法历史"明确指出感染艾滋病毒在该法保护下"。除了携带艾滋病毒，美国平等就业机会委员会还确认感染病或慢性病也

① See Bragdon v. Abbott, 524 U. S. 624(1998).

可能在《美国残疾人法》中被视为“损害”。此外，在 School Board of Nassau County, Florida v. Arline 一案中，一位老师因为结核病复发而被免职。美国联邦最高法院认为，患有结核病的医学情况构成了“损害”，因为它影响了这位老师的呼吸系统。另外，诸如一些严重的背部问题、心脏病和癌症等的情况也被认为包含在这一类型当中。①

总体而言，美国反歧视法律的文本提供了一个相对较为严格的“残疾”的定义，使其较难以被解释为包含了特定的医学情况。具有某种医学情况不能自动地构成“残疾”。首先，某人的情况必须构成一种“损害”，例如，携带艾滋病毒、具有某些传染病或慢性疾病；其次，这样一种“损害”必须实质性地限制一项主要的生命活动，或者被认为是非短期或轻微的，以证实“残疾”的存在。当这两项条件都满足时，一种医学情况才能被定义为“残疾”。

然而，美国平等就业机会委员会给出的上述解释便利了这两项条件的达成。通过将一些医学情况直接定义为构成了“损害”，“残疾”的概念可以被扩展为包括诸如携带艾滋病毒、结核病、一些严重的背部问题、心脏病和癌症等的医学情况。

当然，在美国法律中应对基于健康状况的歧视的方式仍然存在潜在的风险。一种怀疑在于，美国的反歧视法具有有限的保护范围。如上所列，在《美国残疾人法》的发展历史中，只有很少一部分的医学情况被直接确认为构成了“残疾”。除了携带艾滋病毒、一些严重的背部问题、心脏病和癌症以外的其他医学情况仍然难以得到《美国残疾人法》的保护。在个案的基础上来定义“残疾”虽然具有一些学者所推荐的更有效、更有针对性地适用反歧视策略的好处，②但也同时带来了一些弊端，例如，排斥新形式的“残疾”得到认可。这种排斥使具有长期疾病的人——除了那些已经得到美国平等就业机会委员会认可的之外——难以获得当前美国反歧视法律的支持。

另一个在确认医学情况是否包含在“残疾”概念中的问题表现在联邦法和州法的区别方面。本章前面已经提及，联邦层面的法和州层面

---

① See School Board of Nassau County, Florida v. H. Arline, 475 U. S. 1118 (1986).

② See Burris, S, “Dental Discrimination Against the HIV – Infected: Empirical Data, Law and Public Policy”, *13 The Yale Journal on Regulation*, 1996, pp. 1 – 104.

的法在反歧视的事项上可能存在冲突。在定义"残疾"时,David Webber 和 Lawrence Gostin 等研究者总结说:"州和地方层次的反歧视法包括一些对联邦定义的显著背离。"①目前仍然存在的一个疑问是:如果某人的医学情况在一个州被视为"残疾",而在另一个州不被视为"残疾",这个人可获得什么样的救济?一般来说,仅仅因为两个州的立法对"残疾"的定义不同而使具有同一医学情况的人受到不同对待是公正的吗?

因此,在美国法上,应对基于健康状况的歧视主要是通过证明一些医学情况可以被包含在"残疾"的定义中。这里的一个例外发生在当某些特定的医学情况已经被立法或案例法明确认可为"残疾"时,就不需要再进行证明了。此外,尽管公正性存在争议,有可能通过利用不同的州法上的条款来将不同的医学情况纳入各州自己定义的"残疾"的范畴。

(二)英国应对基于健康状况的歧视的经验

在英国,"健康状况"通常不被认为是一种单独的禁止歧视理由。2010 年之前,曾经通过 1995 年《残疾歧视法》禁止了基于一些健康状况的歧视。自 2010 年 10 月起生效的新的《平等法》整合了之前许多单项的反歧视立法,包括 1995 年《残疾歧视法》。自那时起,2010 年《平等法》在应对基于健康状况的歧视中起到了主要作用。

2010 年《平等法》中,第 6 条、第 15 条和计划第 1 项集中阐述了"残疾歧视"的定义。例如,第 15 条第 1 款将"残疾歧视"规定为以下两种主要形式:"第一,因为某人的残疾而对他实施不利对待;第二,该种不利对待不是达到某种合法目的的适当手段。"这里提出的术语"残疾"的含义可被概括如下:某人具有某种身体或精神上的损害,并且这种损害对某人进行普通日常活动的能力构成实质性的长期的不利影响。

与之前的 1995 年《残疾歧视法》相比,2010 年《平等法》中的"残疾"定义去除了关于"普通日常活动能力"的一份详细清单。在 1995 年《残疾歧视法》中,普通日常活动能力包含了以下一些例子:行走,双手

---

① Webber, D and Gostin, L, "Discrimination Based on HIV/AIDS and Other Health Conditions: Disability as Defined under Federal and State Law", *3 Journal of Health Care Law and Policy*, 1999 - 2000, pp. 266 - 329.

灵巧,有协调能力,有自制力,有能力提举搬运,有能力说、听、看,能够学习集中注意力或理解事物,能够理解风险或身体的危险。去除这一清单可能有利于人们申请法院认定自己的某种状况为"残疾"。特别地,Catherine Casserley 和 Caroline Gooding 等研究者认为移除这一清单的行为可能"有利于具有精神健康问题的人申请认定其状况为'残疾',因为精神健康状况很难通过之前的清单被认定为'残疾'"。① 然而,在 J v. DLA Piper 一案中,精神健康问题能否被列入"残疾"的定义还是引起了争议。② 移除"普通日常活动能力"的清单并没有从根本上澄清哪些医学情况可以被认定为"残疾"的问题。

此外,2010 年《平等法》的计划第 1 项对第 6 条中所使用的"残疾"定义作出了进一步的解释,特别说明了一些医学情况可以被直接认定为"残疾"。这些医学情况包括了癌症,感染艾滋病毒和多发性硬化症。

根据英国平等和人权委员会的特别说明,计划第 1 项的作用,是"直接认定癌症,感染艾滋病毒和多发性硬化症等症状为残疾,使具有这些状况的人不用证明他们的普通日常活动受到了长期实质性的不利影响即可以享有权利"。③ 因此,具有癌症、感染艾滋病毒和多发性硬化症的人可以在该条款下直接便利地得到保护。然而,对具有其他医学情况的人而言,证明自己的医学情况可被归入"残疾"的范畴仍然存在许多困难。

由于 2010 年《平等法》最近才正式生效,有关基于健康状况的歧视的案例法目前还比较有限。不过,上述提及的 J v. DLA Piper 案件已作为一个例子证明了在该法之下将一些医学情况视为"残疾"仍然存在困难。这种困难也引起了以下疑问:具有某些医学情况的人比具有其他医学情况的人更容易得到法律的平等保护,这种区别是否是公平的?是否一些医学情况天然就比另一些医学情况更值得法律的关注?

因此,在英国法律中,具有特定医学情况的人也可以通过证明自己

---

① Casserley, C and Gooding, C, *Disability and the Equality Act 2010*, DLA Annual Conference, Oct. 17, 2011.

② Casserley, C and Gooding, C, *Disability and the Equality Act 2010*, DLA Annual Conference, Oct. 17, 2011.

③ Wadham, J, Robinson, A, Ruebain, D and Uppal, S, *Blackstone's Guide to the Equality Act 2010*, Oxford University Press, 2010, p. 20.

的医学情况可以被归类为“残疾”而获得保护。然而，尽管当前的立法已经移除了一些对“残疾”定义的具体要求，并且将一些医学情况直接纳入了“残疾”的定义，现有的有限案例法仍然显示出在实践中适用这一方法存在困难。

（三）澳大利亚应对基于健康状况的歧视的经验

在澳大利亚法律中，应对基于健康状况的歧视也包含在禁止基于残疾的歧视范围内。与美国和英国相比，澳大利亚法律上的“残疾”定义更具有包容性，给具有特定医学情况的人更多的机会来证明自己是“残疾人”。根据1992年联邦《残疾歧视法》，“残疾”包括以下7种现在存在、过去存在、未来可能存在或可归因于某人的形式：第一，完全或部分丧失个人的身体或精神功能；第二，完全或部分丧失身体的一部分；第三，身体器官中可导致疾病或患病的存在；第四，身体器官中有能力导致疾病或患病的存在；第五，个人身体一部分功能失灵、畸形或毁容；第六，某种失调或功能失灵导致某人与没有该种失调或功能失灵的人具有不同学习能力；以及第七，某种失调、疾病或患病影响个人的思考过程、对现实的感知能力、情绪或判断或将导致行为失常。

上述定义中，术语“身体器官中可导致疾病或患病的存在”和“身体器官中有能力导致疾病或患病的存在”暗示了将诸如携带艾滋病毒或乙肝病毒等的医学情况视为“残疾”的可能性。澳大利亚人权委员会肯定了这种可能性。在对《残疾歧视法》的一项解释中，澳大利亚人权委员会认可了艾滋病毒携带者、肝炎病毒携带者或者其他的传染病人可以被《残疾歧视法》下的“残疾”定义所囊括。尽管《残疾歧视法》指出就有关的传染病采取措施以合理保护公共利益是合法的，这种措施“并不构成对具有传染病的人更一般性的排斥从而使其得不到《残疾歧视法》的保护”。

澳大利亚人权委员会的上述解释解决了禁止基于健康状况的歧视中一个重要的问题。诸如艾滋病毒/艾滋病和肝炎等医学情况是传染性疾病，而这些疾病在日常工作或学习中的传染性很小。澳大利亚人权委员会特别将这些医学情况直接确认为“残疾”是合理的。

这里人们可能会假设具有非传染性疾病的人在澳大利亚法律中更容易得到反歧视的保护。不过，在一项讨论残疾和医学情况之间关系的报告中,澳大利亚健康和福利部门总结说,某种疾病的传染性在其是否能够被确认为"残疾"时不是决定性的。该报告显示,某种医学情况的流行程度不代表与其相联系的残疾的流行程度或严重性。也就是说,根据医学情况的流行程度对它们进行排序得出的结果与根据它们可能与某种严重残疾相联系的程度进行排序得出的结果可能非常不同。因此,尽管诸如关节炎、背部问题、高血压、失聪、哮喘、心脏病、糖尿病、"失明"、抑郁等的医学情况是最容易与残疾相联系的10种医学情况,这些疾病仍然难以被认定为是"残疾"。①

认定这些医学情况为"残疾"的困难主要可能是由于这些医学情况中的一些,如关节炎、背部问题、高血压、哮喘、抑郁等,不太可能持续很长一段时间,尽管这些情况可能在短期内严重损害个人参与日常活动的能力。只要这些医学情况能够被有效地治疗或控制,具有这些医学情况的人就能重新享受其日常活动。由于这些医学情况与其他长期或者终身的疾病相比更不容易被视为"残疾",这里同样引起了关于在医学情况之间进行区分保护的合法与合理性的问题。例如,具有某些医学情况的人"更不够格"被法律保护吗?

此外,澳大利亚反歧视法律的一个重要特征是它的各州在制订和实施反歧视法律方面具有相对更大的自主权。根据《澳大利亚宪法》,每个州都有自己的州宪法,可以通过有关不属于联邦控制事项的其他任何事项的法律。澳大利亚联邦法和州法的关系与美国联邦法和州法的关系相似。然而,澳大利亚各州被认为能够更有效地参与立法。Michael Kirby 教授解释说,在澳大利亚法中,有一条特殊的"保留条款",这一条款认可州法只要能与联邦法同时运行就是有效的。② 这一条款给澳大利亚州层面的立法留下了更多自由裁量权以影响特定的反歧视事项。

Kirby 教授称,歧视是澳大利亚为数不多的"在联邦和州层面立法

① Australian Institute of Health and Welfare, *Disability and Its Relationship to Health Conditions and Other Factors*, Australian Institute of Health and Welfare, 2004, pp. 1 – 3.

② See Kirby, M, "Discrimination – The Australian Response", *19 Commonwealth Law Bulletin*, 1993, pp. 1691 – 1699.

适用几乎完全相同"的法律领域之一。① 然而,州层面的立法在特定的反歧视事项上仍然是多种多样的。至少在新南威尔士州、南澳大利亚州、维多利亚州、昆士兰州和西澳大利亚州,基于残疾的歧视是由不同的地方政府机构根据不同的地方性法规来处理的。因此,术语"残疾"在州层面的立法上也可以作出多样化的解释。例如,在西澳大利亚州,"残疾"包括以下三种类型:第一,与骨骼、循环、呼吸和神经系统失调有关的身体残疾;第二,感官残疾包括听力和视力的损害;第三,智力和发展的残疾包括思考过程、学习、交流、记忆和合理使用信息、作出判断与解决问题方面的困难。如果立法者有意愿,这种广泛的"残疾"定义可以囊括许多的医学情况。

在 Kirby 教授的介绍中,身体残疾在新南威尔士州、维多利亚州、南澳大利亚州和西澳大利亚州的州立法上被禁止。智力残疾在新南威尔士州、西澳大利亚州和维多利亚州的州立法上被禁止。② 然而,这些州层面的立法对"身体残疾"和"智力残疾"的定义也很多样。这种在联邦和州之间以及州和州之间"残疾"定义的多样性导致了澳大利亚法律的不一致性。例如,具有某种医学情况的人可能在联邦的立法上被认作残疾人,在州的立法上却不被认作残疾人;或者该人在一个州的州立法上被认作残疾人,在另一个州的州立法上却不被认作残疾人。因此,联邦和州法之间以及州法和州法之间有法律冲突的潜在风险。这种风险可能引发严重的法律一致性问题。Ros Madden 和 Tiacre Hogan 等研究者协助澳大利亚健康和福利部门检查了澳大利亚各层级的法律中关于"残疾"的定义,建议现有法律"向全国一致改进"。③

因此,在澳大利亚法律上,也是通过将特定的医学情况纳入"残疾"的定义来禁止基于健康状况的歧视。尽管诸如艾滋病毒/艾滋病或者肝炎等的医学情况已经被明确视为"残疾",一般来说,一种疾病的传染性在确认其是否构成"残疾"时并不是决定性的。此外,澳大利亚联邦

---

① See Kirby, M, "Discrimination – The Australian Response", *19 Commonwealth Law Bulletin*, 1993, pp. 1691 – 1699.

② See Kirby, M, "Discrimination – The Australian Response", *19 Commonwealth Law Bulletin*, 1993, pp. 1691 – 1699.

③ Madden, R and Hogan, T, "The Definition of Disability in Australia – Moving towards National Consistency", *Australian Institute of Health and Welfare*, 1997, p. 18.

和州法之间以及州法和州法之间关于“残疾”定义的多样性也造成了国家法律不一致的问题，可能增加将特定的医学情况纳入“残疾”范畴的困难。

（四）我国香港地区应对基于健康状况的歧视的经验

香港作为英国的前殖民地，在几乎所有法律部门中都受到了英国法的深刻影响。在反歧视法律当中，香港也继承了许多英国的实践。例如，在1995年《英国残疾歧视法》通过后，香港也通过了1995年《残疾歧视条例》，这一条例参考了很多《英国残疾歧视法》的内容。[①] 在《残疾歧视条例》中，我国香港特区法律也通过将特定的医学情况证明为“残疾”来应对基于健康状况的歧视。

自1997年起，香港成为了中华人民共和国的一个特别行政区。1990年《香港特别行政区基本法》规定了香港可以“依照本法的规定实行高度自治，享有行政管理权、立法权、独立的司法权和终审权”。因此，大多数1997年之前通过的香港法律被保留了下来，包括了1995年《残疾歧视条例》。

1995年《残疾歧视条例》是香港法律史上的一个重要进步，因为它是在香港使用专门立法保护某些弱势群体的平等权利的最早尝试之一。[②] Vivian Lau大律师评论说，这个条例从外国经验中学习了很多。[③] 这种学习的一个证据可以在《残疾歧视条例》第2条中找到。这一条款对术语“残疾”进行了如下解释：第一，完全或部分丧失个人的身体或精神功能；第二，完全或部分丧失身体的一部分；第三，身体器官中可导致疾病或患病的存在；第四，身体器官中有能力导致疾病或患病的存在；第五，个人身体一部分功能失灵、畸形或毁容；第六，某种失调或功能失灵导致某人与没有该种失调或功能失灵的人具有不同学习能力；以及第七，某种失调、疾病或患病影响个人的思考过程、对现实的感知能力、情绪或判断或将导致行为失常。这个定义与上述澳大利亚反歧视法律

---

① See Yamazaki, K, "International Comparison of Anti – Discrimination Laws", *Shinkousoku Printing Co.*, *Ltd.*, 2006, pp. 45 – 65.

② See Petersen, C, "Equality as a Human Right: The Development of Anti – Discrimination Law in Hong Kong", *34 Columbia Journal of Transnational Law*, 1996, pp. 335 – 388.

③ See Lau, V, "Anti – Discrimination Legislation in Hong Kong", *International Commercial Litigation*, Jun. 1996, pp. 38 – 40.

中关于“残疾”的定义基本一致。这种借鉴可能是由于澳大利亚法律中的“残疾”定义是当时最具有包容性的定义之一。同时，澳大利亚和我国香港特区同样作为英国的前殖民地，都继承了英国的法律体制来禁止基于健康状况的歧视是一种合理的选择。

不过，当香港平等机会委员会具体解释《残疾歧视条例》的内容时，外国立法的经验与香港自身的反歧视视角更好地结合了起来。香港平等机会委员会确认了艾滋病毒包含在《残疾歧视条例》的“残疾”定义中，慢性疾病如中风、癫痫、阿尔茨海默病、色素性视网膜炎、青光眼、哮喘、肺尘症、心脏病、血友病、地中海贫血、类风湿性关节炎、系统性红斑狼疮、肝功能衰竭、糖尿病、肾衰竭、脊髓损伤、强直性脊柱炎、牛皮癣、癌症等也包括在“残疾”的范围内。因此，《残疾歧视条例》提供了一份可以被视为“残疾”的医学情况的较为广泛的清单。所有这些医学情况都属于香港最流行的疾病。

然而，《残疾歧视条例》中有一条专门的限制条款，使“残疾”定义的适用不能包括某些特定的医学情况。《残疾歧视条例》第61条规定，本条例不应适用于某人，如果她/他的残疾是一种传染病，且对她/他的区别对待行为是为了保护公共健康而具有合理性与必要性的。在相关立法和案例法中，目前还不太明确术语“为了保护公共健康所合理必要”究竟是指什么。不过，可以确认的是这里使用的术语“传染病”包括了任何“《疾病预防和控制条例》中所定义的，列入计划的传染病，或由某种列入计划的传染媒介导致的疾病，以及健康部长在公报通知中指明的任何传染病”。

根据《疾病预防和控制条例》，现在已经有45种列入计划的传染病，31种列入计划的传染媒介。这些疾病和媒介中的一些在其他的法域被视为“残疾”。例如，在列入计划的传染病清单中有病毒性肝炎，包括乙肝和丙肝。然而，在澳大利亚，肝炎被明确包含在“残疾”的定义中。尽管澳大利亚法律同样声称就有关传染病采取措施以合理保护公共利益是合法的，澳大利亚法律所采取的措施并不构成对具有传染病的人更为一般性的排斥，从而使患有像肝炎等疾病的个人仍然有机会得到相关的反残疾歧视立法的保护。在这个意义上，我国香港特区的法律在认定何种医学情况构成了“残疾”的方面比澳大利亚法律更为严格。

当然，这种严格的限制也引发了关于限制的合法性/适当性的疑问。

因此，在我国香港特区法律中，也通过了证明特定的医学情况为“残疾”的路径来应对基于健康状况的歧视。香港法律从其他法域中学习了很多经验来发展自己关于“残疾”的定义。尽管《残疾歧视条例》中提供的“残疾”定义看起来很广泛，包括了许多的医学情况，其他有关疾病控制的法律实际上限制了这一“残疾”定义的可适用性。

（五）荷兰应对基于健康状况的歧视的经验

在荷兰法律中，有一部专门的法律规定了具有慢性疾病的人的平等权利——2003年《残疾或慢性疾病平等待遇法》。这部法律认可了“慢性疾病”和“残疾”是两个独立的禁止歧视的理由。由于“慢性疾病”属于“健康状况”的一种，因此荷兰法律基本上是将基于健康状况的歧视和基于残疾的歧视区别开来的。

2003年《残疾或慢性疾病平等待遇法》为禁止基于健康状况的歧视提供了立法基础。荷兰平等待遇委员会说明该法的目的是“支持那些残疾或患有慢性疾病的人，使他们有能力充分地参与社会”。尽管《残疾或慢性疾病平等待遇法》最初只适用于工作、职业与专业教育和公共交通领域，这部法律在制定之初就被预期未来能扩大到住房、教育、提供商品和服务等领域中适用。

《残疾或慢性疾病平等待遇法》没有包含任何关于“残疾”或“慢性疾病”的定义。这些定义的缺失令人感到惊奇，因为难以确定究竟谁能够被这部法律所保护。Lisa Waddington 和 Marianne Gijzen 等研究者解释说，荷兰政府感到没有必要并且不便于在《残疾或慢性疾病平等待遇法》中提供相关的定义，理由包括以下几个方面：首先，荷兰政府相信，基于残疾或慢性疾病的歧视很大程度上不是由于某种特殊的损害造成的，而是主要由于缺乏对相应的损害提供有效的便利措施造成的。其次，一些文献中提出，对残疾人或患有慢性疾病的人的刻板假设不是通过提供定义就能够解决的。最后，对诸如“残疾”或“慢性疾病”等概念进行定义看起来是一项“过于随意的”任务，因为任何人都有可能遭受到这些医学情况的影响。①

---

① See Waddington, L and Gijzen, M, *Dutch Report on the Implementation of the Disability Provisions of the Framework Employment Directive*, Diversityatwork, 2004, pp. 1 - 7.

尽管上述理由中的一些看起来具有一定的合理性,它们并不足以充分支撑"残疾"或"慢性疾病"定义的完全缺失。首先,第一个原因指出,基于残疾或慢性疾病的歧视主要是由于缺乏对相应的损害提供有效的便利措施造成的。然而,要能够申请有效的便利措施,人们首先仍然需要证明他们有资格就损害请求相应的便利措施。其次,就第二个原因而言,人们对残疾人或患有慢性疾病的人的刻板假设与真实立法定义的区别可能是来源于定义本身的缺陷,但也可能是来源于人们进行定义的不恰当的方式。因此,仅仅责怪提供定义本身的缺陷是不公平的。最后,尽管像 Sandra Fredman 教授等学者同意社会中的全体成员都有可能在生命中的某个阶段具有某种残疾并体验到基于残疾的歧视,①这并不必然意味着在立法中提供术语"残疾"或"慢性疾病"的定义是"过于随意的"。事实上,提供"残疾"或"慢性疾病"的定义可以促进人们对这些术语的理解。

荷兰健康、福利和体育部在实施《残疾或慢性疾病平等待遇法》的过程中试图澄清"残疾"或"慢性疾病"的定义。尽管其解释并不具有严格的法律约束力,但是无疑对理解《残疾或慢性疾病平等待遇法》还是会有所帮助。例如,在一项针对慢性疾病患者的政策中,"慢性疾病"被定义为"包括长期或经常发作的健康问题的疾病"。该定义包含了慢性阻塞性肺病、关节炎、糖尿病、帕金森氏症、多发性硬化症、牛皮癣、囊性纤维化、哮喘、克罗恩氏病、乳糜泄、偏头痛和溃疡性结肠炎等的医学情况。

目前仍不清楚除了上述政策所列举的医学情况之外,其他的医学情况诸如艾滋病毒/艾滋病和乙肝病毒等,能否包括在"慢性疾病"的定义中。根据荷兰健康、福利和体育部的解释,艾滋病毒/艾滋病和乙肝病毒可能被归为"慢性疾病",因为它们通常也具有长期性和缓慢发作的性质,发病时期会相对较长,并且在当前的医疗水平下基本没有完全治愈的前景。此外,既然荷兰法律通过避免提供严格限制的定义已经显示出了相对强烈的意愿保护尽可能多的人的平等权利,将艾滋病毒/艾滋病和乙肝病毒归入 2003 年《残疾或慢性疾病平等待遇法》的保护

---

① See Fredman, S, *Discrimination Law*, Oxford University Press, 2002, pp. 58 – 59.

范围看起来是合理的。

在《残疾或慢性疾病平等待遇法》中，有一个专门的条款将一些医学情形排除在这部法律的保护范围之外。《残疾或慢性疾病平等待遇法》第3条指出："对歧视的禁止不适用于歧视对保护健康和安全是必要的情形。"这一条款将一些威胁健康和安全的医学情形排除在《残疾或慢性疾病平等待遇法》的适用范围之外。然而，类似前面香港法律中存在的问题，荷兰法律中也缺乏进一步的具体规则解释在何种情形下区别对待对保护健康和安全是必要的。

医学情况诸如艾滋病毒/艾滋病和乙肝病毒等是通过日常接触传播的。在一般的学习或工作中，它们不会威胁到健康和安全。因此，这些医学情况一般不需要适用上述排除条款。只有在一些比较特殊的情形下，这些医学情况才可能对健康和安全构成威胁。特殊情形的一个例子是某个乙肝病毒携带者当了外科医生，经常需要做有较高暴露风险的临床手术，在临床手术中这名医生就有真实的风险将乙肝病毒传染给别人。只有在类似这种的特殊情形下，对具有上述医学情况的人进行区别对待才是合法的。

除了《残疾或慢性疾病平等待遇法》之外，其他的有关荷兰立法也规定了禁止基于健康状况的不利对待。例如，《医学检查法》原则上禁止在遴选程序中的医学检查，比如在工作面试中不得询问有关个人健康的问题。只有在决定申请者能否在不危害他或她自身健康和安全的情形下从事工作时，才能允许医学检查。同时，只有当申请者是唯一剩下的候选人，并且在检查前已经被事先告知检查程序时，才能允许医学检查。

因此，在荷兰法律上，基于健康状况的歧视和基于残疾的歧视是区分开来的。一般地说，荷兰法律禁止基于健康状况的歧视。除了在特殊情形下，患有慢性疾病的人受到《残疾或慢性疾病平等待遇法》的保护。其他的有关荷兰立法也禁止基于健康状况的不利对待。尽管目前还没有足够的资料来证明荷兰通过将"健康状况"视为独立的禁止歧视理由消除基于健康状况的歧视这一做法的有效性，这种做法在中国应对基于健康状况的歧视中可能有借鉴作用，尤其是因为中国法律目前也将"健康状况"和"残疾"区别开来（下文中会进行更具体的分析）。

（六）在应对基于健康状况的歧视中中国内地可向上述国家与地区法学习的经验

一般来说，中国内地没有法律义务在处理国内问题时适用其他国家或地区的法律经验。① 然而，这种自主性并没有否定我们从其他法域学习先进经验的好处。美国、英国、澳大利亚、荷兰和我国香港地区这5个法域在应对基于健康状况的歧视方面比起中国内地有更先进的经验。这些经验对我们可能有不同程度的帮助。

本章的讨论显示，在国内法中应对基于健康状况的歧视至少有两种可以采取的路径。第1种路径是将“健康状况”包含在“残疾”的定义中，利用应对基于残疾的歧视的反歧视制度来应对基于健康状况的歧视。第2种路径是将“健康状况”作为一种独立的禁止歧视理由，利用专门的反歧视制度来应对基于健康状况的歧视。上述分析的5个法域中，美国、英国、澳大利亚、我国香港地区采取了第1种路径，而荷兰采取了第2种路径。

在采取第1种路径应对基于健康状况的歧视时，美国、英国、澳大利亚、我国香港地区这4个法域都在一般的或专门的反歧视立法中提供了一个“残疾”的定义。这些定义多少是具有一些包容性的，包含了一些我们所说的医学情况。尽管有时证明过程可能非常艰难，具有特定医学情况的人还是有可能通过证明其医学情况属于“残疾”的范畴而获得反歧视立法的保护。有时，相关的反歧视立法、案例法或负责实施反歧视立法的机构会明确认可一些医学情况属于“残疾”。具有这些医学情况的人由此可以直接享受反歧视立法的保护。然而，对于具有其他医学情况的人来说，这种便利是值得争议的，有法律不公平的嫌疑。同时，一些与反歧视法律相关的其他立法，特别是那些规定公共卫生和健康的法律，可能将一些特定的医学情况例如传染病排除在“残疾”的范围之外。这就使具有这些医学情况的人难以受到法律的平等保护。此外，在诸如美国和澳大利亚等实行联邦制的国家，联邦层面的法和州层面的法关于“残疾”的定义可能会产生冲突。这种法律的不一致性可能导致人们进一步怀疑法律在认定某些医学情况为

① See Potter, P, *The Chinese Legal System: Globalization and Local Legal Culture*, Routledge, 2001, pp. 1 – 3.

“残疾”时是否公平。

在采取第2种路径应对基于健康状况的歧视时，荷兰法律通过一部专门的立法禁止基于残疾和慢性疾病的歧视。由于慢性疾病属于“健康状况”的一种，这部立法在一些医学情况构成“慢性疾病”时禁止了基于这些健康状况的歧视。但是，这部立法没有提供一个“慢性疾病”的定义。一方面，这一定义缺失显示了荷兰法律有意愿保护更多具有特定医学情况的人的平等权利。另一方面，这一定义缺失也在实践中造成了混乱。为了更好地实施该法，荷兰政府部门专门在文件中解释了哪些类型的医学情况是属于“慢性疾病”。当这一解释便利了一部分医学情况被作为“慢性疾病”对待的同时，也引发了其他医学情况在认定中遇到困难是否公平的质疑。同时，在其他的相关立法中，也有一些条款限制了专门禁止基于残疾和慢性疾病歧视的立法在威胁健康和安全的情况下进行适用。不过，这一限制一般只发生在特殊情形下，例如，乙肝病毒携带者当了外科医生。此外，相关的立法也确认在遴选程序中原则上禁止进行医学检查，以更好地防范基于健康状况的歧视。

比较上述两种路径，第2种路径看起来更加直观和便利一些，为具有特定医学情况的人提供了较为直接的保护。回顾第三章中的分析，可以看到这一路径也已经被许多国际法律文件所采用，在国际法上已经比较普遍地将“健康状况”作为“残疾”之外的一种独立的禁止歧视理由对待。

然而，这两种路径存在一个共同的问题，即难以为各自法律中所使用的关键术语——“残疾”或“慢性疾病”等——提供合适的定义。尽管在这些法域中相关的反歧视立法、案例法和负责实施反歧视立法的机构都已经做出各种努力澄清这些术语的含义，这些术语的定义或多或少总还是含糊不清的。这种含糊性可能是这些术语本身所具有的一种特征。如果失去了这种含糊性，也许就不可能比较容易地将一些医学情况纳入“残疾”或“慢性疾病”等的范畴。因此，这种含糊性也许不仅是一种缺陷，反而在保护更多具有特定医学情况的人免受歧视方面是有益的。

这种含糊性也提示了在利用这两种路径应对基于健康状况的歧视时，可能并不存在非常显著的实质的区别。具体而言，在上述5个法域中，英国和荷兰都属于欧盟成员国。根据第三章所得出的结论，欧盟法律给其成员国留下了较大的自由裁量权来选择合适的路径应对基于健康状况的歧视。在路径选择上，英国选择了上述第1种路径应对基于健康状况的歧视，而荷兰则选择了上述第2种路径应对基于健康状况的歧视。无论这两种路径分别使用了何种术语，其最终任务还是一致的，即努力将尽可能多的医学情况纳入禁止歧视理由的范围。只要这一任务得以完成，反歧视法律就可以更有效地消除基于健康状况的歧视。因此，这两种路径的任何一种都可以是有益的，只要与其相配合的反歧视制度能够有效地禁止歧视所选的路径中采用的定义所涉及的人群。在某个特定法域当中，要想选择一种较为有效的应对基于健康状况的歧视的路径，很大程度上还是取决于该法域现有的反歧视制度的有效性。

在这个意义上，无论中国最终选择了哪种路径来应对基于健康状况的歧视，也许更重要的是从现在起努力发展一个比较好的一般意义上的反歧视制度。目前可以采取的一个措施是尽量扩展现有的反歧视法律中禁止歧视的理由。如今，中国法律中已经认可了一些普遍的禁止歧视理由。本书在第六章中将要进一步深入讨论，2004年《宪法》已经明确禁止了基于民族、宗教或信仰、性别等的歧视。[①] 诸如《传染病防治法》等立法已经禁止了歧视传染病病人或疑似传染病病人。[②] 除此之外，应当将更多的相关医学情况纳入法律上禁止歧视的理由。

在扩展现有反歧视法律中禁止歧视理由的同时，中国还应该向上述国家与地区法的好的经验学习，建立一个专门的反歧视法律实施机构，并且发展一个有效的反歧视法律案例指引机制。当前，中国还没有国家机构专注于实施反歧视法律。这可能是由于中国还尚未颁布一部专门的平等反歧视法。然而，本书将在第六章中具体分析，现有的反歧

---

① 《宪法》第4条第1款规定禁止基于民族的歧视："……禁止对任何民族的歧视和压迫……"第36条第2款规定禁止基于宗教信仰的歧视："任何国家机关、社会团体和个人不得强制公民信仰宗教或者不信仰宗教，不得歧视信仰宗教的公民和不信仰宗教的公民。"第48条第1款规定禁止基于性别的歧视："中华人民共和国妇女在政治的、经济的、文化的、社会的和家庭的生活等各方面享有同男子平等的权利。"

② 《传染病防治法》第16条第1款规定："……任何单位和个人不得歧视传染病病人、病原携带者和疑似传染病病人。"

视法律实施制度，包括多个行政部门的联合行动，在应对基于健康状况的歧视方面还不够有效。因此，考虑建立一个专门机构来处理普遍的反歧视问题是合理的。同时，最高人民法院已经颁布了许多规定鼓励中国法院公开司法决定，同时还发布了多个指导性案例供下级法院参考。如果在司法实践中能更多地公开与基于健康状况的歧视有关的司法决定，并且多发布这方面的指导性案例，就会支持更多有关基于健康状况的歧视的案件进入诉讼程序并获得胜诉。

四、结论

本章讨论了美国、英国、澳大利亚、荷兰和我国香港地区 5 个国家和地区法中应对基于健康状况的歧视的经验。这些法域中反歧视法律的发展显示，非歧视法律原则已经被多个法域所广泛接受。其他国家与地区法中认可的禁止歧视理由显著扩展。尽管“健康状况”在许多法域还没有被明确认可为禁止歧视的理由，诸如“残疾”“慢性疾病”等与“健康状况”紧密相关的因素已成为法律认可的禁止歧视的理由。

美国、英国、澳大利亚、荷兰和我国香港地区法律中应对基于健康状况的歧视的经验表明，在国内法上，至少有两种应对基于健康状况的歧视的路径。一种路径是将“健康状况”包含在“残疾”的定义中，利用应对基于残疾的歧视的反歧视制度来应对基于健康状况的歧视。另一种路径是将“健康状况”作为一种独立的禁止歧视理由，利用专门的反歧视制度来应对基于健康状况的歧视。在两种路径中，第 2 种路径看起来更为直观和便利，为具有特定医学情况的人提供了更直接的保护。然而，这两种路径都有一个共同问题——难以为术语“残疾”“慢性疾病”等提供合适的定义。这一问题显示了这些术语在性质上是含糊的。这种含糊性在扩大反歧视法律的保护范围使更多具有特定医学情况的人免受歧视方面可能有益。同时，这种含糊性提示了在利用这两种路径应对基于健康状况的歧视时可能并不存在显著的实质的区别。在某一法域，选择禁止基于健康状况的歧视的合理路径很大程度上取决于该法域现有的反歧视制度的有效性。

因此,无论中国最终选择哪种路径应对基于健康状况的歧视,都应当努力发展现有的反歧视制度。尤其是以下几个方面:第一,扩展现有反歧视法律中禁止歧视的理由;第二,建立一个专门的反歧视法律实施机构;第三,发展一个有效的反歧视法律案例指引机制。从下一章开始,本研究将专注于中国基于健康状况的歧视及其应对,并且讨论本章中取得的经验在中国有效发挥作用的条件。

CHAPTER 05 >>

第五章

中国应对基于健康状况的歧视：公元前 1046 年至公元 2000 年

城旦，鬼薪疫，可论？当疫所。……疫者有罪，定杀。定杀可如？生定杀水中之谓。或曰生埋，生埋之异事。

睡虎地秦墓竹简①

一、介绍

基于健康状况的歧视在中国不是一个最近才产生的问题。《睡虎地秦墓竹简》的记载显示，早在2000多年前的秦朝时期，患有麻风病的人就因为其患病情况而受到当时法律（"秦律"）的残酷对待。在本章中，将讨论更多在中国历史上有关基于健康状况的歧视的细节，以帮助我们理解为什么这种歧视在今天如此严重。

本章回顾了从公元前 1046 年到公元 2000 年这段时期里中国如何应对基于健康状况的歧视。本章研究的一个重点是探讨在不同的历史时期中基于健康状况的歧视发生的原因，以及当时的各种主客观因

① 睡虎地秦墓竹简整理小组：《睡虎地秦墓竹简》，文物出版社1978年版，第 200～201 页。

素如何相互交织导致了这一问题的存在。

本章分成4部分。第2部分检视了从公元前1046年到公元1949年期间中国如何应对基于健康状况的歧视。第3部分讨论了从1949年到2000年这段时期基于健康状况的歧视的情况及其应对。第4部分提供了一些观察性结论。

二、新中国成立之前中国应对基于健康状况的歧视:公元前1046年至公元1949年

(一)周朝至战国时期应对基于健康状况的歧视:公元前1046年至公元前221年

很难确定基于健康状况的歧视问题最早究竟是何时在中国产生的。根据现有的历史资料显示,这一问题可能早在中国第一个封建统一王朝——秦朝于公元前221年建立之前就已经发生了。在当时,中国社会逐渐从原始社会向奴隶社会转化,中华文明开始兴起,中国的各种知识和制度的发展开始在历史记录中留下痕迹。[①]

根据中国医学史的记载,大约在3000年前,已经在一些早期著作中出现了关于某些传染病的记录。早在周朝(公元前1046年至公元前771年)时期,中国人已经开始注意到要在社会交往中控制传染病的传播。当时的一部经典著作《周易》中提出:"出入无疾,朋来无咎。"[②]这句话意味着一个有病的人因为可能将疾病传染给他人而不应该在生病时拜访朋友。这个句子中所使用的"咎"字谴责了当一个人患有传染性疾病时不顾其传染性仍然参与社会交往的态度。这体现了早在周朝时期,传染病就可能被认为是一种对人不利的身体情况,患了这些传染病的人因此在社会交往方面可能受到不利对待。

之后,在春秋和战国时期(公元前770年至公元前476年),中国最早的经典医书《黄帝内经》中提及了诸如肝炎等疾病的症状和治疗方

---

① See Loewe, M and Shaughnessy, E (ed.), *The Cambridge History of Ancient China: From the Origins of Civilization to 221 B. C.*, Cambridge University Press, 1999, pp. 1 – 13.

② 黄寿祺、张善文:《周易译注》,上海古籍出版社2007年版,第143~153页。

案。这部医书中说,“湿热相交,民多病瘅”,“当此之时,可按,可药,可浴”。[1] 这里提及的“瘅”的一种主要含义就是我们今天所说的黄疸,经常是由于肝炎造成的。因此,《黄帝内经》中提出了肝炎等疾病的发生是出于湿气和热气的交相侵扰,可以通过按摩、药物、沐浴等方法来治疗。这种认知与我们今天从现代医学角度的认知存在比较大的差别。现代医学一般认为,肝炎主要是感染病毒后发生的,一般必须通过药物治疗,并且乙肝、丙肝等类型的肝炎很难治愈。因此,当《黄帝内经》中谈及的黄疸是因为发生了乙肝、丙肝等类型的肝炎时,通过按摩、沐浴等方法来治疗不太可能有效果。这时,就可能发生人们对不能治愈的肝炎患者的区别对待。因此,尽管在《黄帝内经》中没有具体描述当时人们对患有肝炎的人采取了什么态度,但是由于一些治疗方案的局限性,可能会引起对肝炎患者进行区别对待。

上述历史著作的记载显示,早在中国古代封建统一王朝建立之前,基于健康状况的歧视可能就已经产生了。至少在周朝时期,人们已经对患有传染病的人不顾其传染性进行社会交往表现出了一种谴责的态度。尽管目前还缺乏更多详细的历史文件证实当时人们是否对患有某些疾病的人进行了不利对待,[2]这种谴责的态度已经反映了在中国古代封建统一王朝建立之前,在社会思想的发展进程中已经形成了对患病者的一种道德批判思想。而在当时,一些著名的哲学家如孔子和墨子等已经发表了一般性的支持个人之间平等的观点。[3] 然而,这些观点看起来并没有影响到对患病者的道德批判思想。

(二)秦朝至清朝前期应对基于健康状况的歧视:公元前 221 年至公元 1880 年

在中国历史上,统一的封建帝国时期是最长的同时也是非常有争议的时期。与世界其他地方的封建时期相比,中国的封建帝国历史更为源远流长、包罗万象。在著名的历史学家 Fairbank 教授看来,当时的

---

① 姚春鹏译注:《黄帝内经》,中华书局 2010 年版,第 85 ~ 98 页。

② See Conrad, L and Wujastyk, D, *Contagion: Perspectives from Pre - Modern Societies*, Ashgate, 2000, pp. 1 - 22.

③ See Soothill, W, *The Analects of Confucius*, Fukuin Printing Company, 1910, p. 781. 周才珠、齐瑞端译注:《墨子全译》,贵州人民出版社 1990 年版,第 124 页。

中国“确实一度是世界上的优势文明,非但和罗马不分轩轾,并且远远走在中古时期欧洲的前面”。[①] 然而,即使是在所谓的“优势文明”时期,中国封建社会的各种制度仍然有很多缺陷,并没有阻止人们对具有特定医学情况的人保持一种歧视性的态度。

中国统一的封建帝国时期最早从秦朝(公元前221年至公元前206年)开始。在1975年出土的《睡虎地秦墓竹简》中,记载了许多秦朝当时的法律规定,即秦律。其中有一条秦律规定:“城旦,鬼薪疠,可论?当疠所。……疠者有罪,定杀。定杀可如?生定杀水中之谓。或曰生埋,生埋之异事。”[②]在这条秦律中,“疠”是指患上了麻风病。这一条款的基本含义是:如果一个人已经被判处了在城墙筑墙或者为宗庙打柴的处罚,现在又患上了麻风病,应该如何处理?应当把他们送到专门的麻风病人管理机构去。而如果麻风病人发生了犯罪行为,则要把他们处死。可以采取什么方式把他们处死?一般可以把他们活着投入水中淹死。也有人认为可以把他们活埋,但是活埋是比较少见的处理方式。

上述这一条款说明,至少在秦朝时,中国已经采用了由官方设立专门管理机构的方式来管理受到处罚的麻风病人,这可能是世界上最早的官方麻风病人管理机构。同时,对待麻风病人犯罪的刑罚是非常残酷的。无论麻风病人本身的症状有多严重,也无论他们犯了多大的罪行,都要被直接处死。而且处死麻风病人的方式也极为惨烈。通常就把他们直接投入水中溺死,还有比较少见的是在土里活埋。采取这两种处死方式当中的任何一种都会给麻风病人带来极大的痛苦。这可能也是历史中第一次记载官方通过残酷的方式处死患有麻风病的罪犯。由于这种官方处死患有麻风病罪犯的行为既不考虑罪犯们的行为是否达到了判处死刑的标准,也不考虑其患病的严重程度,因此无疑构成了对患有麻风病的人的歧视,而且是一种通过官方行为直接剥夺其生命权的极端的歧视方式。麻风病人有可能是中国最早的因为自身的医学情况而受到官方歧视性对待的人群。换句话说,这一事实或许可以被

---

① Fairbank, J, *China*: *A New History*, enlarged edition, The Belknap Press of Harvard University Press, 2001, p. 2.

② Fairbank, J, *China*: *A New History*, enlarged edition, The Belknap Press of Harvard University Press, 2001, p. 2.

视为中国基于健康状况的歧视在官方出现的起点。为什么中国基于健康状况的歧视在官方出现的起点在秦朝?一个重要的原因可能是从秦朝开始,中国社会正式由原始的奴隶社会转变为一个中央集权的封建社会。在这样的社会中,不论某种疾病本身的情况是否比在之前的社会中更为严重,至少封建统治者更容易通过全国统一的法律对患有这种疾病的人进行歧视。

在漫长的中国封建时期(前后大约2100年)历史中,每当有大型的瘟疫发生,基于健康状况的歧视总是成为一个潜在的问题。特别是在两汉时期(公元前202年至公元220年)、三国两晋时期(220~420年)、元明时期(1271~1644年)等,在《伤寒论》《肘后备急方》《温疫论》等医学著作和时人的诗赋中都记载了大规模的瘟疫爆发肆虐的骇人结果。例如,"疠气流行,家家有僵尸之痛,室室有号泣之哀。或阖门而殪,或覆族而丧","出门无所见,白骨蔽平原。路有饥妇人,抱子弃草间。顾闻号泣声,挥涕独不还"等。[①] 不过在这些文献中,没有直接提及人们因为瘟疫而受到了歧视对待。一个可能的原因是,在当时疾病横行人们大量丧失生命的情况下,歧视还不算是个主要的社会问题。然而,这不代表基于健康状况的歧视在这些时期就不存在了。瘟疫爆发时,由于当时的医学水平还很难有效治疗,上面记载的很多瘟疫病人被家庭、社会遗弃而死,根本没有什么权利可以享有。[②] 因此,基于健康状况的歧视实际上伴随瘟疫而存在。

直到清朝前期(1644~1880年),患有某些疾病的人仍然经常生活在隔离和死亡的阴影中。其中受影响最深的人群之一是患有天花的人。在大约300年左右写就的医书《肘后备急方》中,首次提及了天花。[③] 在其后的1500年间,天花在中国不时爆发。对清朝的研究表明,从1643年到1875年,中国发生过几次可怕的天花大流行。甚至连皇室家族也受到了严重影响。尽管官方的皇家记录没有公开发布,人们普遍相信福临皇帝(1643~1661年)和载淳皇帝(1861~1875年)就是因

① 参见武斌:《人类瘟疫的历史与文化》,吉林人民出版社2003年版,第84~91页。
② 参见武斌:《人类瘟疫的历史与文化》,吉林人民出版社2003年版,第84~91页。
③ 参见葛洪:《肘后备急方》,人民卫生出版社1963年版,第3771页。

为罹患了天花而死。[1] 为了预防天花在家族成员之间进行传播,皇室家族专门建造了一些隔离所,把疑似患有天花的皇室成员隔离起来。之后,此类隔离所在全国范围内被广泛地推广使用。感染天花的人被强迫离开家乡,集中在这些隔离所中,并且被严格限制与他人交往的机会或去往其他地方。[2] 在这种情形下,感染天花的人很难享受到任何权利或自由,更不用说不受歧视的特定权利。

综上所述,麻风病人在秦朝受到的残酷对待和天花患者在清朝前期的严格隔离待遇等的事实都显示了在中国的各个封建历史时期,封建帝国的统治者们对具有特定医学情形的人时常表现出了歧视。无论必要与否,封建统治者们往往对这些人采取了限制人身自由和权利乃至直接剥夺生命的措施。这些措施固然是为了控制疾病的传播,同时也显示了封建统治者们对患病者总体上所具有的一种高高在上的态度。由于这些措施基本上贯穿了整个中国封建时期的历史,所以也从一方面体现了相似的社会制度下统治者们对具有特定医学情形的人可能采取了类似的歧视性做法。这一点证明了歧视可能受到了相关的政治、经济、社会、文化等因素的影响。尽管许多具有反抗和自由精神的人们也在这一时期提出了一些平等待人的思想,但是在中国整个封建时期占据着统治地位的思想还是经过统治阶级改造的儒家思想,并且这种改造后的儒家思想正是与不平等的封建等级制度相适应的。所以,这一时期时而出现的平等思想的火花没有能够挑战整个主流社会中存在的基于健康状况的歧视。

(三)清朝后期至中华民国时期应对基于健康状况的歧视:1880年至1949年

在19世纪,中国的封建帝国逐渐开始步入衰落期:国家的人口和经济增长缓慢,国家与世界其他地方的联系通过贸易等方式迅速增加,中央集权的封建统治者们的权力被削弱,外国的影响则加强了。自1840年起,中国在鸦片战争等许多与西方国家进行的战争中落败,被迫

---

① See Keizo, H, Jami, C and Skar, L, *East Asian Science: Tradition and Beyond*, Kansai University Press, 1995, pp. 200 – 205.

② See Conrad, L and Wujastyk, D, *Contagion: Perspectives from Pre – Modern Societies*, Ashgate, 2000, pp. 23 – 38.

签订了一系列条约向外国开放市场。到 1900 年,根据这些条约,中国已经向西方国家开放了超过 80 个通商口岸。[①] 尽管这一开放是非自愿的,在客观上还是便利了中国和世界其他地方的交流。这种变化一方面促使了疾病本身发生变化,另一方面也改变了人们对具有特定医学情况的人的态度。

在清朝晚期(1880 ~ 1912 年)和中华民国时期(1912 ~ 1949 年),人们相信当时的政府学习了一些外国经验,对麻风病人进行隔离管理。[②] 如上所述,早在秦朝,麻风病人就受到了官方的歧视,被迫承受了残酷的刑罚。不过,在清朝晚期之前,麻风病人在中国受到恶劣待遇主要并不是出于宗教上的原因。这一点与西方许多国家的例子不同。在西方尤其是许多信仰基督教的国家,人们笃信一些患病的人是“不洁净的人”或者“罪人”,认为对他们进行残酷对待是其罪行所应得的惩罚。[③] 当然,这其实是一种当时的人们对基督教教义的误解。在《圣经》中,旧约和新约分别对麻风病人的问题进行了阐述,并没有一味地将他们视为罪人。[④] 然而,由于误解而在西方流行的认为麻风病人是“罪人”的观点,在中外交流大量增加之后,也慢慢地影响了中国人的看法。此后,麻风病人也开始因为宗教的原因而受到社会排斥。[⑤]

例如,在清朝晚期,许多西方传教士到访中国,推动了在各个地方上麻风病院的建立。西方传教士们发现,当时,中国社会对麻风病表现得有些“冷漠”,没有采取任何措施。[⑥] 这可能反映了一些真实情况,即当时麻风病人在一定程度上被中国的主流社会所忘记。然而根据西方传教士们的宗教和医学知识,这些外国人认为这种忘记是不应该的,应

---

① See Fairbank, J, *China: A New History*, enlarged edition, The Belknap Press of Harvard University Press, 2001, pp. 204 - 205.

② See Leung, A, "The Segregation of Lepers in Modern China", *5 Historical Research*, 2003, pp. 3 - 14.

③ See Sontag, S, *Illnesses as Metaphor, Aids and Its Metaphors*, Penguin Books, 1991, pp. 1 - 87.

④ See International Bible Society, *Holy Bible*, New International Version, International Bible Society, 1984, pp. 13 - 184.

⑤ See Conrad, L and Wujastyk, D, *Contagion: Perspectives from Pre - Modern Societies*, Ashgate, 2000, pp. 99 - 136.

⑥ See Fowler, H, Leprosy, 1 Leper Quarterly, 1927, pp. 5 - 7.

当通过专门的麻风病院对麻风病人进行隔离治疗。他们相信这种措施既是为了在社会上消除麻风病的现象，使社会变得更“清洁”，也是为了拯救这些被社会所遗忘的麻风病人。而且，这种措施在欧洲已经被证实是有效的。西方传教士们所建立的麻风病院常常是在孤立的海岛上或山谷中。麻风病人住在那里往往就像囚犯一样受到严格的监控。平时，麻风病院锁着门，不允许除了医生以外的人们随便进出，而且强迫麻风病人进行劳动。①

受到上述外来经验的影响，在中华民国早期，中国本地的政府或个人也建立了许多麻风病院。这些政府和个人继承了外国人开办麻风病院时采用的大部分政策，但同时也根据他们自身对麻风病的认识推行了一些其他措施。在有些地方，甚至采取了像2000年前一样的极端严酷的措施。例如，将麻风病人任意地杀害或烧死。② 这一事实令人感到震惊和痛心。即使封建统治者们随意决定人们命运的时代已经过去，麻风病人还是受到了如此残酷的对待，仍然被随意地践踏其权利和尊严，这实在是极不应该的。当时的思想先锋如孙中山等已经提出了“三民主义”的平等理论向维护等级制度的传统封建观念发起了尖锐的挑战，但是仍然没有能够使平等理念真正深入当时的人心和制度。封建时期残酷的歧视措施在封建帝国解体后仍然保留了下来。因此，在中华民国早期，对麻风病人的歧视可能主要是由于两方面因素结合而共同造成的。一方面，外来的经验尤其是西方的医学和宗教观念影响了当时中国人对麻风病人“不洁”“有罪”的看法，对他们进行强制的隔离治疗。另一方面，封建时期残酷的歧视措施仍然被继承下来。后一方面因素也说明，尽管社会的根本制度发生了转变，在许多个别问题上，传统的思想和文化仍然有力地影响着人们的态度。在应对基于健康状况的歧视问题上，注重等级特权，忽视人们基本权利、自由和尊严的封建时期的传统文化继续有力地影响着民国时期人们的相关实践。

在中华人民共和国成立之前的整个中国历史中，患有天花和麻风病的人们仅仅是由于健康状况而受到歧视的许多群体中的两个例子。具有其他医学情况的人也在这些时期遭到过歧视。尽管在本研究中无

---

① See Leung, A, *Leprosy in China: A History*, Columbia University Press, 2009, pp. 84 - 131.

② See Leung, A, *Leprosy in China: A History*, Columbia University Press, 2009, pp. 84 - 131.

法就所有构成歧视基础的医学情况列出一张详尽的清单。根据目前已知的医学史,这些医学情况至少包括了以下两种类型:第一类,传染病,包括霍乱、肺结核、疟疾、性病等;第二类,非传染病,包括一些非传染的慢性病、精神疾病等。[①]

值得注意的是,这里列出的其中一些医学情况如慢性病,相比其他的一些医学情况如瘟疫等,具有更低的传染率(甚至完全不传染)和致死率。但是,不同的传染率和致死率等因素可能完全不影响人们对这些医学情况的态度。不同类型的医学情况可能被人们以相似的方式来对待,例如,患有某些慢性病的人也有可能被关锁在孤立的海岛或山谷中,被迫从事一些肮脏或低贱的工作,享受不到适当的教育或培训,被剥夺健康权甚至生命权。[②] 这体现了某种医学情况的传染率和致死率等医学特征在造成歧视方面并不是决定性的。因此,歧视经常不仅仅是由于医学原因引起的。注重等级化的制度,忽视权利、自由、尊严的特权文化,不适当的宗教信仰等,都可能会在基于健康状况的歧视中扮演重要的角色。

这里涉及的另一个重要问题是不同的医学情况之间受道德"标签化"的影响程度不同。通常,如果某种疾病被打上了"可耻""有罪"之类的道德标签,受这种疾病影响的人就会被人们更严苛地对待。[③] 例如,尽管性病本身传染性要低于肺结核等疾病,患性病的人经常比患肺结核的人受到更糟糕的社会对待。[④] 这也和其他法域发生的一些情况类似。例如,美国社会曾经将艾滋病作为一种隐喻采取了道德或政治批判的态度对待,[⑤]或是将患有艾滋病的人群打上了耻辱的标签。[⑥] 这使得艾滋病毒携带者/艾滋病人在美国社会中遭到歧视的情况比其他

---

① See Unschuld, P, *Medicine in China: A History of Ideas*, University of California Press, 1985, pp. 1 – 15.

② 参见武斌:《人类瘟疫的历史与文化》,吉林人民出版社2003年版,第54~91页。

③ See Green, G, *The End of Stigma: Changes in the Social Experience of Long – term Illness*, Routledge, 2009, pp. 5 – 7.

④ 参见白路:《贴上道德标签的疾病史》,载《读者文摘》2005年第6期。

⑤ See Sontag, S, *Illnesses as Metaphor, Aids and Its Metaphors*, Penguin Books, 1991, pp. 1 – 87.

⑥ See Goffman, E, Stigma, *Notes on the Management of Spoiled Identity*, Penguin, 1990, p. 140.

的疾病患者更为严重。本章下面即将讨论，这一情况似乎在中国也发生了。因此，在基于健康状况的歧视问题上，中国既有自身的特点，也与其他法域有相似之处。当然，这一事实并不简单意味着中国社会直接从别的法域继承了一些歧视性的文化。通常来说，文化的继承需要相当长的时间。由于中国向世界开放还只是最近一个多世纪来的实践，中国目前能够继承的其他地区的文化也还很有限。然而，这一事实仍然体现了在不同的法域中，人们可能对具有特定医学情况的人拥有相似的态度。中国社会也有可能向其他法域学习在应对基于健康状况的歧视方面那些好的经验，改变以往的一些歧视性的态度。

三、新中国成立之后中国应对基于健康状况的歧视：1949年至2000年

（一）新中国成立至“文化大革命时期”应对基于健康状况的歧视：1949年至1978年

1921年，中国共产党建立。从早期在革命根据地的治理开始，中国共产党的领导人就持续关注着人民的健康状况。1933年，毛泽东同志在就长冈乡实地考察所撰写的报告中便提出：“减少疾病以至消灭疾病，是每个苏维埃的责任。”[①]这是中国共产党在对待人民健康方面的典型观点。不过，在早期党的实践中，没有充分证据表明党对从前的卫生制度或卫生领域发生的歧视问题进行过特别关注。

1949年，中华人民共和国成立后，中国共产党领导的中央人民政府就开始努力改善中国人民的公共卫生，包括消灭了一些严重的传染病，如天花等。推进公共卫生工作在党和国家的基本政策中总是一个重要的方面。1951年，毛泽东同志就公共卫生问题又作出了专门评论。他指出：“卫生工作是一项重大的政治任务，要极力发展这项工作。”[②]这一评论显示，当时党和国家的领导人已经认识到并且极为关注公共卫生问题。这种态度对当时我国公共卫生的政策发展有着极为重要的

---

① 李一涛：《毛泽东卫生思想研究》，载《卫生经济研究杂志》1993年第7期。

② 毛泽东：《毛泽东选集》（第5卷），人民出版社1977年版，第176页。

影响。

这种态度可能也受到了马克思主义的创始人和早期领导者们相关理论的影响。马克思和恩格斯同志在著作中，明确指出工人阶级的状况是“当代一切社会运动的真正基础和出发点”。[①] 工人阶级的状况中，最基本的状况就是他们的劳动和生活条件，其中就包括了健康状况。马克思和恩格斯同志认为，资本主义制度下的卫生工作属于非生产劳动。而社会主义制度下的卫生工作则属于福利。因此，马克思和恩格斯同志早就指出，公共卫生应当由社会主义社会来提供。[②] 我国在建国后采取的极力发展卫生工作这一态度正是很好地应用了马克思和恩格斯同志的理论。

不过，在新中国成立初期，我国的卫生制度发展还是处于相对较低的水平。在20世纪70年代之前，中国的卫生制度仍然处在建立和初步发展的阶段。根据李岳峰博士的观点，这一阶段的卫生制度具有4个主要特点：“一是初步形成了农村县、乡、村三级预防保健网，大部分传染病控制都由公共部门管理，其筹资、治疗、人员培训等都是由公共部门来完成，有效地控制了许多当时肆虐的传染病。二是城市的医疗保障制度基本建立，劳保医疗和公费医疗基本覆盖了城镇职工人群，农村合作医疗制度覆盖90%以上农村人口，三种健康保障制度有效解决了居民的卫生保健问题，促进了居民健康水平的提高。三是集体经济、国有企业和公共财政承担了卫生制度的大部分筹资功能。四是卫生制度的计划性很强，大多数卫生资源通过计划配置，区域之间的差异性较小，卫生公平性较高。但是卫生服务的水平较低，处于低水平的公平，卫生机构缺乏活力，服务效率较低。”[③]这4个主要特点决定了这一时期所采取的具体卫生政策着重于提供最基础的医疗保障。

具体来说，从1949年起，国家卫生部领导了一场全国范围内的爱国卫生运动，旨在治疗和预防严重威胁到中国公共卫生的重要传染病。

---

① Marx, K and Engels, F, *Collection of Marx and Engels*, Vol. 2, People Publishing House, 1995, p. 278.

② See Marx, K and Engels, F, *Collection of Marx and Engels*, Vol. 3, People Publishing House, 1995, p. 10.

③ 李岳峰：《中国卫生制度的解构与创新》，兰州大学经济学系2007年博士学位论文，第40页。

例如，在 1961 年，通过实施一项国家免疫计划，天花在中国大陆被完全根除。其他的传染病，如麻风病和梅毒等，也得到了有效的控制，这些疾病的发病率在 20 世纪 50 年代到 80 年代急剧下降了。[①]

然而，在上述成就之外，基于健康状况的歧视不幸成为这个时期被忽视的一个问题。这一方面可能是因为，当时政府的政策专注于控制疾病这一目标。因此，尽管疾病本身——也就是歧视的基础——不如以前严重了，歧视仍然还存在着。另一方面本书在第六章中将要证明，这也可能是因为非歧视原则直到相对晚近才被中国法所广泛接受或适用。在新中国成立初期，任何领域的歧视基本上都还处于被忽视的状态。因此，尽管政府并非有意这样做，具有特定医学情况的人的平等权利在当时没有得到关注。

这种忽视的一个例子发生在麻风病人身上。在 20 世纪 50 年代后期，中国政府决定集中精力消灭麻风病。为此，卫生部在 1957 年发布了一项预防和治疗麻风病的国家计划，其中建议，在麻风病控制中实行“检查、隔离和治疗相结合”的原则。[②] 自那时起，全国又新建或恢复了许多麻风病院。这些麻风病院一般都设立在交通、水电比较受限的地方，如遥远的山川和岛屿。[③] 尽管这些麻风病院采取的隔离检查和治疗措施的确为成功控制中国人口中麻风病的流行作出了贡献，但是，这些措施也在一定程度上加剧了当时对麻风病人的歧视态度。例如，一些新闻报道提及，即使是治疗麻风病的医生，在进入这些麻风病院时也使用了不必要的防护服装和手段。[④] 直到 20 世纪 80 年代早期，控制麻风病的主要方法仍然是在麻风病院中接受隔离检查和治疗。而事实上，根据当时医学技术的进步，通过直接接触感染麻风病的概率已经大大降低，严格的隔离手段不再必要。同时，尽管中央政府的政策允许麻风

---

① 参见肖爱树：《20 世纪 60 - 90 年代爱国卫生运动初探》，载《当代中国史研究》2005 年第 3 期。

② See Leung, A, *Leprosy in China: A History*, Columbia University Press, 2009, pp. 177 - 213.

③ See Leung, A, *Leprosy in China: A History*, Columbia University Press, 2009, pp. 177 - 213.

④ 参见雷亮中：《“麻风村”：社会歧视与文化认知》，载《西南民族大学学报》（人文社会科学版）2014 年第 2 期。

病人根据其自由意志进入麻风病院，研究显示，在一些地区，存在地方政府强迫麻风病人进入麻风病院接受隔离检查和治疗的情况。[①] 此外，令人遗憾的是，当时的法律规定没有能为麻风病人的上述情况提供足够的保护，甚至有些法律规定在一定程度上还限制了麻风病人享有权利。例如，在1950年《婚姻法》中，不允许麻风病人结婚。[②] 因此，在中华人民共和国成立初期，对麻风病人的歧视仍在一定程度上存在。首先，在偏远地区设立麻风病院对麻风病人进行隔离检查和治疗是不必要的。其次，强迫麻风病人入院与国家政策也是相违背的。最后，当时的法律法规没有对麻风病人权利受到损害的情况提供足够的保护，反而有时还加剧了歧视。上述例子说明，当时中国致力于推动公共卫生的发展消灭一些疾病，但是对基于健康状况的歧视问题有所忽视。

麻风病人受到的不利待遇不是这一时期基于健康状况的歧视存在的唯一例子。类似的故事也发生在其他具有特定医学情况的人身上。可能是因为政府当时专注于控制传染病，非传染病的治疗不幸受到了忽视。自20世纪60年代后期开始，慢性非传染病逐渐开始代替传染病成为了中国人的主要死亡原因。在这些慢性非传染病中，精神疾病尤其影响着许多人的健康，但在20世纪80年代之前一直没有得到国家的重视。患有精神疾病的人在其日常生活中曾经遭到过比较严重的歧视。他们中许多人的个人自由被高度限制在精神病院或自己的家中，受到医生及其家庭成员的监管。甚至在有些极端的情形下，他们的生命也受到了威胁。据报道，曾经发生过有人因为患有精神疾病而被其家庭成员或本地社区人员折磨甚至杀死的事例。[③] 由于在20世纪80年代之前，没有一部专门的法律规定精神疾病的诊断和治疗，患有精神疾病的人想要维护自己的合法权利是十分困难的。自中华人民共和国成立后将近30年的经济、社会和法律发展中，患有精神疾病的人始终

① 参见雷亮中：《“麻风村”：社会歧视与文化认知》，载《西南民族大学学报》（人文社会科学版）2014年第2期。

② 这一专门限制在2001年修订的《婚姻法》中被移除。1950年《婚姻法》第5条规定：“男女有下列情形之一者，禁止结婚：……患花柳病或精神失常未经治愈，患麻风或其他在医学上认为不应结婚之疾病者。”

③ 参见黄雪涛、刘潇虎、刘佳佳：《中国精神病收治制度法律分析报告》，精神病与社会观察、深圳衡平机构，2010年，第1～80页。

没有能被社会看做与他人平等的“人”,这不能不说是非常遗憾的。

人们可能会提出的一个疑问是,既然新中国成立后党和国家的政策从一开始就如此重视人民的健康状况和卫生工作,为什么还会长期存在基于健康状况的歧视呢? 一方面,党和国家在这一时期卫生工作的重点是在提供最基础的医疗服务,消灭或控制严重的传染性疾病。因此,在这一过程中难免忽视了相对次要的基于健康状况的歧视这一问题。另一方面,歧视的存在也是由于当时我们的卫生工作常常采取“运动”的方式来推进,既比较缺乏长期的稳定的规划,也比较少有法律法规的制度性保证。有学者评论,当时的卫生工作推进更像是开展一场政治运动,而不是解决一个法律问题。[①] 通常来说,一场政治运动的开展往往需要较多短期的、简单的、激烈的行动,而一个法律问题的解决则可能涉及更多长期的、复杂的、稳定的持续变化过程。因此,尽管这一时期党和国家已经非常重视人民的健康状况,基于健康状况的歧视还是多有发生。

另一个导致基于健康状况的歧视在当时被忽视的可能原因是,在当时的社会观念中,歧视具有特定医学情况的人的传统文化还相当强烈。不到30年的发展并不足以改变人们以前深植于心的对这些人的偏见。党和国家的指导思想和新文化的传播起到了一定的转变观念的作用,[②]但是中国封建时期的传统文化毕竟持续浸染了超过2000年之久。[③] 因此,即使人们不是有意要进行歧视,在思想中可能已经无意识地受到了过去的歧视性文化的影响。当然,当时还比较有限的医学知识对形成歧视性的观念也负有责任。然而,医学知识的因素在歧视问题上并不是一个决定性因素,否则随着相关医学知识的发展,如麻风病等引起的歧视问题早就应该自动减轻甚至已经得到解决了。

---

① See Peerenboom, R, *Asian Discourses of Rule of Law – Theories and Implementation of Rule of Law in Twelve Asian Countries*, Routledge, 2004, pp. 113 – 145.

② See Pechota, V, D' Amato, A and Higgins, R, *The Contemporary Marxist Theory of International Law*, 75 Proceedings of the Annual Meeting (American Society of International Law), 1981, pp. 149 – 159.

③ See Bauer, J and Bell, D, *The East Asian Challenge for Human Rights*, Cambridge University Press, 1999, pp. 212 – 237.

(二)改革开放至新千年时期应对基于健康状况的歧视:1978年至2000年

1978年,中国共产党第十一届中央委员会第三次全体会议在北京召开。自这次会议后,改革开放政策正式作为中国的一项基本国策被提出来。在改革开放政策下,中国对全球市场更为开放,与整个世界的联系更加紧密。在经济方面,普通人获得了更多的自由追求经济利益。这一方面带来了社会财富的急剧增长,另一方面也加剧了公共秩序和普遍道德价值的混乱。[①] 同时,在这一时期,中国共产党的主要领导人如邓小平在中国特色的社会主义原则下进一步发展了平等和非歧视的理论,即中国特色的社会主义发展和共同富裕理论。这一理论对公平和效率之间的平衡关系考虑得更为细致。上述这些变化使公共卫生领域发生了许多新的变革。因此,基于健康状况的歧视及其应对问题在这一时期变得更为复杂。其复杂性主要从以下三个方面显现出来。

第一,从好的方面说,针对具有特定医学情况的人的歧视在一些疾病中相当程度上减少了。这主要体现在麻风病人的例子。在法律上,卫生部颁布了1982年《全国麻风病防治管理条例》并在1988年进行了修改。这个条例要求,消除社会上恐惧和歧视麻风病的偏见。由于歧视迫害麻风病人而造成人身或财产损失时,应追究肇事者的法律责任。在职、在学人员如患上了麻风病,其所在单位不得强行使之退职、退休、退学,应当根据麻风病防治专业机构的意见,积极配合麻风病人予以规范治疗。麻风防治人员和麻风病人所在单位的有关人员,必要时应为麻风病人保密,以利于麻风病人在社会上能保持正常的工作、学习和生活。对麻风病人的家属,在入学、就业、参军、婚姻等方面都不得为难和歧视。

除了上述立法进步外,卫生部在1985年召开了第一届全国麻风病教育工作会议。这是中华人民共和国历史上首次在全国范围内传播麻风病的科学知识。经过这些努力后,主要的麻风病预防和治疗手段从"隔离治疗"转向了"社区治疗"。麻风病人不再被要求进入专门的麻风病院接受强制治疗。他们可以留在家里,和家人一起生活,约见医生并

---

① See Wu, H and Yao, Y, *Reform and Development in China: What Can China Offer the Developing World?*, Routledge, 2011, pp. 1 – 14.

在自己选择的地方治疗。[①]

这一转变是中国卫生史上的一个巨大飞跃,因为自公元前221年左右的秦朝时期开始,麻风病人就被要求在一些孤立的地方隔离。在大约2200年的漫长时间里,他们很难有机会像其他人一样享有普通的家庭生活。这一转变被认为是中国对麻风病的医学知识理解有了进步的结果。[②] 然而,这一进步还是没有能结束所有针对麻风病人的偏见和歧视。在法律和实践中,仍然存在着对麻风病人的"持续的污名"。[③] 本章前面已经讨论,麻风病人在2001年《婚姻法》修正之前仍然不能结婚。这再一次体现了相关医学知识的发展并不一定能直接导致基于健康状况的歧视的减少或消亡。科学知识的改变常常需要经过一段相当长的时期才能促进社会制度和思想观念的更深入的转变。

第二,与上述发生在麻风病人待遇方面的积极变化相比,具有其他一些特定医学情况的人在法律和实践中仍然受到了一定程度的忽视或不利对待。例如,自1985年起,中国精神疾病的立法过程就开始了,但这一领域的专门法律——《精神卫生法》——直到2012年才正式出台。在这27年的漫长立法过程中,精神病人仍然遭受到了许多不利待遇。报告显示,对精神疾病的漠视导致了一些可怕的暴力行为。[④] 这一现象警示人们,立法的延迟可能导致严重的后果,使公平正义无法及时地实现。因此,及时立法是构建一个强有力的中国反歧视制度的重要方面。

另一个在这一时期受到歧视影响的典型群体是乙肝病毒携带者。1980年,国家劳动总局和卫生部联合颁布了《技工学校招生体检标准及执行细则(试行)》。在这一文件中,患有慢性肝炎或乙型肝炎的申请者被禁止进入技工学校:"确诊为慢性肝炎患者、乙型肝炎患者,不能录取"。这一文件可能是接下来30多年对乙肝病毒携带者进行歧视的一个制度性开端。当时,在企业招聘制度中,"统包统分"的政策已经取消,企业开始实行"择优录用"。许多企业在"择优录用"过程中增加了

---

① 参见吴品彦:《麻风健康教育策略的探讨》,载《中国麻风杂志》1997年第4期。

② 参见陈薇:《人类与麻风:持久的对抗》,载《中国新闻周刊》2010年第36期。

③ Leung, A, *Leprosy in China: A History*, Columbia University Press, 2009, pp. 177 – 213.

④ 参见黄雪涛、刘潇虎、刘佳佳:《中国精神病收治制度法律分析报告》,精神病与社会观察、深圳衡平机构,2010年,第1~80页。

体检的要求。[①] 根据《关于招工考核择优录用的暂行规定》，这些体检可以参照上述《技工学校招生体检标准及执行细则（试行）》执行。因此，自那时起，乙肝病毒携带者在企业招录过程中总是被拒绝，受到了广泛的歧视。

从整体上说，当中国的经济制度从计划经济向市场经济转变时，招聘制度的改革是适当的。然而，随着招聘制度的改革而发生对乙肝病毒携带者的歧视则是一个消极的副作用。由于这一歧视的发生很大程度上是因为参照执行了不恰当的法律文件，今后就需要对参照执行法律文件的问题更为谨慎对待。在制定法律文件时要尽可能地确保内容的准确适当，在参照执行法律文件时也应当充分验证其科学性。

在20世纪80年代后期和90年代，当人们对乙肝的不正确认识被一些事件所强化时，对乙肝病毒携带者的歧视也加剧了。在1988年，上海爆发了一场甲肝疫情，导致大约300,000人受感染，30人死亡。尽管这一疫情的死亡率并不是十分高，人们却在其中得出了肝炎是具有高感染性的传染病这一观点。[②] 这一观点将两种不同类型的病毒性肝炎——甲型肝炎和乙型肝炎混淆了。甲型肝炎病毒主要是通过受污染的食物和水传播，大多数的感染病例仅仅具有轻微的症状，经过急性传染期后，大部分人会完全康复并在未来保持对甲型肝炎病毒的免疫力。而乙型肝炎病毒则主要是通过接触受感染的血液及其他体液来传播的，并不通过食物和水传播，感染后可能导致人们罹患慢性乙型肝炎，并且一旦感染几乎就会终身携带。然而，在中国，人们对甲肝和乙肝的区分却很不明确。二者在法律上都同样被认为是病毒性肝炎，都作为可以通过消化道传播的急性传染病来对待。即使在1989年《传染病防治法》和1991年《传染病防治法实施办法》中，也没有对甲肝和乙肝进行明确的区分。根据这种不正确的观点，在上海甲肝疫情爆发期间及其后，人们对感染乙肝病毒的恐惧也不合理地增强了。这种恐惧加剧了人们对乙肝病毒携带者在许多方面不科学的歧视态度。

---

① See Guo, R, *How the Chinese Economy Works*, 3rd revised edition, Palgrave Macmillan, 2009, pp. 72 – 75.

② 参见杨春磊：《乙肝歧视的成因与救济》，载《长江大学学报》（社会科学版）2007年第5期。

这一时期的一些立法显示了这种歧视态度的存在。例如，1982 年《食品卫生法(试行)》第 25 条禁止了乙肝病毒携带者在食品行业的一些部门工作，声称："凡患有痢疾、伤寒、病毒性肝炎等消化道传染病(包括病原携带者)，活动性肺结核，化脓性或者渗出性皮肤病以及其他有碍食品卫生的疾病的，不得参加接触直接入口食品的工作。"而我们已经知道，乙型肝炎虽然也是病毒性肝炎，却不是通过消化道传播的，参加接触直接入口食品的工作并不会影响其感染性。1987 年《公共场所卫生管理条例》第 7 条则禁止了乙肝病毒携带者在治愈前在一些公共服务部门工作，指出："患有痢疾、伤寒、病毒性肝炎、活动期肺结核、化脓性或者渗出性皮肤病以及其他有碍公共卫生的疾病的，治愈前不得从事直接为顾客服务的工作。"由于乙型肝炎一般是不可能治愈的，因此这一条例基本上断绝了乙肝病毒携带者从事直接为顾客服务的工作的可能性。上述具有歧视性条款的法律法规对此后的立法有相当重要的影响。

此外，一些规范性文件，如 1985 年《普通高等学校招生体检标准》，禁止了乙肝病毒携带者被录取到高等教育的某些专业；1985 年《托儿所、幼儿园卫生保健制度》要求在托儿所、幼儿园的人一旦乙肝病毒检测阳性就要转移到其他工作。尽管这些规范性文件不算是中国法的正式渊源，它们仍在实践中扮演着重要的角色。[①] 因为这些规范性文件的内容通常更加具体并且在实践中更具有可操作性，它们对此后相关立法的影响也不可低估。

本研究认为，对乙肝知识的不正确理解加剧了对乙肝病毒携带者的歧视。但是，本研究并不认同医学因素是这一歧视存在的主要原因，其他相关因素的影响也不容小觑。一般来说，对某种医学情况的认知只是歧视问题的一部分，法律法规的保护力度不够也极大地影响了歧视的发生。法律法规的保护力度不够的一种形式可在上面所列举的歧视乙肝病毒携带者的这些文件中找到。此外，另一种法律法规的保护力度不够发生在现实中对非歧视性的法律法规的不当实施。一个例子是 1998 年《关于进一步加强普通高等学校招生体检管理工作的通知》

---

① See Lubman, S, "Bird in a Cage: Chinese Law Reform after Twenty Years", *20 Northwestern Journal of International Law and Business*, 1999 – 2000, pp. 384 – 385.

的实施。该通知允许肝功能正常的慢性肝炎患者被录取到普通高等教育机构。具体来说,该通知尽管一般性地禁止了肝炎患者进入普通高等教育机构,却明确将“肝功能正常”排除在这一禁止的范围之外。因此,肝功能正常的乙肝病毒携带者可以被普通高等教育机构录取。这在保护乙肝病毒携带者的平等受教育权利方面是一个重大的进步。然而,一项非政府组织的报告却显示,在这一时期,许多普通高等教育机构不顾该通知的要求,任意拒绝肝功能正常的乙肝病毒携带者。[①] 显然,这一通知在实践中没有得到很好的实施。这不是因为这一通知本身对乙肝的理解存在什么错误,而是由于其没有受到普通高等教育机构的足够尊重和正确执行。这一点也再次证明了对医学知识的不正确理解并不是人们歧视乙肝病毒携带者的最主要原因。本书在第六章中将要讨论,在今天中国非歧视性的法律法规的不当实施仍是一个严重的问题。

第三,在这一时期,中国出现了一些新的疾病。患有这些疾病的人也由于各种原因遭受了耻辱和歧视。这些人中,最著名的就是艾滋病人/艾滋病毒携带者这一群体。在1985年,中国首先在一名外国旅行者身上诊断出了艾滋病毒。此后,艾滋病毒逐渐传播开来。最初几年,艾滋病毒主要存在于到中国旅游的外国人、中国侨民、到外国旅游的中国人、接受国外献血的中国人当中。自1989年起,艾滋病毒在静脉注射吸毒者、性工作者等群体中开始更广泛地传播。这一传播首先发生在云南等省,而后扩大到了全国范围。在20世纪90年代早期,艾滋病毒在一些省份的卖血农民中较为流行。当农民将血液卖给私人机构的血液经营者时,由于私人机构的血液经营者经常忽视了血液采集中基本的卫生防护措施,许多农民在完全不知情的情况下感染了艾滋病毒。自那时起,艾滋病逐渐成为了中国的主要传染病之一。[②]

自艾滋病疫情在中国开始发生以来,耻辱、恐惧和歧视经常伴随这一疾病的传播。研究显示,在艾滋病的流行中,耻辱、恐惧和歧视与疾

① 参见北京益仁平中心:《高等教育领域乙肝歧视状况调查报告》,北京益仁平中心,2008年,第1~16页。

② See Zhang, K and Ma, S, “Epidemiology of HIV in China”, *324 British Medical Journal*, 2002, pp. 803–804.

病本身往往构成了一种恶性的循环。[①] 在当时,许多因素都造成了针对艾滋病人/艾滋病毒携带者的歧视的恶化。

在艾滋病疫情发生的早期阶段,可能主要是由于对这种新传入中国的疾病缺乏了解,政府在应对艾滋病疫情时没有能够更及时地作出反映。甚至在有些时候,由于政府相信艾滋病主要是散发在特定人群当中,不会影响公共健康和卫生,没有对普通民众进行更充分及时的预警。当时,国家所掌握的有关艾滋病毒传播的信息也比较有限,没有及时发现在1990年后艾滋病毒从静脉注射吸毒者、性工作者等特定群体转向了在更普遍的一般人群中传播。[②] 尽管一些医学专家提出了有关这方面情况的报告,[③]当时他们的意见还没有得到充分的重视。同时,为了避免这种新发生的可能致死的传染病在民间造成过分的恐慌,在1986年,卫生部颁布了《关于加强艾滋病疫情管理的通知》,要求"新闻报道要从严掌握,归口卫生部审查,严格把关,以免造成不良影响和不必要的恐慌"。这代表了当时政府的一种典型观点,即认为有关艾滋病疫情消息的传播可能会导致民间对该疾病的不必要的恐惧。这一观点的用意良好,却有些忽视了一种不利的副作用产生的可能性,即关于艾滋病疫情消息的不及时传达可能导致以前没有任何艾滋病相关知识的普通人对其产生更大的恐惧。因此,人们缺乏对艾滋病疫情消息的及时了解是导致随后产生了对艾滋病的耻辱、恐惧和歧视的一个重要原因。

政府对艾滋病疫情的了解和反应不够及时和有效也影响了这一时期在艾滋病相关领域立法的缓慢发展。在21世纪之前,还没有一部法律法规专门保护艾滋病人/艾滋病毒携带者的基本权利。这一时期的立法文件更多的是强调如何更好地预防和控制艾滋病的传播。例如,根据1988年《艾滋病监测管理的若干规定》第2条、第6条和第7条,外国人是艾滋病病人或艾滋病病毒感染者的不得入境中国。在

① 参见任海英:《我国艾滋病歧视问题的社会心理学分析》,载《现代生物医学进展》2009年第1期。

② See Dutka, O, "Turning a Weapon into a Shield: Using the Law to Protect People Living with HIV/AIDS in China from Discrimination", *38 Columbia Human Rights Law Review*, 2006 - 2007, pp. 421 - 457.

③ See Ching, F, *The Truth about Its Human Rights Records*, Rider, 2008, pp. 50 - 51.

外国人在中国居留期间,如其被发现是艾滋病病人或艾滋病病毒感染者的,可令其立即出境。这一规定否定了外国的艾滋病人/艾滋病毒携带者在中国合法旅行的可能性。同时,尽管在部分立法中也存在对艾滋病人/艾滋病毒携带者平等权利的一些保护性声明,这些保护性的声明往往是比较原则性的,缺乏相关的实施规定,提出后难以在实践中得到具体有效的执行。这些保护性声明的一个例子是1999年《卫生部关于印发对艾滋病病毒感染者和艾滋病病人管理意见的通知》。该通知指出:"艾滋病病毒感染者和艾滋病病人及其家属不受歧视,他们享有公民依法享有的权利和社会福利。不能剥夺艾滋病病毒感染者工作、学习、享受医疗保健和参加社会活动的权利,也不能剥夺其子女入托、入学、就业等权利。"这一规定代表了政府在保护艾滋病人/艾滋病毒携带者的平等权利方面在观念上已经取得了巨大的进步。然而,由于在实践中没有能很好地执行这一规定,这种进步的积极意义受到了损害。整体上,这一时期在中国的立法中,很少有法律法规对实践中处理针对艾滋病人/艾滋病毒携带者的歧视提供比较有效的帮助。

上面阐述的1988年《艾滋病监测管理的若干规定》中对外国的艾滋病人/艾滋病毒携带者禁止入境中国的规定显示,在艾滋病疫情发展的早期,政府曾经认为可以通过使用一些排外措施来更有效地控制艾滋病毒的传播。这一观点也反映在了《全国预防艾滋病规划(1988年－1991年)》等政策中。这些政策主要考虑到了保护中国人民的公共健康和卫生的需要,但是没有充分考虑到相关的艾滋病人/艾滋病毒携带者的权利保护问题。一般而言,在公共健康和卫生的需要与个人权利的保护方面,政策往往有必要进行仔细考量,平衡好公众利益和个人权益的关系。这种平衡关系是政策制定者们经常会遇到的难题,如果处理得不好就可能使政策无法发挥期望的效果,甚至带来许多弊端。上述提及的排外措施就给此后制定的一些控制艾滋病毒传播的国内政策带来了不利影响。在一些后来制定的国内政策中,由于相信吸毒者、男同性恋者、农民工等群体属于艾滋病毒的高危感染者,这些群体的许多权利受到了政策的严格限制甚至是被否定。这些政策在一定程度上加剧了这些群体被中国主流社会所隔离或排斥的情形。[①] 这些政策中的一个例子是1993年《艾滋病卫生检疫工作对策及其实施方案》。在该一规定中，对吸毒者和性工作者的卫生检疫提出了过高的要求，不利于他们得到平等的法律保护。

尽管在上述法律法规和政策措施中提出的隔离和排斥的手段有些具有良好的意图，但是，这些手段事实上使艾滋病疫情的有效控制变得更为艰难。由于惧怕受到法律惩处，艾滋病毒感染者/艾滋病人更有可能选择隐瞒而不是公开自己的病毒感染情况。这给在一般人群中更普遍地防治艾滋病带来了困难。同时，由于这些隔离和排斥的手段是在立法和政策中规定的，显然也会影响社会中形成对艾滋病的耻辱、恐惧和歧视的文化。人们依据立法和政策，更可能对中国的艾滋病人/艾滋病毒携带者产生消极看法。这些消极看法被认为是强化了一个歧视性的社会环境。这些消极看法尤其与一些特定人群紧密联系在一起，如吸毒者、性工作者、男同性恋者、农民工等。在传统的中国文化中，吸毒者、性工作者、男同性恋者本来就存在许多污名。许多人认为，他们等同于违法犯罪者或有此种倾向的人。这些人被贴上了“非法的”“不道德的”等标签。[②] 当立法和政策中提出对这些人群采取隔离和排斥的手段以防治艾滋病时，他们身上已经存在的污名更加剧了。人们倾向于相信，艾滋病就是发生在这些人群中，他们感染艾滋病毒是出于自身的“可耻的”行为，因而自身对其感染情况负有主要责任。如果他们还传染给了其他人，当然是应当进行谴责和惩罚的。根据这种观点，人们很难对艾滋病人/艾滋病毒携带者展现出同情的态度，反而会任意地对待这些具有“可耻”名声的人。此外，政府在传播艾滋病疫情信息中的不足也加剧了社会对这些人的仇视和不宽容，造成歧视情况更为严重。

总体而言，从1978年到2000年，随着中国社会发生了一些新的变化，基于健康状况的歧视在中国整体上变得更加复杂和难以应对。其中，具有麻风病等医学情况的人受到歧视的程度总体上减轻了；而具有

① See Wan, Y, Hu, R, Guo, R and Arnade, L, “Discrimination against People with HIV/AIDS in China”, *4 The Equal Rights Review*, 2009, pp. 15 – 25.

② See Wan, Y, Hu, R, Guo, R and Arnade, L, “Discrimination against People with HIV/AIDS in China”, *4 The Equal Rights Review*, 2009, pp. 15 – 25.

乙肝等医学情况的人受到的歧视反而比以前加剧了;一些新的医学情况如艾滋病等在中国产生,具有这些新的医学情况的人也同样遭受了耻辱、恐惧和歧视。这些复杂的情形是由政府和社会中的多种制度和观念的原因造成的。在这个时期,公共健康和卫生的保护与个人权利的保护之间的张力变得更为明显,给国家法律法规和政策措施的制定与实施提出了新的更高的要求。

四、结论

本章回顾了从公元前 1046 年至公元 2000 年中国应对基于健康状况的歧视的历史。在大约 3000 年的时间里,基于健康状况的歧视是一个不断被提到的问题,但是并没有被有效地解决。在中国统一的封建帝国建立之前,已经存在关于对具有特定医学情况的人进行不利对待的一些历史记录。在漫长的封建时期,基于健康状况的歧视在许多朝代都频繁地发生着,采取的歧视手段有时也非常残酷。在近代中国的早期,西方技术和观念的引进促进了对许多疾病的治疗,但也为具有特定医学情况的人享有其权利带来了许多新的障碍。在中华人民共和国成立后,党和政府努力控制疾病传播,致力于促进中国人的公共健康和卫生。然而,在最初一段时期内,除了这些努力之外,基于健康状况的歧视是一个普遍被忽视的主题。直到 1978 年后,中国社会发生了重大变革,基于健康状况的歧视才被逐渐认识到并着手处理。然而,在一些方面的歧视现象减轻的同时,其他方面的歧视现象却有所加重,还产生了一些新的歧视形式。在新千年之前,基于健康状况的歧视在中国已经成为一个比较复杂和严重的问题,需要严肃和及时的处理。

中国应对基于健康状况的歧视的历史显示,这一歧视在中国社会中植根很深。这不仅是对特定医学情况的不正确或有限的医学知识所导致的问题。相反地,这是一个相当复杂的综合性问题,与许多相关的政治、经济、社会、文化等因素紧密联系在一起。其中,至少以下一些因素在中国从公元前 1046 年至公元 2000 年的这一历史时期中对基于健康状况的歧视持续存在扮演了比较重要的角色:第一,在新中国成立前的许多历史时期,中国政府对这种歧视存在持续的忽视;第二,在几乎所有上述的历史时期,中国的制度中都缺失一种比较有效的反歧视制度(其中包括了法律制度和其他制度);第三,在近几十年里,国内和国际环境的急剧变化产生了一种更复杂和混乱的应对歧视的社会环境;第四,更为重视等级制度而相对轻忽个人权利、自由、尊严等的传统文化一直强烈地影响着人们的歧视性态度。这些因素彼此联系紧密,并且对歧视的影响是多方面的。在下一章中,本研究将进一步探究类似的相关因素,以明确中国在21世纪如何更好地应对基于健康状况的歧视。

CHAPTER 06 >>

第六章

中国应对基于健康状况的歧视：2000 年之后

艾滋病本身并不可怕，可怕的是对艾滋病的无知和偏见，艾滋病感染者和病人都是我们的兄弟姐妹，全社会都要用爱心照亮他们的生活。

习近平①

一、介绍

现任中共中央总书记习近平的上述讲话摘录表明，在今天，中国对艾滋病人/艾滋病毒携带者的歧视仍然存在，而且党和政府已经越来越关注这一歧视问题，提出要以兄弟般的精神和关爱的态度克服对艾滋病的无知和偏见。本章分析了公元 2000 年之后中国基于健康状况的歧视是如何通过反歧视制度的建立和发展而逐渐得到确认和处理的。这里使用的术语“制度”不仅仅是指法律制度，也包括了其他相关的政治、经济、社会、文化等各方面的制度。这些制度对当今中国应对基于健康状况的歧视具有实质性的影响。

本章主要探讨了以下几个问题：第一，当今中国

① 李斌：《习近平在北京市参加世界艾滋病日相关活动纪实》，载《新华每日电讯》2012 年 11 月 30 日。

基于健康状况的歧视的主要特征是什么?第二,今天基于健康状况的歧视仍然存在的原因有哪些?这些原因是如何互相作用的?第三,当前中国的反歧视制度的性质和特征是什么?为什么这种反歧视制度在应对基于健康状况的歧视问题中没有很好地发挥作用?

本章分为5个部分。第2部分回顾了2000年到2003年中国如何开始认识和应对基于健康状况的歧视。第3部分讨论了2003年到2010年中国如何进一步确认和处理这种歧视。第4部分分析了2010年之后中国在应对这种歧视方面产生的新变化。第5部分提出了结论。

二、中国应对基于健康状况的歧视:2000年至2003年

自新千年开始,中国在全球化的过程中介入程度继续加深。2001年12月11日,中国正式加入了世界贸易组织。在《中国入世议定书》中,中国同意遵守世界贸易组织的各项规则,包括透明、司法审查、非歧视等规则。在这些规则中,"非歧视规则"要求:"除本议定书另有规定者外,在下列方面给予外国个人与企业以及外商投资企业的待遇,在优惠上不得低于给予其他个人与企业的待遇:第一,生产所需的投料、货物和服务的采购,以及他们的货物在本国市场上,或为出口,而生产、营销或销售方面所依靠的条件;第二,国家与地方各级主管机关、公用或国家企业在运输、能源、基础电信及其他生产设备与要素等方面所供给的货物与服务的价格和可获得性"。尽管世界贸易组织的"非歧视规则"主要规制的是国际贸易领域,并不直接适用于更一般性的歧视事项或特定的基于健康状况的歧视的问题,这一规定无论如何激发了中国国内对与歧视有关的事项的更多关注和讨论。由于与歧视有关的事项之前在中国社会被广泛忽视,更多地关注中国与歧视有关的各类事项,可以普遍地加强中国人对特定歧视问题的意识。在此意义上,世界贸易组织"非歧视规则"的适用对后来中国确认和应对基于健康状况的歧视发挥了积极的影响。

(一)初步认识基于健康状况的歧视

从2002年到2003年,一场严重的重症急性呼吸综合征("SARS")

疫情在中国和全世界发生。在这场疫情中,对重症急性呼吸综合征患者的待遇引发了一些有关当代中国基于健康状况的歧视的最初讨论。

重症急性呼吸综合征 2002 年 11 月在中国广州爆发,在当时是一种全新的疾病。在这场疫情最初开始时,人们不了解重症急性呼吸综合征的病原或传播途径。同时,政府也没有及时向公众公开报道这场疫情。这些因素导致了爆发初期人们对重症急性呼吸综合征的极大惊慌和恐惧。在中国许多地方,这种惊慌和恐惧表现为对重症急性呼吸综合征患者和疑似患者的极端严格和不合理的隔离措施。例如,在北京,一些痊愈的重症急性呼吸综合征患者被周围邻居拒绝返回家中。[①] 在沈阳,从广东来的所有旅客无论是否被诊断为疑似重症急性呼吸综合征患者,都要一般性地隔离 1 周至 2 周。[②]

因为没有证据表明痊愈的重症急性呼吸综合征患者可能会传染其周围的人,周围邻居拒绝其返回家中的行为明显是歧视行为。然而,将从重症急性呼吸综合征疫区来的所有旅客进行隔离是否构成歧视则不太明确。一些人认为:"'非典'隔离不是歧视……此次中央和地方对'非典'的防治工作,包括隔离治疗措施,正是比照了《传染病防治法》中对'甲类传染病'设定的标准,力求通过法律的形式贯彻一种非歧视原则……从社会的或道德的角度分析,今天的'非典'隔离与历史上的人群隔离制度也存在重大区别。"[③]

然而,这一观点在法律上是存在争议的。根据 1989 年《传染病防治法》第 26 条,检疫措施应当通过下列条件实施:"甲类、乙类传染病暴发、流行时,县级以上地方政府报经上一级地方政府决定,可以宣布疫区,在疫区内采取本法第二十五条规定的紧急措施,并可以对出入疫区的人员、物资和交通工具实施卫生检疫。经省、自治区、直辖市政府决定,可以对甲类传染病疫区实施封锁;封锁大、中城市的疫区或者跨省、自治区、直辖市的疫区,以及封锁疫区导致中断干线交通或者封锁国境的,由国务院决定。疫区封锁的解除,由原决定机关宣布。"这一条款允许对出入疫区的人员采取有关的检疫措施,但是检疫措施不能在任意

① 崔立伟:《面对非典收起歧视展露宽容切勿侵权》,载《法制日报》2003 年 6 月 3 日。

② 参见郭正林:《隔离旅客不能扩大化》,载《羊城晚报》2003 年 5 月 11 日。

③ 潘洪其:《"非典型肺炎"隔离不是歧视》,载《北京青年报》2003 年 4 月 19 日。

的基础上实施。

首先,这一条款提出了宣布疫区是采取检疫措施的前提条件。只有当这个前提条件满足时,才能采取相应的检疫措施。在上述沈阳的例子中,没有报道指出官方宣布了疫区。其次,尽管这一条款中没有明确指出,检疫措施应当根据医学要求来进行,然而,在沈阳的例子中,缺乏医学证据证明从广东来的没有疑似重症急性呼吸综合征症状的旅客也需要被隔离1周至2周。

此外,历史上的人群隔离制度特别是像美国、南非、纳粹德国等国家的隔离制度,大都是基于种族的分类。这些制度不是基于公正或有效的原因进行区别对待,而是忽视了目标种族或民族人群的个人尊严和基本权利。类似地,对从曾经爆发重症急性呼吸综合征的地方来的旅客采取隔离措施也不是基于客观的医学证据,忽视了这些旅客的个人尊严和基本权利。没有一个合法或合理的理由,任何从曾经爆发重症急性呼吸综合征的地方来的人都可能被剥夺个人自由长达数周。

一些学者也对这种隔离措施提出了质疑。例如,朱芒教授认为:"抗SARS的措施中,隔离治疗等涉及人身自由,属于法律保留范围的事项。对照《传染病防治法》的规定,其合法性方面存在瑕疵。"[①]王晨光教授评论说:"当普通公民越来越多地对一些强制措施(例如,医生是否有权采取行政法意义上的隔离、留观等问题)提出法律上的疑问时,法律至上的观念实际上已经在深入人心。"[②]这些质疑,尽管在当时没有都被广泛地接受,仍然引发了更多与重症急性呼吸综合征有关的隔离措施的合理性和合法性的讨论。[③] 这些讨论表明,当代中国已初步认识到基于健康状况的歧视问题的存在,并且应当从法律上对这种歧视问题进行规制。

---

① 朱芒:《SARS与人身自由》,载《法学》2003年第5期。

② 王晨光:《非典突发事件冲击下的法治》,载《清华大学学报》(哲学社会科学版)2003年第18期。

③ 参见钟会兵:《个人权利与公共利益的平衡:抗SARS中限制人身自由措施的正当性与合法性分析》,载《法律适用》2003年第7期。

(二)反歧视制度发展的前身

1. 立法方面的发展

在 2003 年之前,中国国内法中没有专门禁止基于健康状况的歧视。然而,中国受所作出的国际法律承诺的约束,在国际法上负有义务禁止基于健康状况的歧视。

在 2000 年之前,中国已经批准了数个包含了非歧视条款的国际人权条约。特别地,中国在 1980 年批准了 1979 年《消除对妇女一切形式歧视公约》,在 1981 年批准了 1965 年《消除一切形式种族歧视国际公约》。这两个国际人权条约分别禁止基于性别和种族的歧视。尽管这两个条约没有专门适用于基于健康状况的歧视,它们是当今国际法上非歧视法律原则得以普遍确立的代表。根据 Malcolm Shaw 教授的观点,基于种族、性别和宗教的歧视尤其可能"违反了习惯国际法"。[①]

在应对基于健康状况的歧视时,还有其他更加相关的国际文件,包括 1966 年《经济、社会及文化权利国际公约》、1966 年《公民权利和政治权利国际公约》、联合国人权委员会通过的第 1995/44 号决议——"艾滋病毒和艾滋病情形下的人权保护"等。更具体地,《经济、社会及文化权利国际公约》第 2 条、《公民权利和政治权利国际公约》第 2 条和第 26 条都禁止了基于"其他身份"的歧视。而联合国人权委员会第 1995/44 号决议"艾滋病毒和艾滋病情形下的人权保护"说明了在《经济、社会及文化权利国际公约》和《公民权利和政治权利国际公约》等文件中使用的术语"其他身份"包括了"健康状况",特别是患有艾滋病/携带艾滋病毒。这一说明被经济、社会和文化权利委员会就《经济、社会及文化权利国际公约》发布的第 20 号一般性意见所进一步证实。尽管上述的决议和一般性意见还不是具有严格法律拘束力的国际法律文件,它们被国际社会所广泛接受并在实践中普遍遵行,具有很强的说服力。因此,在《经济、社会及文化权利国际公约》和《公民权利和政治权利国际公约》下,缔约国有义务去禁止基于健康状况的歧视。

根据本书第三章的讨论,中国在 1998 年签署了《公民权利和政治权利国际公约》,不过至今仍然没有批准。尽管《公民权利和政治权利

---

① Shaw, M, *International Law*, 6th edition, Cambridge University Press, 2008, pp. 286 – 289.

国际公约》还没有对中国产生严格的法律效力,中国仍然应该对《公民权利和政治权利国际公约》的内容表示尊重,这就包括了一个禁止基于健康状况的歧视的隐含要求。同时,中国在 2001 年批准了《经济、社会及文化权利国际公约》,自那时起就受到了《经济、社会及文化权利国际公约》的正式法律约束。因此,中国在《经济、社会及文化权利国际公约》下具有一个禁止基于健康状况的歧视的比较明确的义务。然而,因为外国条约在中国的适用目前在国内法上还是一个没有完全解决的问题,上述义务直到中国在 2003 年国内法开始确认和处理基于健康状况的歧视之后才开始实际承担起来。

2. 行政方面的发展

从 2000 年到 2003 年,很少有报告专门提及有关中国应对基于健康状况的歧视的行政行动的发展。一方面,这种情况可能是因为此时还缺少这方面的反歧视立法,因而行政部门也无须采取专门的执法行动。另一方面,这种情况也与这段时期基于健康状况的歧视才刚刚被意识到有关。例如,在上述重症急性呼吸综合征爆发期间,行政部门所采取的有关的隔离措施自身就存在歧视的嫌疑。行政部门的注意力还远远没有放到相关的反歧视措施上来。

3. 司法方面的发展

在 2003 年之前,缺乏有关基于健康状况的歧视的专门案例的报告。然而,在这一时期,一些重要的宪法权利的相关诉讼为基于健康状况的歧视的专门案例的出现准备了一个合适的司法环境。

(1)"中国宪法司法化第一案"——齐玉苓诉陈晓琪等

本案的主要事实经过如下:1990 年,高中毕业生陈晓琪没有通过技术学校招生考试。她窃取了另一名通过该考试的同校高中毕业生——齐玉苓的身份,被一所技术学校所录取。陈晓琪冒充了齐玉苓的身份到该校就读,并在毕业后继续使用齐玉苓的身份工作。因为两人的毕业学校、地方教育局等单位中有一些官员协助了陈晓琪窃取身份,齐玉苓最初并不知道自己被技术学校所录取,一直被陈晓琪所冒名顶替。1999 年,齐玉苓发现这一冒充事实后,将陈晓琪和那些协助其窃取身份的人诉至枣庄市中级人民法院,提出她的姓名权和受教育权受到了侵犯。

根据当时中国相关的法律法规,1986 年《民法通则》第 99 条第 1 款专门规定了姓名权。这一条款指出:“公民享有姓名权,有权决定、使用和依照规定改变自己的姓名,禁止他人干涉、盗用、假冒。”然而,受教育权一直到 1995 年《教育法》出台后才有了专门法律上的规定。因为在本案中,陈晓琪窃取齐玉苓身份的行为发生在 1990 年,不能直接适用 1995 年《教育法》。而在 1990 年时,只有 1988 年《宪法》中的一个条款直接提及受教育权。1988 年《宪法》第 46 条第 1 款规定:“中华人民共和国公民有受教育的权利和义务。”除此之外,其他法律中没有直接提及公民的“受教育权”。

发现陈晓琪窃取齐玉苓身份的行为发生当时只有《宪法》肯定了公民的受教育权后,枣庄市中级人民法院遇到了一个法律上的难题——是否可以在本案中直接适用《宪法》判决。在此之前,在司法实践中没有直接适用《宪法》的先例。同时,《宪法》能否直接在法院适用仍然存在理论争议。王磊教授曾经提出:“许多……法律问题都……要通过宪法的司法化来解决。”[①]然而,他的这一观点在当时没有被广泛地接受。枣庄市中级人民法院最后勉为其难地判决陈晓琪侵害了齐玉苓的姓名权,但没有侵害她的受教育权。法院决定,陈晓琪应当停止对齐玉苓姓名权的侵害,并向她赔偿这一侵害带来的损失。

此后,齐玉苓将本案上诉到了山东省高级人民法院。在二审中,山东省高级人民法院同样感到难以判断在本案中是否可以直接适用《宪法》保护齐玉苓的受教育权。于是,山东省高级人民法院将此案提交给最高人民法院,请求最高人民法院解释《宪法》能否直接适用于本案。最高人民法院对此请求给予了官方批复,确认:“陈晓琪等以侵犯姓名权的手段,侵犯了齐玉苓依据宪法规定所享有的受教育的基本权利,并造成了具体的损害后果,应承担相应的民事责任”。根据这一批复,山东省高级人民法院作出了终审判决,指出陈晓琪等侵犯了齐玉苓的姓名权和受教育权。法院判决陈晓琪应当停止侵害齐玉苓的姓名权,并向她赔偿因受教育权被侵害而带来的损失。

齐玉苓诉陈晓琪等这一案件被认为是中国宪法史上的一个突破。

---

① 王磊:《宪法的司法化》,中国政法大学出版社 2000 年版,第 1 页。

由于在本案中法院首次在判决中直接引用了《宪法》作为判决的依据，因此又被称为“中国宪法司法化第一案”。但是，这一评价是存在争议的。例如，翟小波等学者质疑，法院在判决中直接适用《宪法》在中国不太合适，因为在中国的法律制度中，人民代表大会具有最高权力，由人民代表大会负有主要责任制定、修改宪法和监督宪法的实施。[①] 然而，许多其他学者支持最高人民法院在本案中的批复。例如，江平教授认为，这一诉讼将鼓励更多的宪法诉讼进入法院。[②] 事实上，在此诉讼发生后的两三年里，曾经有多个案件在起诉中直接引用了宪法条款，请求法院对宪法所规定的权利进行保护，这其中就包括了后来的“乙肝歧视第一案”。[③]

（2）“中国宪法平等权条款（第33条）司法适用第一案”——蒋韬诉中国人民银行成都分行[④]

本案的主要事实如下：大学毕业生蒋韬在报纸上读到中国人民银行成都分行招聘行员的广告。广告当中要求“男性身高在168厘米、女性身高在155厘米以上”。而蒋韬没有达到这一身高条件。2002年1月，蒋韬向成都市武侯区人民法院提起了行政诉讼，状告中国人民银行成都分行的这一招聘要求是对包括自己在内的因身高不符合上述条件的报名者的身高歧视，侵害了他所享有的《宪法》赋予的担任国家公职的平等权利。

在庭审中，成都市武侯区人民法院认为，被告中国人民银行成都分行发布招聘广告对招录对象规定了身高条件这一行为，不是其作为金融行政管理机关行使金融管理职权、实施金融行政管理的行为，因此不属于被告的行政行为范畴，依法不属于人民法院行政诉讼的主管范围。此外，被告的这一行为在作出时并未对外产生拘束力或公定力。在招聘报名截止之前，也就是这一行为产生效力之前，被告已经自行修改了招聘广告的内容，去除了对申请者身高条件的要求，消除了该行为对外

① 参见翟小波：《代表机关至上的人民宪政》，载《清华法学》2007年第2期。

② 参见郭国松：《姜明安、江平、贺卫方、蔡定剑：宪法司法化四人谈》，载《南方周末》2001年9月13日。

③ 参见周伟：《法庭上的宪法》，山东人民出版社2011年版，第87～137页。

④ 参见周伟：《法庭上的宪法》，山东人民出版社2011年版，第26～40页。

部可能产生的法律后果和对相对人权利义务的实际影响。因此,被告的行为实际上并未给原告及其他相对人报名应试被告行员的权利造成损害。原告所称的侵权事实是尚未发生的事实,不具有可诉性。最后,成都市武侯区人民法院裁定驳回了原告蒋韬的起诉。①

蒋韬诉中国人民银行成都分行这一案件首次在中国法院请求根据《宪法》保护个人的平等权利。尽管法院最后驳回了起诉,诉讼促使被告改变了其具有歧视性的招聘政策。在蒋韬到法院起诉后几天,中国人民银行成都分行就发布了新的招聘广告,去除了对申请者最低身高的要求。同时,尽管一些学者质疑这一案件是否能在严格意义上被称为"中国宪法平等权利诉讼第一案",②本案无论如何在实践中鼓励了各种歧视问题的受害者通过诉讼方式争取平等权利的保护。在本案发生后,更多有关平等权利的案件,包括"乙肝歧视第一案"等,陆续被诉至法院。③

4. 其他方面的发展

在 2003 年之前,中国只有很少数的一些健康非政府组织。这一时期,建立起了两个日后积极参与应对基于健康状况的歧视的重要的健康非政府组织。第一个是 2001 年建立的"肝胆相照论坛"。这是一个最初由乙肝病毒携带者建立的供乙肝病毒携带者之间进行信息交流的网上论坛。此后,它逐渐演变成一个乙肝病毒携带者获取信息和组织反歧视行动的重要舞台。第二个是 2002 年成立的"北京爱知行机构"。这一机构旨在研究中国有关艾滋病的各种问题,与艾滋病人/艾滋病毒携带者和其他相关群体如吸毒者、性工作者、男同性恋者、农民工等建立了密切联系。这一机构经常性地就艾滋病人/艾滋病毒携带者和上述其他相关群体的生存和权利状况发表报告。

在当时,中国还没有建立起一个大众普遍参与的公民社会。各种非政府组织在发展当中都遇到过不少制度和观念上的障碍,上述健康非政府组织也不例外。比如,当时的法律法规对社会组织的登记存在较严格的管理要求。尽管 1998 年《社会团体登记管理条例》的规定允

① 参见周伟:《法庭上的宪法》,山东人民出版社 2011 年版,第 26 ~ 40 页。

② 刘志刚:《对"中国宪法平等权第一案"的宪法学反思》,载《法学》2003 年第 3 期。

③ 参见周伟:《法庭上的宪法》,山东人民出版社 2011 年版,第 87 ~ 137 页。

许社会组织进行法律登记,健康非政府组织往往发现在实践中很难登记为“社会组织”。这主要是因为当时健康非政府组织很难找到一个合适的“业务主管单位”。[①] 政府的卫生行政部门并没有能广泛地担任一般草根所建立的健康非政府组织的业务主管单位。因此,像北京爱知行机构这样的健康非政府组织在注册时就把自己作为“企业”申报,而实际上是按照“社会组织”的方式行事。健康非政府组织在登记中遇到的困难也造成了它们在日后行事当中受到了一定的限制。比如,作为“企业”,不能享受到法律规定的很多作为“社会组织”可以获得的减免税收的优惠待遇。这种登记中的困难也体现了在当时非政府组织的发展环境仍然缺乏来自政府的更有力的支持。

综上所述,在2000年到2003年,当与重症急性呼吸综合征有关的隔离等待遇在2002年到2003年面临合法性和合理性的质疑时,基于健康状况的歧视在中国被初步认识到并且引起了全国的讨论。同时,相关的反歧视制度处在准备建立的过程中。特别是,在立法方面,中国批准了《经济、社会及文化权利国际公约》,签署了《公民权利和政治权利国际公约》,从此应当承担起一项反对基于健康状况的歧视的国际法义务。在司法方面,重要的宪法权利相关诉讼如“中国宪法司法化第一案”和“中国宪法平等权条款(第33条)司法适用第一案”等为有关基于健康状况的歧视案例准备了一个较好的司法环境。此外,在中国的公民社会中,有关禁止基于健康状况的歧视的观点开始发展。最早的健康非政府组织中的两个重要组织——肝胆相照论坛和北京爱知行机构先后建立,并开始着力维护具有特定医学情况的人像乙肝病毒携带者、艾滋病毒携带者/艾滋病人等的平等权利。

三、中国应对基于健康状况的歧视:2003年至2010年

在21世纪的前十年,中国进入了一个新的发展时期。自从1978年起,中国实施了改革开放政策。在坚持这一政策30多年后,中国在经

① 徐金燕、蒋利平:《中国非政府组织参与艾滋病防治工作特点及问题分析》,载《中国公共卫生管理》2017年第5期。

济增长方面取得了极大的进展。然而,经济增长和社会进步并不总是保持平衡的。Martin Whyte 教授在一项关于当今中国平等性的研究中提出:“有人认为,经过过去十年左右的时间可以习惯性地断言普通中国公民对扩大的不平等感到更加不满,他们的不满可能最终像一座社会火山一样爆发,对市场改革和过热经济增长所产生的分配的不正义广泛地展开批判。”①当然,这种论断对中国公民对社会不平等所普遍感到不满的程度的估量可能过于夸大,一座由这种不满所构成的所谓“社会火山”至少在近十年内没有发生并且在可预期的未来也不大有可能发生。但是不可否认的是,的确许多人在这一时期中表达了对一些歧视性现象的失望。

党和政府注意到了这个问题的存在,并开始采取措施推进社会平等的实现。在这一时期里,党和政府作出了一个重要决定,要建设一个“社会主义和谐社会”,旨在推动一系列社会全面发展的目标,其中包括“社会主义民主法制更加完善,依法治国基本方略得到全面落实,人民的权益得到切实尊重和保障”等。这一决定显示,在新千年,中国不仅仅注重经济的继续发展,也更为关注社会的和谐和进步。自 1978 年改革开放以来存在的一些社会混乱现象得到了更严肃的对待和解决。同时,作为建设一个和谐社会的重要部分,对平等和非歧视的追求逐渐成为了中国人关注的焦点之一。

(一)法律确认基于健康状况的歧视

基于健康状况的歧视主要通过 2003 年有关歧视乙肝病毒携带者的两个案例在中国法上得到了正式确认。在这两个案例中,第一个案例是周一超故意杀人,第二个案例是张先著诉芜湖市人事局。下面将对这两个案件进行分析。目前在中国的法律制度中,还没有形成完全向公众公开的系统的案例报告和公布制度。尽管在近几年里,许多中国法院开始通过网络等媒介向社会公众公开判决书,这一良好的经验还未成为全国普遍的实践。② 同时,一些个人通过私下的渠道公布了部分有关判决。在上面两个案例中,个人都通过私下的途径公布了司法

---

① Whyte, M, *Myth of the Social Volcano: Perceptions of Inequality and Distributive Injustice in Contemporary China*, Stanford University Press, 2010, pp. 181 – 200.

② 参见龙飞、赵昕:《各地法院司法公开之探索与实践》,载《中国审判》2010 年第 5 期。

文书。第一个案例的判决来自众多乙肝病毒携带者所编辑的一本著作,第二个案例的判决来自于原告律师所编辑的一本著作。

1. 周一超故意杀人

周一超是一个大学毕业生,2003 年 1 月在浙江省嘉兴市参加公务员招聘的考试。周一超在笔试、面试中均获得了最高分。然而,他在就业体检中却被检测出乙肝标志物“小三阳”,即在乙肝病毒检测中,乙肝表面抗原(HBsAg)、乙肝 e 抗体(HBeAb)、乙肝核心抗体(抗 HBC)三项呈阳性。根据当时的《浙江省国家公务员录用体检标准》,携带肝炎病毒者为体检不合格。因此,周一超被拒绝录用。他因为感觉受到了歧视而产生了绝望情绪。在与负责公务员招聘的人事部门争论的过程中,他袭击了负责招聘的两名政府官员,杀死了一人,重伤了另一人。2003 年 9 月,周一超被嘉兴市人民检察院以故意杀人罪起诉。在一审中,周一超及其辩护律师提出他杀人的行为是由于受到不公正的法律制度的歧视所导致的,希望能从轻判决。嘉兴市中级人民法院没有接受这一观点,直接判处了周一超死刑。之后,他上诉到了浙江省高级人民法院。但是二审法院认为一审判决事实清楚,适用法律正确,最终裁定驳回上诉,维持原判。不久,周一超被执行了死刑。①

在本案中,毫无疑问的是,周一超本人要对其杀人行为负有主要的责任。然而,使他心生绝望的不够公正合理的公务员招聘制度是否要承担一定的责任,是一个充满争议的问题。这一问题在当时引起了一场全国范围内激烈的有关法律和情理的争论。周一超的辩护人宓雪军律师在他的辩护词中特别提出:“《浙江省国家公务员录用体验标准》将‘小三阳’患者挡在公务员的门槛外不仅是不符合逻辑的,对应招的‘小三阳’患者也是不公平的,不公正的。”②许多人评论认为,在本案中,法律本身是不正义的,因而加剧了“实体正义缺失”。③

周一超故意杀人案件不仅仅是一项个人犯罪,也是一个在当今如此关注平等、自由和人权的社会中绝不应该发生的社会悲剧。让周一

① 参见肝胆相照论坛:《战胜乙肝》,东方出版社 2005 年版,第 210 ~ 212 页。

② 戴虹红、陈洪标:《谁有公务员录用标准的知情权——周一超杀人案引出的思考》,载《人民法院报》2003 年 9 月 12 日。

③ 刘金霞:《可以允许实体正义缺失吗?》,载《中国经济时报》2003 年 9 月 18 日。

超个人为其绝望杀人的行动而负所有责任看起来并不公正。当法律制度本身存在不正义时,想要通过适用法律制度获得公正就不可能达到目的。因为这一案件造成了如此严重的悲剧性后果,它引发了其后对于禁止乙肝病毒携带者从事公务员工作这一规定的合法性的激烈争论,第一次将全国人民讨论的焦点集中在基于健康状况的歧视这一问题上。因此,这一案件不仅对此后有关基于健康状况的歧视的相关案件产生了深远的影响,同时也成为这一领域反歧视制度未来发展的一个重要催化剂。

2. 张先著诉芜湖市人事局

张先著诉芜湖市人事局这个案件的主要事实与上述周一超故意杀人案件相似。在本案中,张先著也是一名大学毕业生。2003 年 6 月,他报名参加了安徽省芜湖市人事局录用国家公务员的考试。张先著同样在笔试、口试中均获得了最高分。然而,他在就业体检中被检出乙肝标志物,即在乙肝病毒检测中,乙肝表面抗原(HBsAg)、乙肝核心抗体(抗HBC)两项呈阳性。张先著因此被人事局拒绝录取。

与周一超不同,张先著选择通过起诉的方式反抗人事局的拒绝录用决定。2003 年 11 月,张先著将芜湖市人事局诉至新芜区人民法院,声称人事局的拒绝录取决定剥夺了他担任国家公务员的资格和劳动权利,侵犯了宪法规定的他的平等权利。2004 年 4 月 2 日,新芜区人民法院对本案作出一审判决,指出:“因解放军第八六医院的体检不合格的结论违反《安徽省国家公务员录用体检实施细则(试行)》规定,芜湖市人事局作为招录国家公务员的主管行政机关,仅依据解放军第八六医院的体检结论,认定原告张先著体格检查不合格,做出取消原告进入考核程序资格的行政行为主要证据不足,依照《中华人民共和国行政诉讼法》第五十四条第二项第一、二目之规定,应予撤销。”判决的这一部分看起来支持了张先著的观点,即他的公务员职位申请不应该仅仅由于他的乙肝标志物部分检测结果呈阳性而被拒绝。

然而,上述判决中同时指出,鉴于 2003 年安徽省国家公务员招考工作已经结束,且张先著报考的职位已经由该专业考试成绩第二名的考生进入该职位,故而该被诉的具体行政行为不具有可撤销内容。因此,尽管这一判决确认了人事局拒绝张先著的公务员职位申请是错误的,判决本身并没有能为张先著提供任何实体上的救济。在该判决发布后,芜湖市人事局向芜湖市中级人民法院提起了上诉。然而,可能正是因为意识到一审判决事实上并不要求人事局为拒绝张先著的公务员职位申请而承担任何责任,人事局后来又主动地撤回了上诉。最终,一审判决生效。①

张先著诉芜湖市人事局这一案件同样激起了全国范围内极其热烈的讨论。许多法学专家和医学专家在一些热点问题上意见相左。其中一个争议的热点问题就是在这一判决下,张先著事实上没有得到任何救济。他在诉讼中的胜利被认为是"空洞的胜利"。② 众所周知,法律中的一个基本常识是当法律权利受到了侵害时,人们一般应当获得相应的补救。同时,那些侵犯了他人法律权利的人应当受到相应的惩罚。即使是在诸如权利侵害者无法找到这一类的极端案件中,要求受害者完全自行承担所有侵权带来的损失仍然是很不寻常的。然而,在本案中,新芜区人民法院并没有给出一个有说服力的理由就简单地否定了张先著获得救济的法律权利,免除了芜湖市人事局对其错误行为所应当承担的法律责任。尽管确实在诉讼期间2003年安徽省国家公务员的招考工作已经结束,张先著所报考的职位已经由该专业考试成绩第二名的考生进入,人事局仍然有许多其他可能的替代性方法来对张先著进行赔偿。例如,人事局可以在目前的岗位中增设一个职位,或者为张先著在下一年的公务员招聘中保留一个职位,或者给予适当数额的行政赔偿,等等。无论采取哪种替代性的方案,人事局至少都应当对张先著在公务员招录过程中所受到的损害给予一定的赔偿。事实上,在人事局最初提起上诉之时,张先著曾经在应诉答辩状中提出行政赔偿申请,象征性地请求赔偿1000元。不过后来随着人事局撤回上诉,接受上诉的芜湖市中级人民法院决定维持原判,这一行政赔偿申请最终没有实现。

当然,本案的意义并不因为上述的问题而受到贬低。与周一超故意杀人一案相比,张先著诉芜湖市人事局这一案件的胜诉使其在确认中国基于健康状况的歧视方面成为了一个更明显的里程碑。张先著的

---

① 参见周伟:《法庭上的宪法》,山东人民出版社2011年版,第87~137页。

② Ling, B and Lam, W, "Hepatitis B: A Catalyst for Anti - discrimination Reforms?", 2 *China Rights Forum*, 2007, pp. 67 - 74.

律师、四川大学宪法教授周伟评论说:“由于社会普遍对案件的关注而使人们看到了反就业歧视赢得了法律上的胜利。无论是对 1.2 亿名乙肝病毒携带者,还是他们的亲属和其他普通群众,都有了对就业歧视的认识与反就业歧视的观念。”①张先著诉芜湖市人事局一案是中国第一个广泛报道的由于自身的医学情况而受到不平等待遇的受害者提起的诉讼。通过这一案件,基于健康状况的歧视在中国被正式确认,并且被作为一个严重而紧迫的法律问题来对待。本章下面将更详细地进行分析,正是自那时起,中国开始专门制订或修改法律法规和政策措施以更好地规制这一歧视问题。

此外,张先著诉芜湖市人事局这一案件也产生了一些其他相关的积极结果。首先,在本案的司法过程中,张先著和他的支持者们作出了极大的努力向社会公众广泛宣传了正确的乙肝知识,证明了乙肝病毒携带者在日常生活、学习或工作中对他人不构成实质的危害。② 在中国人的传统观念中,对乙肝病毒具有一种缺乏客观证据支持的恐惧和偏见。这种恐惧和偏见坚持认为,乙肝病毒容易在日常生活中尤其是通过消化道、呼吸道等方式传播,因此,人们倾向于在工作、学习等活动中普遍地隔离和忽视乙肝病毒携带者。张先著及其支持者们的努力极大地促进了中国人对乙肝病毒携带者的正确认识和同情心的滋长。其次,通过这一案件,乙肝病毒携带者和其他基于健康状况的歧视的受害者们开始认识到通过诉讼应对这种歧视的可行性。尽管张先著的胜诉被认为是一种“空洞的胜利”,无论如何它鼓励了其他具有特定医学情况的人将自己受到不利对待的案件诉至法院。这些案件中 5 个比较重要的例子如下。

(1)“乙肝教育歧视第一案”

2005 年 5 月,河北经贸大学在招生体检中发现有 4 名大学申请者是乙肝病毒携带者。学校要求他们强制休学一年,痊愈之后才可以返校学习。他们将学校诉至新华区赵陵铺法庭。③

---

① 周伟:《中国的劳动就业歧视:法律与现实》,法律出版社 2006 年版,第 317 ~ 320 页。

② 周伟:《中国的劳动就业歧视:法律与现实》,法律出版社 2006 年版,第 317 ~ 320 页。

③ 参见张红:《大学申请者挑战乙肝歧视》,载《齐鲁晚报》2005 年 5 月 22 日。

（2）“艾滋病毒感染者状告保险公司第一案”

2008 年 5 月，艾滋病毒携带者李伟发现，他所购买的中国平安人寿保险股份有限公司云南分公司的保险中有一个“保险者责任免除条款”，其中声称：“因下列情形之一，造成被保险人身故、残疾或医疗费用支出的，本公司不负给保险责任……被保险人患艾滋病或感染艾滋病毒期间”。他认为保险公司在自己购买保险时，没有提示这个责任免除条款，造成了所购买的保险不能使用，于是将保险公司诉至五华区人民法院。[①]

（3）“体检隐私侵权第一案”

2009 年 2 月，乙肝病毒携带者邹扬声称，伊美尔幸福医院不合法地向其雇主泄露了其乙肝病毒携带的情况，侵犯了他的隐私权。他将医院诉至海淀区人民法院。[②]

（4）“色盲歧视第一案”

2009 年 2 月，色盲患者曾磊指出，河南省农信社因为他的色盲而拒绝了他的工作申请，而他所申请的工作与所患有的色盲症状没有直接的联系。他将农信社诉至金水区人民法院。[③]

（5）“基因歧视第一案”

2009 年 12 月，3 名大学毕业生小周、小谢、小唐申请佛山市的公务员职位，因为在体检中被查出携带“地中海贫血基因”而被拒绝。三人认为，携带“地中海贫血基因”并不一定会导致发病，于是将佛山市人力资源和社会保障局诉至禅城区人民法院。[④]

在以上所有的 5 个典型案例中，原告最终都败诉了。这 5 个案件反映了当时法院在处理有关基于健康状况的歧视的相关案件时可能持有的一种比较矛盾的态度。一方面，张先著诉芜湖市人事局一案胜利后，中国的法院变得更加愿意受理有关基于健康状况的歧视的案件。另一方面，因为当时没有许多法律法规明确禁止这一歧视，法院对通过司法

① 参见梁苹：《艾滋病毒感染者状告保险公司败诉》，载《中国妇女报》2009 年 7 月 22 日。

② 参见王桂环：《首例医院侵犯乙肝携带者隐私权诉讼案正式立案》，载《中国青年报》2009 年 3 月 22 日。

③ 参见徐春柳：《求职遇挫打响色盲歧视第一案》，载《新京报》2009 年 2 月 27 日。

④ 参见唐梦：《中国基因歧视第一案 3 考生终审败诉》，载《南方日报》2010 年 9 月 6 日。

判决给具有特定医学情况的人提供更有力的支持感到犹豫,甚至无从下手。直到相关的反歧视制度正式建立起来,尤其是禁止基于健康状况的歧视有了更充分的立法依据,法院才开始对涉及这一歧视的相关案件表现出更积极的支持态度。

除了上述案例之外,也有一些有关基于健康状况的歧视的重要事件引起了公众的广泛关注,尽管这些事件没有通过法院进行起诉。这些重要事件至少包括以下两例。

(1)"糖尿病歧视第一例"

2007 年 11 月,山东中医药大学发现新生华明是一名糖尿病人,学校勒令他退学。著名的健康非政府组织北京益仁平中心协助华明与学校进行谈判。最后,华明获准回到学校。①

(2)"抑郁症歧视第一例"

2008 年 3 月,美国国际商用机器公司的雇员袁毅鹏提出,因为他被诊断为抑郁症,美国国际商用机器公司强迫他终止劳动合同。袁毅鹏将劳动合同提交给上海市浦东新区劳动争议仲裁委员会要求仲裁。劳动争议仲裁委员会裁决美国国际商用机器公司按原劳动合同约定的工作岗位和工作条件继续履行劳动合同。于是,袁毅鹏回到了工作岗位。然而,在几个月后,美国国际商用机器公司仍然将袁毅鹏解聘。②

尽管上述事件没有进入法院的诉讼进程,它们也都被媒体广泛地报道,推动了全国对基于健康状况的歧视问题的关注。③ 同时,上述糖尿病歧视事件较为顺利解决的经验表明,在相关立法和诉讼支持力度有限的情况下,通过健康非政府组织代表受歧视的个人与单位进行谈判协商解决歧视问题可能比通过法院途径处理这样的问题更加及时和有效。

上述的一些重要案例和事件显示,在 2003 年到 2010 年,基于健康状况的歧视问题总体来说具有以下几个特点:第一,在 2003 年后,基于健康状况的歧视变成了一个显著的公共话题。歧视不仅指向乙肝病毒

① 参见李志题、宁鸣:《乙肝歧视的另一种表现方式?——大学生因糖尿病被勒令退学》,载《南方周末》2007 年 12 月 4 日。

② 参见孙毅蕾:《为与 IBM 抗争他曾三次自杀》,载《羊城晚报》2011 年 8 月 10 日。

③ 参见孙毅蕾:《为与 IBM 抗争他曾三次自杀》,载《羊城晚报》2011 年 8 月 10 日。

携带者,也指向具有其他特定医学情况的人,包括艾滋病、色盲、地中海贫血基因、糖尿病、抑郁症等。歧视发生在多个领域,如就业、职业、教育、保险、医疗等。第二,在2003年最初的两个关于乙肝歧视的案例后,更多具有特定医学情况的人把他们的案件提交给了法律争端解决机制,其中包括了司法解决、仲裁解决或其他方式。第三,尽管法律争端解决机制在2003年后应对基于健康状况的歧视中使用得更为频繁,这一机制在禁止这种歧视中仍然只发挥了比较有限的作用。在上述7个重要的案例和事件中,只有1个在专业的健康非政府组织协助下通过受害者和权利侵害者进行谈判协商最后得以成功解决,其他6个主要通过法律争端解决机制来进行处理的案例和事件都失败了。当然,这种失败并不意味着法律争端解决机制是完全无用的。本章后面将要分析,许多法律以外的因素影响了这一解决机制在当时的有效性。不过,这种失败仍然提醒人们,在评估这一时期反歧视制度的效果时应当更加谨慎。同时,这也显示了专业的非政府组织和非法律的争端解决机制在应对基于健康状况的歧视这一问题上具有一定的发展潜力。

(二)反歧视制度的建立和初步发展

1. 立法方面的发展

2003年到2010年,一系列的国内法律、法规和规范性文件被制订或修改,在应对基于健康状况的歧视中扮演了积极的角色。下面是该领域最重要的一些变化。

(1)2004年修改《宪法》

在2004年,现行《宪法》进行了第4次修改(前3次修改分别是在1988年、1993年和1999年),在第33条中增加了一项关于尊重和保障人权的专门条款。2004年《宪法》第33条规定:“凡具有中华人民共和国国籍的人都是中华人民共和国公民。中华人民共和国公民在法律面前一律平等。国家尊重和保障人权。任何公民享有宪法和法律规定的权利,同时必须履行宪法和法律规定的义务。”

这是中国《宪法》第一次明确写入尊重和保障人权的条款。中国人权研究会副会长董云虎教授评论说:“将‘国家尊重和保障人权’的原则写入宪法,是中国寻求实行宪政以来的第一次,是当代中国民主宪政的最新发展。第一,确立了人权原则,进一步完善了民主宪政;第二,突出了人权价值和理念,为宪法关于公民权利的规定注入了新的意义;第三,完善了公民权利保障的原则规定,强化了宪法的人权精神。”[①]然而,学者们如张千帆教授等质疑了该条款的实际效果。张千帆教授提出:“2004 年《宪法》修正案的人权条款是对日益流行的权利和自由需求的回应。但由于保障权利的制度机制仍然没有改善,该条款的效果被削弱。”[②]

2004 年《宪法》第 33 条的尊重和保障人权条款究竟应当如何具体实施,目前还缺乏相关的执行机制。然而,该条款仍然积极地影响了中国法对人权的普遍认识、理解和适用。在《宪法》确认人权原则之前,现实中存在很多公然践踏人权的例子。而在上述人权条款被确认通过之后,中国法中制定了更多的专门法律来保护人们的基本权利,中国社会也变得更加关注平等、权利、自由等问题。[③] 因此,尽管人权条款在中国法院当中没有经常在具体案件中被直接援用,[④]其无论如何还是有助于在更普遍的意义上建立一个反歧视制度,保护因为特定医学情况而受到歧视性对待的人们的平等权利。

(2)2004 年修改《传染病防治法》

在 2004 年修改的《传染病防治法》增加了一个关于不歧视传染病病人、病原携带者和疑似传染病病人的条款。该条款规定:“任何单位和个人不得歧视传染病病人、病原携带者和疑似传染病病人。传染病病人、病原携带者和疑似传染病病人,在治愈前或者在排除传染病嫌疑前,不得从事法律、行政法规和国务院卫生行政部门规定禁止从事的易使该传染病扩散的工作。”

这一条款是中国法上第一个在法律层面上禁止基于健康状况的歧视的专门条款。然而,这一条款的内容还是过于含糊。这种含糊性主要表现在以下几个方面:第一,这一条款没有定义“歧视”,使利用这一条款判断相关案件是否存在歧视行为变得困难。第二,这一条款仅仅

---

① 董云虎:《“人权”入宪是中国人权发展的进程碑》,载《人民日报》2004 年 3 月 15 日。

② Zhang, Q, “A Constitution without Constitutionalism? The Paths of Constitutional Development in China”, 2 *International Journal of Constitutional Law*, 2006, pp. 55 – 57.

③ 参见叶小文:《从“人权入宪”到“人权入法”》,载《人民日报》2012 年 3 月 9 日。

④ 参见张千帆:《宪法学导论:原理与应用》,法律出版社 2004 年版,第 164 ~ 165 页。

对具有特定医学情况的人提供了有限的保护。其中声明，传染病病人、病原携带者和疑似传染病病人，在治愈前或者在排除传染病嫌疑前，不得从事法律、行政法规和国务院卫生行政部门规定禁止从事的易使该传染病扩散的工作。然而，这一条款既没有规定上述这些法律和行政法规的种类，也没有规定进行工作限制的具体范围。考虑到各种传染病和病原在传染性和严重程度等方面的不同，以及患有这些传染病和携带这些病原的个人从事某种具体工作所需要的能力的差异，一律禁止所有的传染病病人、病原携带者和疑似传染病病人从事可能发生感染的工作是不必要的。

(3)2005 年颁布《公务员录用体检通用标准(试行)》

在 2003 年的两个著名案例周一超故意杀人案和张先著诉芜湖市人事局案之后，国家存在对公务员招聘中体检标准提供更合理规则的紧迫需求。2005 年颁布的《公务员录用体检通用标准(试行)》就是为了适应这一需要。其中包括了对乙肝病毒携带者的专门保护。第 7 条和第 8 条规定："各种急慢性肝炎，不合格"，"乙肝病原携带者，经检查排除肝炎的，合格"。

2005 年《公务员录用体检通用标准(试行)》同时得到了积极和消极的两方面评价。一方面，这一标准明确反对歧视乙肝病毒携带者，这一点比之前的案件中各省所分别适用的排斥乙肝病毒携带者的体检标准有了很大的进步，值得赞赏。周伟教授对此评论说："中国法律对人民反就业歧视的呼声进行了回应，取消了过去存在的对劳动者的歧视性规定。"[①]另一方面，这一标准因为仍然保留了对其他一些具有特定医学情况的人的不合理限制而受到了批评。例如，其中第 2 条要求，报考公务员者应当检测血压。如果检测结果超出了给定的血压范围，则报考者的体检结果不合格。这一限制排除了具有相对较高或较低血压的人成为公务员。然而，这一限制缺乏足够的医学证据。人的血压值即使在同一天中也可能发生很大的波动。

此外，《公务员录用体检通用标准(试行)》的效力也受到了广泛的质疑。这一标准是当时的人力资源部和卫生部联合颁布的规范性文

---

① 周伟：《中国的劳动就业歧视：法律与现实》，法律出版社 2006 年版，第 317～320 页。

件。政府部门颁布的规范性文件除了规章以外不算是中国法的正式渊源,没有正式的法律约束力。因此,尽管在实践中,由于规范性文件常常比中国法的正式渊源更具体而使其经常得到遵守,但是这些规范性文件的效力往往还在很大程度上取决于相关部门适用它们的意愿。现实中,人们也确实发现上述标准中禁止歧视乙肝病毒携带者的规定没有被很好地遵循。研究者李昊调查发现,在 2005 年《公务员录用体检通用标准(试行)》颁布两年后,在许多省的公务员招聘地方规则中仍然广泛存在对乙肝病毒携带者的歧视。[①] 这种 2005 年《公务员录用体检通用标准(试行)》和随后的地方性规范性文件在公务员招聘体检标准方面的不一致表明,《公务员录用体检通用标准(试行)》还是比较缺乏权威性,在实践中的执行不力。这种权威性和可执行性的缺失是许多包含了禁止基于健康状况的歧视相关规定的规范性文件所面临的一个共同问题。这一共同问题消极地影响了当前中国反歧视法律法规的实施效果。

(4)2006 年颁布《艾滋病防治条例》

2006 年《艾滋病防治条例》中包含了一个禁止歧视艾滋病人/艾滋病毒携带者的专门条款。其中第 3 条规定:“任何单位和个人不得歧视艾滋病病毒感染者、艾滋病病人及其家属。艾滋病病毒感染者、艾滋病病人及其家属享有的婚姻、就业、就医、入学等合法权益受法律保护。”

这一条款为艾滋病人/艾滋病毒携带者的平等权利提供了较为广泛的保护。第一,这一条款不仅仅保护了艾滋病人/艾滋病毒携带者本人,也保护了他们的家人。第二,这一条款强调了针对艾滋病人/艾滋病毒携带者的歧视可能发生的四个主要领域:婚姻、就业、就医和入学。这一条款是第一个专门处理针对艾滋病人/艾滋病毒携带者的歧视的中国法律规则。

《艾滋病防治条例》也存在一些缺陷。第一,这一条例中仍然缺乏“歧视”的定义。第二,这一条例没有指明加害者对歧视性待遇的责任,使歧视受害者难以获得及时适当的补救。第三,这一条例试图平衡艾滋病人/艾滋病毒携带者的权利和义务,但同时可能不适当地增加了这

① 参见周伟:《中国的劳动就业歧视:法律与现实》,法律出版社 2006 年版,第 43 ~ 80 页。

些人的负担。《艾滋病防治条例》第62条规定:"艾滋病病毒感染者或者艾滋病病人故意传播艾滋病的,依法承担民事赔偿责任;构成犯罪的,依法追究刑事责任。"在这一条款中,什么情形可能构成"故意传播艾滋病"存在疑问。在实践中,有些医院强迫艾滋病毒携带者交纳额外的治疗费用才肯给其治疗,声称这样做是为了防止艾滋病毒在手术中的传播,并把一些艾滋病毒携带者不愿意交纳额外治疗费用的行为扣上了"故意传播艾滋病"的大帽子。[①] 就像联合国艾滋病规划署在报告中所指出的,如果缺乏对此类情形的澄清,这一条款可能鼓励对艾滋病毒携带者的不必要的刑事化对待。[②]

(5)2007年制定《关于维护乙肝表面抗原携带者就业权利的意见》

2007年《关于维护乙肝表面抗原携带者就业权利的意见》是中国法上第一个专注于应对基于乙肝病毒的歧视的规范性文件。这一意见确认"乙肝病毒主要有血液、母婴垂直(分娩和围产期)和性接触三种传播途径,不会通过呼吸道和消化道传染,一般接触也不会造成乙肝病毒的传播"。因此,对乙肝病毒携带者的就业歧视是非法的。《关于维护乙肝表面抗原携带者就业权利的意见》也规制了就业体检,其中规定:"除国家法律、行政法规和卫生部规定禁止从事的易使乙肝扩散的工作外,用人单位不得以劳动者携带乙肝表面抗原为理由拒绝招用或者辞退乙肝表面抗原携带者","用人单位在招、用工过程中,可以根据实际需要将肝功能检查项目作为体检标准,但除国家法律、行政法规和卫生部规定禁止从事的工作外,不得强行将乙肝病毒血清学指标作为体检标准。各级各类医疗机构在对劳动者开展体检过程中要注意保护乙肝表面抗原携带者的隐私权"。

《关于维护乙肝表面抗原携带者就业权利的意见》强化了对乙肝病毒携带者平等权利的法律保护。然而,这一意见是由劳动和社会保障部颁布的,这种保护仅仅限于就业领域。同时,《关于维护乙肝表面抗

---

① 参见北京大学法学院人权与人道法研究中心、联合国开发计划署、中国国际经济技术交流中心:《反对歧视艾滋病病毒感染者/病人与乙肝病原携带者/病人调研报告》,联合国开发计划署,2011年,第14~66页。

② See UNAIDS, *UNAIDS Policy Brief*: *Criminalization of HIV Transmission*, UNAIDS, 2008, pp. 1-8.

原携带者就业权利的意见》中仍然缺乏相关的责任条款。此外,这一意见也是一个由行政部门发布的规范性文件,在中国法中没有正式的法律拘束力。因此,乙肝病毒携带者在有些案件中难以援用《关于维护乙肝表面抗原携带者就业权利的意见》起诉歧视他们的雇主。

(6)2007 年制定《就业促进法》

2007 年《就业促进法》是中国第一部专注于推进就业方面事项的法律,其用专门的一章"第三章:公平就业"来处理就业中可能发生的歧视问题。其中第 30 条规定:"用人单位招用人员,不得以是传染病病原携带者为由拒绝录用。但是,经医学鉴定传染病病原携带者在治愈前或者排除传染嫌疑前,不得从事法律、行政法规和国务院卫生行政部门规定禁止从事的易使传染病扩散的工作。"

《就业促进法》是在乙肝病毒携带者、健康非政府组织、律师、学者、立法者等的共同努力下通过的。特别是在 2007 年早期,当这一部法正在起草过程中时,全国人民代表大会代表周洪宇向全国人大提交了一份立法建议,提议在即将出台的《就业促进法》中加入关于保护具有特定医学情况的人的平等权利的专门条款。[①] 这一立法建议后来被全国人大所采纳。这在中国的立法实践中是一个很好的例子,表明立法者现在更愿意及时地倾听和回应人民迫切的立法需求。

然而,在《就业促进法》中仍然存在许多不可忽视的问题。第一,《就业促进法》第 30 条只一般性地规定了禁止对传染病病原携带者进行歧视,没有就这种歧视发生后应当如何处理作出更进一步的规定。第二,《就业促进法》第 30 条与上述 2004 年《传染病防治法》第 16 条的内容非常相似。这一相似性暗示了立法者没有为《就业促进法》发展一个更先进的有针对性的反歧视条款。第三,就像其他反歧视法规所共同面临的问题一样,《就业促进法》的规定也大多很抽象,难以执行。尽管《就业促进法》明确禁止了基于健康状况的就业歧视,这一部法既没有定义"歧视",也没有定义"传染病病原携带者"。法律定义的含糊仍然可能使雇主、求职者和雇员在实践中觉得困惑。第四,尽管《就业促进法》确认了侵害具有特定医学情况的人的平等权利应当受到惩罚,它

---

① 参见周洪宇:《怎样做人大代表——一个人大代表的思考与实践》,中国人民大学出版社 2008 年版,第 249 ~ 303 页。

没有提供关于惩罚的详细规则。《就业促进法》第62条仅仅规定:“违反本法规定,实施就业歧视的,劳动者可以向人民法院提起诉讼。”因为《就业促进法》具有以上这些较为明显的缺陷,在本法通过后,周洪宇代表又向全国人大提交了另一份立法建议,呼吁在本法中加入更多有关应对基于健康状况的歧视的条款。[①]

(7)2007年制定《就业服务与就业管理规定》

2007年后期,国家颁布了《就业服务与就业管理规定》,弥补了上述《就业促进法》中的一些缺陷。其中,第19条第1款规定:“用人单位招用人员,不得以是传染病病原携带者为由拒绝录用。但是,经医学鉴定传染病病原携带者在治愈前或者排除传染嫌疑前,不得从事法律、行政法规和国务院卫生行政部门规定禁止从事的易使传染病扩散的工作。”第19条第2款进一步规制了就业前体检程序中的乙肝病毒检测,规定:“用人单位招用人员,除国家法律、行政法规和国务院卫生行政部门规定禁止乙肝病原携带者从事的工作外,不得强行将乙肝病毒血清学指标作为体检标准。”此外,第68条确认了违反第19条第2款的后果,规定:“用人单位违反本规定第十九条第二款规定,在国家法律、行政法规和国务院卫生行政部门规定禁止乙肝病原携带者从事的工作岗位以外招用人员时,将乙肝病毒血清学指标作为体检标准的,由劳动保障行政部门责令改正,并可处以一千元以下的罚款;对当事人造成损害的,应当承担赔偿责任。”

与上述《就业促进法》的条文相比,《就业服务与就业管理规定》在至少两个方面有了明显的进步。第一,它禁止了在就业前的体检程序中使用乙肝标志物进行血清检测。第二,它指明了违法进行乙肝检测的惩罚性后果,加强了对乙肝病毒携带者就业平等权利的具体保护。

当然,《就业服务与就业管理规定》中也存在一些不足。例如,蔡定剑教授批评,目前在就业前的体检程序中使用乙肝标志物进行血清检测的处罚额度太低。他建议,处罚额度应当提高到50,000元以下。[②]

---

① 参见周洪宇:《怎样做人大代表——一个人大代表的思考与实践》,中国人民大学出版社2008年版,第249~303页。

② 参见蔡定剑、刘晓楠:《反就业歧视法专家建议稿及海外经验》,社会科学文献出版社2010年版,第1~22页。

尽管难以估算乙肝病毒携带者因为其携带乙肝病毒而被拒绝录用所产生的实际损失有多大,蔡定剑教授的建议无论如何肯定了向基于健康状况的歧视的受害者提供充分赔偿的必要性。

此外,在 2003 年至 2010 年,当中国国内法在提供更多的相关法律法规应对基于健康状况的歧视方面表现活跃时,中国也更深入地参与到国际反歧视法的发展中。首先,中国在 2006 年批准了 1958 年国际劳工组织《歧视(就业及职业)公约》。这一公约要求缔约国采取有效措施禁止就业和职业中的歧视。尽管该公约中没有专门条款禁止基于健康状况的歧视,一般性地禁止就业和职业中的歧视推动了对每个人平等就业权的基本保护。

其次,中国还在 2007 年批准了 2006 年新通过的《残疾人权利公约》。《残疾人权利公约》第 1 条将"残疾人"定义如下:"残疾人包括肢体、精神、智力或感官有长期损伤的人,这些损伤与各种障碍相互作用,可能阻碍残疾人在与他人平等的基础上充分和切实地参与社会。"这一定义将《残疾人权利公约》的保护范围扩展到具有多种特定医学情况的人,由于中国受到该公约的法律约束,这些人根据公约要求有权在中国的许多方面获得平等待遇和机会,在与他人平等的基础上充分和切实地参与社会。

2. 行政方面的发展

如前文所述,尽管中国在 2003 年至 2010 年已经制定或修改了多部法律法规应对基于健康状况的歧视,这些法律法规的执行情况并不令人满意。例如,研究者李昊在 2005 年《公务员录用体检通用标准(试行)》颁布两年后进行了一项调查,发现在许多省的公务员招聘的地方规则中对乙肝病毒携带者的歧视仍然广泛存在。[①] 一个重要原因是它们仅仅是一些行政部门所发布的规范性文件,不属于中国法的正式渊源,没有严格的法律拘束力。另一个可能原因是这些法律法规的内容往往不够具体,因此难以在实践中直接适用。

同时,在这段期间,中国政府也采取了一些专门的措施反对基于健康状况的歧视。在 2003 年,温家宝总理专程访问了北京地坛医院,与

① 参见周伟:《中国的劳动就业歧视:法律与现实》,法律出版社 2006 年版,第 43 ~ 80 页。

艾滋病人/艾滋病毒携带者握手。他鼓励艾滋病人/艾滋病毒携带者说:“艾滋病是可防可治的。你们要坚定战胜疾病的信心,全社会都在关爱你们。”[①]这是中国国家领导人第一次公开看望了艾滋病人/艾滋病毒携带者并表达了对他们的关爱和鼓励。这一支持性的态度促进了日后更多对具有特定医学情况的人进行权利保护的具体措施出台。

在2004年,就业歧视第一次正式列入了国家检查的范围。[②] 因为基于健康状况的就业歧视是就业歧视中的一种重要类型。自那时起,它受到了国家定期检查的监督。在2009年,中国卫生部和联合国艾滋病规划署联合发布了《中国艾滋病毒感染者歧视状况调查报告》。这是中国第一个官方发布的关于艾滋病毒感染者受歧视状况的调查。在这一调查中发现,在知晓艾滋病毒感染者的身份后,将近1/4的医务工作者、超过1/3的政府官员和教师会对感染者持有负面和歧视的态度。[③]这反映了中国当时对艾滋病毒感染者的歧视的严重程度。这个调查报告也成为政府制定具体的反歧视措施的基础。

3. 司法方面的发展

在2003年至2010年,中国的司法制度主要通过处理相关的反歧视诉讼案件参与了应对基于健康状况的歧视。这方面司法行动的发展主要具有以下一些重要的特征。

首先,2003年的“乙肝歧视第一案”张先著诉芜湖市人事局案,是中国第一起公民状告行政机关请求平等权利保护的案件,新芜区人民法院大胆地受理了这一案件,并且勇敢地作出决定,宣告了芜湖市人事局拒绝张先著的工作申请是证据不足的。在此案件之前,从没有过公民起诉行政机关获得胜诉的先例。尽管这一案件的意义受到种种质疑,认为其胜诉只是一个“空洞的胜利”,但其无论如何鼓励了因为其医学情况而受歧视的人尤其是乙肝病毒携带者大胆地到法院去起诉。

其次,在周一超故意杀人案和张先著诉芜湖市人事局案判决后,

---

① 秦杰:《温家宝、吴仪探望艾滋病毒携带者并与他们握手》,载《新华每日电讯》2003年12月1日。

② 参见范继文:《就业歧视首次列入国家检查》,载《京华时报》2004年3月11日。

③ 参见王君平、王昊魁:《国内首部艾滋病感染者受歧视调查报告公布》,载《人民日报》2009年11月28日。

2003 年至 2010 年有关基于健康状况的歧视的一些重要的影响性诉讼几乎都败诉了。这反映了当基于健康状况的歧视刚开始被中国法律所确认时,法院还较为缺乏处理这方面案件的能力。法官们在判决这种新类型的歧视案件时,对要不要创造胜诉的典型案例态度是比较犹豫的。"乙肝歧视第一案"的胜利没有马上带动"第二案""第三案"的胜诉。

最后,随着相关的立法和行政中应对基于健康状况的歧视的行动得到了初步发展,法院对受理和支持有关基于健康状况的歧视的诉讼变得态度更为积极。在 2008 年,求职者小木将杭州的一个医院诉至江干区人民法院,声称医院违法地检测了他身上的乙肝标志物并且将他携带乙肝病毒的状况泄露给了潜在的雇主,导致他的求职申请被拒绝。江干区人民法院对小木和医院进行了调解,帮助小木获得了 5000 元赔偿。[①] 这一案件反映,在禁止基于健康状况的歧视的相关立法和其他措施跟上时,法院在支持基于健康状况的歧视的受害者时也更为有力了。

综上所述,尽管司法系统在应对基于健康状况的歧视中应当承担更加重要的作用,在 2003 年至 2010 年,它所扮演的角色不如立法或行政部门那么积极。这部分是因为司法制度本身在性质上就比立法或行政部门更为被动。同时,中国的司法制度也存在着其自身问题。周伟教授评论说:"在当前司法制度中,我们仍需要提高法官将相关法律适用于歧视案件的能力。"[②]笔者在对处理过有关诉讼案件的法官进行访谈时也发现,一些法官对处理这类诉讼并没有做好准备,能力和资源方面都还有所欠缺。此外,笔者的实地调查也显示,一些其他原因在阻碍法官更积极地支持反歧视诉讼中也很重要。这些原因包括法官缺乏审判案件的信心、不愿意承担判决典型案例的风险等。

4. 其他方面的发展

在 2003 年至 2010 年,关心基于健康状况的歧视问题的个人和组织在推动反歧视制度的建立方面作出了巨大的努力。

---

① 参见陈洪标:《乙肝隐私被侵犯首例体检隐私侵权案原告获胜》,载《浙江日报》2009 年 10 月 23 日。

② 周伟:《中国的劳动就业歧视:法律与现实》,法律出版社 2006 年版,第 317 ~ 320 页。

(1)个人

首先,在这个时期,具有特定医学情况的人积极参与到反歧视活动中。“乙肝歧视第一案”的原告张先著被认为是全国的“反乙肝歧视先锋”,因为他的诉讼第一次挑战了中国对乙肝病毒携带者的歧视,为今后的更多相关反歧视诉讼打开了大门。① 携带乙肝病毒的大学生雷闯也被称为“乙肝斗士”,因为他在2009年第一次挑战了乙肝病毒携带者不得在食品行业工作的禁令,成功地向卫生部申请获得了食品行业上岗的健康证。②

其次,其他关心基于健康状况的歧视问题的个人也支持了应对基于健康状况的歧视的各种活动。宪法教授和律师周伟在2003年的“乙肝歧视第一案”中代理了原告张先著,此后也代理了许多这一领域的重要案件。周伟教授也向全国人民代表大会提交了数个反歧视的立法建议。③ 另一位宪法教授和全国人民代表大会官员蔡定剑也经常倡议中国应当制定一部《平等与反歧视法》,并带头拟定了多个版本的专家建议稿。蔡定剑教授于2010年不幸去世,然而他对中国的民主、宪政和基本权利尤其是平等权的保护所做的贡献将永远被人们所怀念。④

(2)组织

首先,健康非政府组织对具有特定医学情况的人的支持最为积极。如前文所述,中国最早的健康非政府组织之一——北京爱知行机构在2005年注册成立。它每年发布关于艾滋病人/艾滋病毒携带者及其相关人群人权状况的非政府组织报告。2006年成立的北京益仁平中心可能是当时中国最有影响力的健康非政府组织。它广泛支持各种与疾病相关的公益活动,其中尤为重视参与有关基于健康状况的歧视的诉讼案件。⑤

其次,其他关心人权保护的国际和国内组织在这一时期也作出了

① 参见黄毛旺:《张先著:乙肝制度歧视因他止步》,载《法律信息》2008年第12期。

② 参见马金渝:《雷闯:一个人与歧视的搏斗》,载《肝博士》2010年第1期。

③ 参见周伟:《法庭上的宪法》,山东人民出版社2011年版,第26~40页、第87~137页。

④ 参见蔡定剑、刘晓楠:《反就业歧视法专家建议稿及海外经验》,社会科学文献出版社2010年版,第1~22页。

⑤ 参见汉涛:《中国健康公益机构在行动》,载《医药世界》2008年第6期。

许多贡献,推进消除基于健康状况的歧视。如上所述,在 2009 年,联合国艾滋病规划署协助卫生部进行了一项对中国艾滋病人/艾滋病毒携带者所受歧视状况的全国调查。调查结果成为未来反歧视政策制定的基础。[①] 又如,在 2005 年至 2008 年,北京大学法学院人权与人道法研究中心和加拿大渥太华大学法学院联合进行了一项有关中国艾滋病毒感染者和乙肝病毒携带者权利状况的调查,该调查结果在中国和加拿大公开。[②]

简言之,在 2003 年至 2010 年,中国的许多个人和组织都积极参与到了反对基于健康状况的歧视的活动中。尽管从整体上来说,中国非政府组织的活动还缺乏官方在法律上的认可,[③]但是在这一时期,公民社会仍然是中国应对基于健康状况的歧视中最为活跃的力量。

综上所述,在 2003 年至 2010 年,基于健康状况的歧视在中国主要通过 2003 年的两个有关乙肝歧视的先驱案例和更多随后有关基于健康状况的歧视的诉讼而得到了法律确认。同时,专门的反歧视制度开始建立起来。在立法方面,已经制定或修改了数个重要的国内法律、法规和规范性文件,为应对中国基于健康状况的歧视提供了基本的立法框架。同时,中国批准了两个重要的国际条约,并受这些条约的约束有国际法上的义务禁止基于健康状况的歧视。在行政方面,尽管反歧视立法的实施状况并不太令人满意,中国政府已经采取了一些措施减少基于健康状况的歧视,向一些具有特定医学情况的人表达了支持的态度。在司法方面,尽管乙肝病毒携带者张先著赢得了中国有关基于健康状况的歧视的第一个影响性诉讼,法院还没有更为普遍地支持这一领域的反歧视诉讼取得胜诉,因为司法系统中仍然存在审理反歧视诉讼案件的内部和外部障碍。此外,公民社会是这段时期应对中国基于健康状况的歧视中最为活跃的力量,尽管其影响力仍然受到官方对其活动是否认可的限制。

---

① 参见王君平、王昊魁:《国内首部艾滋病感染者受歧视调查报告公布》,载《人民日报》2009 年 11 月 28 日。

② See Mendes, E and Srighanthan, S, *Confronting Discrimination and Inequality in China: Chinese and Canadian Perspectives*, University of Ottawa Press, 2009, pp. 293 – 394.

③ See Kuhn, B, "Government – NGO Cooperation in the PRC: Experience from Yunnan Province", 4 *International Journal of Civil Society Law*, 2006, pp. 62 – 72.

四、中国应对基于健康状况的歧视:2010 年之后

在 2010 年之后,受到全球经济危机的影响,中国的经济增长速度放缓,社会发展也进入了一个重要的但是更具有挑战性的阶段,更多深层次的改革在这时候发生了。温家宝总理说:"我们要坚定不移地推进经济、政治、文化、社会等各方面的体制改革,坚持对外开放的基本国策。"[①]建设一个更平等的社会也是这种体制改革的一部分,要求我们继续坚定不移地禁止基于健康状况的歧视。

(一)基于健康状况的歧视的新趋势

在 2010 年之后,有关基于健康状况的歧视的案件在中国迅速增加。其中包含了更多的医学情况。更多曾经默默忍受着歧视待遇的具有特定医学情况的人逐渐打破了沉默,将他们的案件诉至法院。

在这一时期发生了多个有关基于健康状况的歧视的典型案件。这里将其中一些摘录如下。

1."艾滋病歧视第一案"

2010 年 10 月,艾滋病毒携带者小吴在教师招聘中被拒绝录用,他将安庆市人社局和教育局诉至安庆市迎江区人民法院。在迎江区人民法院驳回了他的诉讼请求后,小吴向安庆市中级人民法院继续提起上诉。安庆市中级人民法院驳回了他的上诉,维持了原判。最终,小吴向安徽省人民检察院申请了再审,但其再审申请尚未被接受。[②]

2."丙肝歧视第一案"

2011 年 4 月,大学毕业生冯静将中国银行陕西分行诉至新城区人民法院,声称因为携带丙肝病毒她的工作申请被银行拒绝了。至今,难以找到关于本案进程的进一步报道。[③]

---

① 钱彤、霍小光:《温家宝:坚定不移推进经济政治等体制改革》,载《新华每日电讯》2012 年 9 月 29 日。

② 参见乔剑:《艾滋歧视第一案终审判决》,载《安徽商报》2011 年 3 月 24 日。

③ 参见王俊秀:《西安一女大学生诉中国银行丙肝歧视》,载《中国青年报》2011 年 4 月 27 日。

3.“肺结核歧视第一案”

2011 年 5 月,因被诊断为“疑似肺结核”而被拒绝录取为研究生,研究生申请者陈林将中科院广州地球化学研究所诉至天河区人民法院。天河区人民法院对其案件不予受理,于是他又上诉到了广州市中级人民法院。广州市中级人民法院也没有受理他的案件。①

4.“白细胞歧视第一案”

2011 年 6 月,因血常规检测中白细胞指数略高而没有被录用为教师,大学毕业生小陈将义乌市教育局和人事劳动社会保障局诉至义乌市人民法院。义乌市人民法院驳回了其诉讼请求。小陈又上诉到了金华市中级人民法院。至今,没有关于本案二审改判的消息。②

除了上述这些重要的诉讼之外,一些未进入法院的事例也引起了公众的关注和讨论。例如,2012 年 3 月,大学毕业生小娟对媒体抱怨说,在报考公务员的职位时她被强迫进行了妇科检查。她在检查中感觉非常尴尬并认为检查侵犯了她的隐私权。小娟的故事引发了关于就业体检中特定女性生理特征检查的一场公众辩论。③ 理论上,如果申请者因为这一检查的结果而被拒绝录用,这一检查可能构成基于健康状况的歧视。由于男性申请者不需要进行这一检查,它可能也同时构成对女性的间接歧视。

此外,在这一时期,基于健康状况的歧视仍然引起了可怕的伤亡结果。2011 年,怀孕的乙肝病毒携带者李女士被丈夫要求堕胎,因为她丈夫相信他们的孩子也会携带乙肝病毒。李女士和丈夫激烈争吵,在争执中不幸刺死了丈夫且重伤了自己并导致流产。她在审判后被判处无期徒刑。④ 在 2003 年的周一超故意杀人案件发生之后,经过这么多年反歧视制度的发展,乙肝病毒携带者竟然仍被周围的人甚至家庭成员所误解,令人感到非常遗憾。这一案件也说明了中国当前的反歧视制度还没有能够有效地禁止基于健康状况的歧视在实践中发生。

---

① 参见刘晓星、章程:《首例肺结核歧视案原告终审败诉》,载《广州日报》2011 年 12 月 10 日。

② 参见王俊秀:《入职体检白细胞偏高遭拒录》,载《中国青年报》2011 年 8 月 18 日。

③ 参见张颐佳:《女公务员能力与月经有关系吗——公务员录用体检妇科项目惹争议政协委员称侵犯隐私,医学专家称涉嫌歧视》,载《三湘都市报》2012 年 3 月 21 日。

④ 参见江滔、苏微、陈一军:《为保护胎儿女子杀夫》,载《玉林日报》2012 年 11 月 22 日。

上述案件和事例表明,在2010年之后,基于健康状况的歧视在教育和就业领域发生地更为频繁(特别是在教师和公务员的录取和招聘过程中),成为歧视基础的相关医学情况扩展到了包含艾滋病毒、丙肝病毒、肺结核、白细胞指数高、特定女性生理特征等。当然,这并不意味着在2010年之前,具有这些医学情况的人没有受到歧视。相反,它很可能意味着在2010年之后,曾经也受到了可疑的歧视性待遇而保持了沉默的人们逐渐认识到了他们能够挑战这些待遇,并且更愿意将他们的案件主动起诉至法院。根据北京益仁平中心的一项报告,该中心到2011年时已经协助了超过200起反歧视诉讼,其中大多数是与基于健康状况的歧视有关的诉讼。[①] 反歧视案件数量的快速增长是应对基于健康状况的歧视中一个重要的进步。尽管这些案件和事例的结果并不全都是积极的,一个通过更普遍的诉讼和公众讨论应对基于健康状况的歧视的新时代已经开始了。

(二)反歧视制度的进一步发展

1. 立法方面的发展

在2010年之后,与基于健康状况的歧视有关的中国反歧视法律的立法重点是禁止在体检过程中进行专门的乙肝标志物检测。同时,以前立法中对乙肝病毒携带者从事各种职业的准入限制放宽了。这一时期中,国家还修改了针对外国人出入境的管理规定,允许艾滋病人/艾滋病毒携带者、性病病人或麻风病人等进入中国,另外,这一时期中国还通过了第一部《精神卫生法》,规定了在精神卫生事项上的禁止歧视要求。下面将一一分析这些立法方面的变化。

(1)直接确认乙肝病毒携带者平等权利的法律规定

2010年2月,人力资源和社会保障部、教育部与卫生部联合颁布了2010年《关于进一步规范入学和就业体检项目维护乙肝表面抗原携带者入学和就业权利的通知》。特别地,通知第1条确认了取消入学、就业体检中的乙肝检测项目,指出:各级各类教育机构、用人单位在公民入学、就业体检中,不得要求开展乙肝项目检测,不得要求提供乙肝项目检测报告,也不得询问是否为乙肝表面抗原携带者。各级医疗卫生

① 参见刘小楠主编:《反就业歧视的策略与方法》,法律出版社2011年版,第231~236页。

机构不得在入学、就业体检中提供乙肝项目检测服务。因职业特殊确需在入学、就业体检时检测乙肝项目的,应由行业主管部门向卫生部提出研究报告和书面申请,经卫生部核准后方可开展相关检测。经核准的乙肝表面抗原携带者不得从事的职业,由卫生部向社会公布。军队、武警、公安特警的体检工作按照有关规定执行。入学、就业体检需要评价肝脏功能的,应当检查丙氨酸氨基转移酶项目。对转氨酶正常的受检者,任何体检组织者不得强制要求进行乙肝项目检测。

《关于进一步规范入学和就业体检项目维护乙肝表面抗原携带者入学和就业权利的通知》第 2 条提供了进一步维护乙肝表面抗原携带者入学、就业权利,保护乙肝表面抗原携带者隐私权的细节:县级以上地方人民政府人力资源社会保障、教育、卫生部门要认真贯彻落实就业促进法、教育法、传染病防治法等法律及相关法规和规章,切实维护乙肝表面抗原携带者公平入学、就业权利。各级各类教育机构不得以学生携带乙肝表面抗原为理由拒绝招收或要求退学。除卫生部核准并予以公布的特殊职业外,健康体检非因受检者要求不得检测乙肝项目,用人单位不得以劳动者携带乙肝表面抗原为由予以拒绝招(聘)用或辞退、解聘。有关检测乙肝项目的检测体检报告应密封,由受检者自行拆阅;任何单位和个人不得擅自拆阅他人的体检报告。

《关于进一步规范入学和就业体检项目维护乙肝表面抗原携带者入学和就业权利的通知》第 3 条强调了要进一步加强监督管理,加大执法检查力度。这一条款解释说,行政部门应当负有下列责任:入学、就业体检有关工作要依照修订后的《公共场所卫生管理条例实施细则》、《公务员录用体检通用标准(试用)》、招生体检工作相关规定的要求执行。教育部门要按照修改后的招生体检工作相关规定,进一步规范入学体检表格内容。县级以上地方人民政府教育部门要加强对教育机构的监督检查,督促教育机构在招生体检中严格执行本通知相关规定,及时制止、纠正违规进行乙肝项目检测的行为。县级以上地方人民政府人力资源社会保障行政部门要加强对用人单位招工、招聘体检和技工院校招生体检的监督检查,督促用人单位、技工院校严格执行本通知的规定。县级以上地方卫生行政部门要加强对本行政区域内医疗卫生机构及其医务人员开展体检的监督管理,确保医疗卫生机构及其医务人员按照本通知规定,停止在入学、就业体检中进行乙肝项目检测,并保护受检者的隐私。县级以上地方人民政府人力资源社会保障、教育、卫生部门要设立并公布投诉、举报电话,认真受理投诉、举报;要督促党政机关在录用人员体检中带头执行不检测乙肝项目的规定。人力资源社会保障、教育、卫生行政部门要对本通知的贯彻落实作出专门部署,并按照职责分工,明确监督检查对象,落实责任人,对其工作人员和下级部门履行本通知规定职责的情况加强监督。

《关于进一步规范入学和就业体检项目维护乙肝表面抗原携带者入学和就业权利的通知》第4条则规定了要加强乙肝防治知识和维护乙肝表面抗原携带者合法权益的法律、法规、规章的宣传教育:县级以上地方人民政府人力资源社会保障、教育、卫生部门要高度重视乙肝防治知识和相关法律、法规、规章的宣传教育工作,制定宣传方案,作出工作安排。县级以上地方人民政府人力资源社会保障、教育、卫生部门要密切关注本通知的执行情况,广泛收集社会反映,及时了解和处理维护乙肝表面抗原携带者入学和就业权利中遇到的新情况、新问题;对可能出现的情况制定应对预案。

2010年《关于进一步规范入学和就业体检项目维护乙肝表面抗原携带者入学和就业权利的通知》第一次明确提出了禁止在入学和就业体检中进行专门的乙肝检测。考虑到入学和就业是乙肝病毒携带者的平等权利最经常受到侵害的两个领域,这一通知为乙肝病毒携带者享有平等的受教育权和就业权利去除了一个重要的障碍。但是,这一通知也存在一个严重的缺陷。尽管它比之前的许多反歧视法律法规更为具体,不过仍然缺乏在实践中如何执行这一通知的相关实施细则。

因为这一缺陷,人力资源和社会保障部、教育部和卫生部发布了一系列后续的规范性文件以更好地执行2010年《关于进一步规范入学和就业体检项目维护乙肝表面抗原携带者入学和就业权利的通知》。这些文件主要包括:2010年《关于普通高等学校招生学生入学身体检查取消乙肝项目检测有关问题的通知》、2010年《关于切实做好维护乙肝表面抗原携带者入学和就业权利工作有关问题的通知》、2010年《关于加强乙肝项目检测管理工作的通知》、2011年《关于进一步规范乙肝项目检测的通知》等。这些文件都旨在通过具体规则禁止在入学和就业体检中进行专门的乙肝检测。然而,本书在第七章中将要讨论,在实践中,许多雇主和教育机构无视这些规定,在医疗机构的协助下继续非法地在入学和就业体检中检测乙肝项目。只不过,碍于这些规定的存在,非法检测乙肝项目的行为已经更多地从明目张胆转变成了偷偷摸摸。

2011 年 3 月,上述 3 个部委又联合颁布了《关于切实贯彻就业体检中乙肝项目检测规定的通知》。这一通知进一步规定:第一,要切实取消就业体检中的乙肝项目检测,具体措施包括指导督促各类用人单位严格地执行政策规定,完善医疗卫生机构的体检服务管理,增强高校毕业生的维权能力。第二,要加大监督检查力度,严厉查处违法违规行为,具体措施包括加强对人力资源市场和各类用人单位的监督检查,加强对医疗卫生机构的监督管理,设立和公布投诉举报电话。第三,要开展宣传教育,强化舆论监督,具体措施包括积极组织开展乙肝防治科学知识的宣传和教育,加强舆论监督。第四,要明确职责分工,加强协调配合,具体措施包括明确职责分工,加强部门合作。《关于切实贯彻就业体检中乙肝项目检测规定的通知》总结了之前法律法规存在的缺点,强化了对乙肝项目检测禁令执行情况的监督。这是确保当今的反歧视立法在实践中真正发挥作用的重要举措。

(2)间接确认乙肝病毒携带者平等权利的法律规定

首先,在公务员的招聘领域,2010 年《关于修订〈公务员录用体检通用标准(试行)〉及〈公务员录用体检操作手册(试行)〉的通知》去除了在普通公务员招聘体检中进行乙肝检测的要求,但是 2010 年《关于印发公务员录用体检特殊标准(试行)的通知》仍然声称,在有关特定职业的特殊公务员招聘体检中,乙肝检测是必须的,有关特定职业如特殊警察和司法警察等。然而,2010 年《关于印发公务员录用体检特殊标准(试行)的通知》没有提供在这些特殊职业中必须保留乙肝检测要求的科学根据。

其次,在公共场所的卫生管理中,2011 年《公共场所卫生管理条例实施细则》开始允许乙肝病毒携带者在公共场所从事直接服务顾客的工作。与 1987 年《公共场所卫生管理条例》相比,2011 年《公共场所卫生管理条例实施细则》第一次正式放开了对乙肝病毒携带者在公共场所从事服务工作的职业准入限制。

最后,在托儿所和幼儿园的招录中,2010 年《托儿所幼儿园卫生保健管理办法》和 2012 年《关于印发〈托儿所幼儿园卫生保健工作规范〉的通知》都确认了乙肝病毒携带者能够在托儿所和幼儿园中学习和工作。这是中国法律制度中第一次明确肯定了乙肝病毒携带者在学习和工作中对自身免疫力不强的婴幼儿也是无害的。

(3)其他与应对基于健康状况的歧视有关的法律规定

自 2010 年起,除了针对乙肝病毒携带者平等权利保护的法律法规之外,应对基于健康状况的歧视的相关立法中还发生了两个显著的变化。

一个重要的立法变化是颁布了 2010 年《外国人入境出境管理法实施细则》和 2010 年《国境卫生检疫法实施细则》,允许外国艾滋病人/艾滋病毒携带者、性病病人或麻风病人进入中国。这是中国历史上第一次允许患这些病的外国人进入中国。它反映了中国政府对这些疾病通过国际迁徙和移民的方式传播的可能性抱持了一种更为现实的态度。同时,政府更加关注中国国内法的规定要与我们所应当承担的国际法义务相一致。

另一个重要的立法变化是通过了 2012 年《精神卫生法》。《精神卫生法》的立法过程十分漫长和曲折,从第一个草案的公布到最终版本的通过共经历了超过 25 年的发展。[①]《精神卫生法》是中华人民共和国成立后在规制精神卫生方面最重要的立法进步。这一部法律包含了有关消除基于精神卫生的歧视的专门条款。《精神卫生法》第 5 条明确提出:"全社会应当尊重、理解、关爱精神障碍患者。任何组织或者个人不得歧视、侮辱、虐待精神障碍患者,不得非法限制精神障碍患者的人身自由。新闻报道和文学艺术作品等不得含有歧视、侮辱精神障碍患者的内容。"《精神卫生法》于 2013 年 5 月生效。当时,立法者和社会都对这一部法律寄予了较高的期望,希望它显著地减少对精神障碍患者的歧视。然而,第七章中将要讨论,现实中的一些案例显示,《精神卫生法》在短期内还不太可能达到这一目标。

综上所述,在 2010 年之后,中国制定或修改了一系列法律法规反

---

① 参见黄雪涛、刘潇虎、刘佳佳:《中国精神病收治制度法律分析报告》,精神病与社会观察、深圳衡平机构,2010 年,第 1 ~ 80 页。

对基于健康状况的歧视。尤其是,完全禁止了在入学和就业体检中进行专门的乙肝检测,并提出了保护乙肝病毒携带者的隐私权。同时,外国的艾滋病人/艾滋病毒携带者、性病病人或麻风病人被允许进入中国。另外,通过了一部受高度期待的《精神卫生法》来规制精神卫生领域的混乱情况,特别是旨在减少对精神障碍患者的严重歧视。在这段时期里,中国基本上没有批准新的有关应对基于健康状况的歧视的国际条约,尽管在中国已经签署或批准的公约下仍然持续地负有义务禁止这一歧视。

2. 行政方面的发展

2010 年之后,因为中国反歧视立法主要聚焦于禁止入学和就业体检中的专门乙肝检测,相关行政部门也专注于这些禁令的执行。

首先,人力资源和社会保障部、教育部与卫生部就禁止专门乙肝检测开展了专项执法检查。2010 年 7 月,卫生部发布了入学和就业体检督察工作计划,派出检查组到 12 个省份检查《关于进一步规范入学和就业体检项目维护乙肝表面抗原携带者入学和就业权利的通知》的执行情况。尽管卫生部没有公开该项检查的结果,一些受检查的省份已经提供了相关的信息。其中,有些省份指出本省在禁止专门乙肝检测方面取得了巨大成功,然而仍有雇主不理解禁令,仍然检测乙肝项目,需要进一步推动该通知的执行。[①] 这些信息反映了在实践中执行《关于进一步规范入学和就业体检项目维护乙肝表面抗原携带者入学和就业权利的通知》的一些障碍。这些障碍不仅仅意味着该通知在内容上不够详细具体,更普遍反映了中国法在执行中常常遇到的困难。Chen Jianfu 等学者曾经批评,中国法律执行的一般情况即使不是惨淡的或充满危机的,也可以被描述为不太令人满意的。[②] 事实上,法律执行难是中国法律制度中的一个整体问题,不仅仅是发生在反歧视的法律领域中。

---

① 参见贺仁:《卫生部关于入学和就业体检的检查报告》,载 http://www.nanhai.gov.cn/cms/html/14/2010/20100813000000198869888/20100813000000198869888_1.html,2017 年 10 月 31 日访问。

② See Chen, J, Li, Y and Otto, J, "Implementation of Law in the PRC", *Kluwer Law International*, 2002, pp. 1 – 21.

2010 年 8 月,人力资源和社会保障部开展了另一项专门检查,旨在考察保护乙肝病毒携带者法律权益的各种法律和政策的执行情况。[①] 2010 年 9 月,教育部也展开了一项专项检查,评估禁止入学体检中进行专门乙肝检测的政策的执行情况。[②] 不过,这两项后续检查的结果都没有对社会公布。

其次,自 2010 年起,行政部门也采取了一些措施加强对违法检测乙肝的惩罚,具体可以通过下面的两个案件进行说明。

(1)"雇主违法检测乙肝行政处罚第一案"

2010 年 6 月 25 日,江苏省吴江市人保局接到了一封在就业中遭遇乙肝歧视的行政投诉信件,经调查确认雇主存在违法检测乙肝的行为后,于 8 月 5 日,给中粮地产控股的苏州苏源房地产开发有限公司下达了罚款 700 元的行政罚款决定书。9 月 5 日,吴江市法院还对这起乙肝就业歧视的索赔案件进行了调解,苏源房地产开发有限公司向受歧视的乙肝病毒携带者员工李晓娜支付了 3000 元赔偿金。[③]

(2)"医疗机构违法检测乙肝暂停体检资格第一案"

2010 年 12 月 11 日,有网友在乙肝论坛"肝胆相照"上发帖,曝光了广东电力一局医院为多家公司暗中检查乙肝项目,医院以电邮打包将检查结果告知用人单位。经网友向广州市卫生局举报,查实在 2010 年 7 月至 12 月,广东电力一局医院违规对广州超智精密制品有限公司、广州丸顺汽车配件有限公司和广州长霖塑料有限公司等 3 家企业的 1086 名职工进行了乙肝项目检测并且将结果提供给了职工所在公司。广州市卫生局对广东电力一局医院开出了如下的罚单:暂停医院体检资格,并予以通报批评,责令医院对相关科室进行限期整改,责令该院对相关

① 参见人力资源和社会保障部:《关于开展维护乙肝病毒携带者权益政策落实情况专项检查的通知》,载 http://www.shaanxihrss.gov.cn/Html/2010-8-4/162557.Html,2017 年 10 月 31 日访问。

② 参见教育部:《教育部办公厅关于贯彻落实学生入学身体检查取消乙肝项目检测有关要求的通知》,载 http://xsc.gov.hnedu.cn/show/81,866.html,2017 年 10 月 31 日访问。

③ 参见丁国锋:《首例乙肝检测行政处罚,公司罚款 700 元》,载《法制日报》2010 年 9 月 20 日。

责任人给予相应处理。①

上述两个案件反映出,当前相关的行政部门正在努力实施入学和就业体检中的乙肝检测禁令。然而,在前一个案件中,吴江市人保局对企业违法检测乙肝的行政罚款额度偏低,700 元的罚款远远低于江苏省职工的月平均工资,难以通过这种手段给企业造成经济上的压力,迫使其停止非法的乙肝检测。在后一个案件中,暂停医院体检资格的措施效果也比较有限。广东电力一局医院在处罚过后仅仅 1 个月的时间内就恢复了体检资格。广州市卫生局并未对恢复体检资格后医疗机构的乙肝项目违法检测情况再做督察。此外,上述案件也说明,尽管法律法规已经明确禁止了在入学和就业的体检过程中进行专门的乙肝项目检测,但是在这些领域中对乙肝病毒携带者的歧视并未直接消失,相反地,这一歧视变得更为隐蔽和更难处理。比如,广东电力一局医院以电邮打包的方式将乙肝项目检查结果告知了用人单位。如果不是正好有网友曝光,这一歧视行为很难暴露。本研究在第七章中将要讨论,由于受到经济利益的驱动,医疗机构很有可能与雇主或教育机构勾结起来;继续在入学和就业体检中违法实施乙肝项目的检测,而行政部门现有的执法手段还远远不足以消除这种钻法律空子的行为。

3. 司法方面的发展

在 2010 年之后,一个通过更普遍的诉讼和公众讨论应对基于健康状况的歧视的新时代已经开始。更多因为其医学情况而受到歧视的受害者们开始认识到了诉讼的意义,打破了长久以来的沉默,将他们的案件诉至法院。然而,这一时期发生的 4 个有关基于健康状况的歧视的典型诉讼案件几乎都败诉了。这一结果反映出当前法院还没有完全准备好应对急速增长的反歧视诉讼。面对因为特定医学情况引起的新类型的可疑歧视待遇,法官还无法灵活地运用相关反歧视法律制度来支持具有特定医学情况的人。相反地,法官常常驳回这些人的诉讼请求,甚至根本不愿意受理这些案件。

这种现象不仅仅发生在基层人民法院,在中级人民法院甚至高级人民法院也时有发生。这种现象又一次确认了法官在审理有关基于健

① 参见周强:《医院体检暗查乙肝,网友助推开出全国首张罚单》,载《新华每日电讯》2011 年 1 月 31 日。

康状况的歧视案件时具有一定的犹豫态度。特别是,当影响力比较强大的企业甚至行政机构成为被告时,法官更不那么情愿去支持原告。研究者卢杰锋提出,围绕中国反歧视运动的热情有点受到误导。与热烈的学者们关于就业歧视的讨论相反,下列这些事实令人寒心:工作场所的歧视仍然很常见;中国法院已经受理的案件只是很少的一部分;关于法院受理的就业歧视案件没有官方的统计数字;甚至无人收集关于就业歧视案件的信息。[①] 总之,就业歧视的相关诉讼看起来仍是不太流行而且具有一定敏感性的。因此,尽管2010年之后进入法院的有关基于健康状况的歧视的诉讼数量快速增长,中国的司法制度在应对基于健康状况的歧视方面仍然不够有效。

4. 其他方面的发展

在2010年之后,公民社会仍然在应对基于健康状况的歧视中扮演了最为积极的角色。特别地,受到禁止歧视乙肝病毒携带者这一方面的立法进步的鼓舞,更多的个人和组织纷纷投身于反歧视的活动中。

首先,已经参与了反歧视活动的个人和组织继续在应对基于健康状况的歧视方面发挥先锋作用。例如,自2010年起,健康非政府组织北京爱知行机构每年发布一份关于中国的艾滋病和人权的研究报告。[②] 乙肝病毒携带者雷闯先后访问了全国33个城市协助宣传正确的乙肝知识。[③]

其次,新的个人和组织也纷纷加入反歧视活动中。比如,在2010年,一个新的健康非政府组织“衡平机构”在深圳成立,并且发布了第一个有关中国精神病收治制度的法律分析报告。[④] 2012年,大学生张永刚从上海一路骑行到西藏,沿途征集了超过10,000个签名支持乙肝病毒携带者争取平等权利的行动。[⑤]

因此,在这一时期,更多的个人和组织积极参与到反对基于健康状

① See Lu, J, “Curb Your Enthusiasm: A Note on Employment Discrimination Lawsuits in China”, *10 Richmond Journal of Global Law & Business*, 2010 - 2011, pp. 211 - 226.

② 参见汉涛:《中国健康公益机构在行动》,载《医药世界》2008年第6期。

③ 参见雷闯:《为一亿人行走》,载《社会与公益》2015年第8期。

④ 参见黄雪涛、刘潇虎、刘佳佳:《中国精神病收治制度法律分析报告》,精神病与社会观察、深圳衡平机构,2010年,第1~80页。

⑤ 参见周竟:《为消除乙肝歧视骑行万里征签名》,载《新华每日电讯》2012年7月30日。

况的歧视的活动中。这一趋势显示,一个更专注于个人权利和社会平等发展的公民社会正在形成过程中。

综上所述,在 2010 年之后,基于健康状况的歧视进一步扩展,包括了更多的医学情况,并在教育和就业领域发生得更为频繁。同时,一个通过普遍的诉讼和公众讨论应对基于健康状况的歧视的新时代已经开始了。在立法方面,自 2010 年起,已经制定或修改了一系列的法律法规进一步反对基于健康状况的歧视,尤其是禁止了在入学和就业体检中进行专门的乙肝项目检测。同时,精神障碍患者等的平等权利也开始通过专门立法进行保护。然而,这些立法在实践中的效果仍然存在许多疑问。在行政方面,卫生部、教育部与人力资源和社会保障部开展了考察反歧视法律法规执行情况的多个专项检查,不过这些检查的结果很多并未公布,而已经公布的部分结果则显示了诸如入学和就业体检中的乙肝检查禁令这些措施执行得还不够有效。行政部门虽然惩处了雇主和医疗机构进行非法乙肝检测的行为,但是处罚的力度还远远不够。在司法方面,更多有关基于健康状况的歧视的诉讼案件进入了法院,但是法官并未完全做好准备,而且也不是很愿意接受和支持这些诉讼。此外,更多的个人和非政府组织积极参与到反歧视的活动当中,鼓励了在公民社会中进一步保护平等权利,消除基于健康状况的歧视。

五、结论

本章讨论了在 2000 年之后当代中国基于健康状况的歧视的发展及其应对方式的转变。总体上看,在 21 世纪,基于健康状况的歧视在中国法中得到了确认,专门的反歧视制度被建立起来以禁止这种歧视。分阶段来看,在 2003 年之前,基于健康状况的歧视被初步认识,反歧视制度准备开始建立;在 2003 年至 2010 年,基于健康状况的歧视正式被中国法所确认,专门的反歧视制度建立起来并得到了初步的发展;2010 年之后,基于健康状况的歧视出现了新的趋势,专门的反歧视制度则随之进一步发展。

在上述 3 个阶段,法律和非法律的因素都在应对基于健康状况的歧视中发挥了重要作用。第一，在立法方面，立法部门持续开展立法活动，修改了之前带有歧视性的法律规定，制定了新的禁止基于健康状况的歧视的法律法规。第二，在行政方面，行政部门发布了相关的政策和措施来实施反歧视立法，惩处了一些非法的歧视行为。第三，在司法方面，尽管司法部门在禁止基于健康状况的歧视中表现得比另外两个法律部门更为被动，一个通过普遍的诉讼和公众讨论应对基于健康状况的歧视的新时代逐渐开始了。第四，在其他方面，公民社会在应对基于健康状况的歧视中一直努力积极参加。通过多种类型的反歧视活动，公民社会推动了整个官方反歧视制度的发展。当然，仍然存在多种实质性的内部和外部挑战与障碍阻碍了中国消除基于健康状况的歧视。在下一章中，本研究将讨论笔者就中国应对基于健康状况的歧视问题开展的实地调查，进一步探究中国基于健康状况的歧视持续存在的原因，以建议一个更为有效的反歧视制度。

CHAPTER 07 >>

第七章

中国应对基于健康状况的歧视:实地调查

我母亲是一个乙肝病毒携带者。我让她和家里的其他人分开吃饭,我想她会传染给其他人的。开始她不愿意,觉得我歧视了她。后来我和她聊了,跟她说要是再一起吃饭的话,会传染我两岁的小侄儿的。她最后就同意了。现在她和家里人分开吃饭。她在家和出门都自己带着餐具。家里人因为她这样做都很尊敬她。

一个乙肝病毒携带者的儿子①

一、介绍

上述发言出自一个乙肝病毒携带者的儿子,是笔者在进行有关中国应对基于健康状况的歧视的实地调查中采访的。发言揭示了中国乙肝病毒携带者的家人对他们的一种真实的态度。这个例子显示,实地调查提供了一个近距离观察研究对象和搜集一手资料的独特机会。因此,实地调查在社会法学问题研究中是不可取代的。从 2009 年 2 月到 2011 年 9 月,笔

① 从笔者持有的访谈记录中截取。出于研究伦理方面的考虑,访谈对象的名字等个人敏感信息被有意掩盖。本章随后将对此进行说明。

者主要在中国的3个城市实施了实地调查,旨在更准确和深入地理解中国在实践中如何处理基于健康状况的歧视,歧视持续的主要原因以及当前反歧视制度的性质、特征和效果等问题。本章讨论了实地调查的实施、发现及其解释。

本章分为4个部分。第2部分回顾了实地调查的实施。第3部分分析了实地调查的主要发现及其意义。第4部分提供了一些结论性意见。

二、实地调查的实施

(一)实地调查的方法及其意义

笔者的实地调查主要是质性的,因为第一章列出的研究问题用质性分析能最详尽地考察。这些研究问题聚焦基于健康状况的歧视和反歧视制度的性质、特征、效果、原因等,大部分都可以更好地通过质性数据来解释。

质性研究有多种方法,包括访谈、讨论组、参与观察等。出于下列考虑,笔者的实地调查使用了半结构化的访谈。

首先,访谈是在中国获取相关信息的一种较为便利的方式。在中国,歧视对一些人来说仍在一定程度上是个有些敏感的话题。研究者卢杰锋曾经评论说,在中国,就业歧视的相关诉讼看起来仍是不太流行而且具有一定敏感性的。[①] 没有许多对歧视有直接经验的人愿意被公开地研究。一对一的访谈因此是一种较为合理和便利的方式与这些人进行交流。

其次,访谈也允许采访者和访谈对象结成一种真实的纽带,并鼓励访谈对象以一种开放的方式表达他们最深入的想法。在中国的文化中,人们常对公开表达私人的想法感觉尴尬,尤其当谈论的主题是关于个人的隐私状况时。Hsien Chin Hu 教授曾讨论了中国文化中关于"面子"的概念,提出"这是在中国强调的一种声望……它使自尊在所有时

① See Lu, J, "Curb Your Enthusiasm: A Note on Employment Discrimination Lawsuits in China", *10 Richmond Journal of Global Law & Business*, 2010 – 2011, p. 225.

候依赖于外部环境”。[①] 这一概念暗示了中国的传统文化不太鼓励可能影响一个人的“面子”的行为。公开发表私人的言论就是可能有损“面子”的危险行为。同时,许多具有特定医学情况的人和他们的亲属特别不愿意公开谈论他们的情况。因为中国的传统文化中不很尊重个人的隐私,他们的医学情况可能会被泄露给本地社区。Munro 教授曾说,在当代中国没有什么“个人的自我的”的空间。[②] 尽管这一观点有点过于绝对,也仍然指出了中国文化中确实存在一些问题,比如不很尊重个人隐私,过于追求“面子”上的好看,等等。通过个别的私下访谈可以更好地保证个人隐私不外泄,同时访谈对象不会有太多“面子”上的顾虑。

最后,访谈是一种比较可信赖的数据搜集方法。在一对一的访谈中,研究者有更多机会请访谈对象重复、解释或更正其答案,让访谈对象在访谈后核对访谈记录。在其他形式的质性研究中更难做到这一点。

关于访谈的具体形式,笔者采用了半结构化的访谈。根据 Kvale 教授的观点,“一项质性访谈常常是半结构化的;它包含一列连续的主题,以及一些准备好的问题。不过在同时对顺序和问题的形式具有开放性,以跟上访谈对象给出的答案和讲述的故事”。[③] 因此,半结构化访谈在一项实地调查中同时保持了足够的稳定性和灵活性。

(二)实地调查的准备

准备实地调查的一个主要问题是寻找合适的访谈对象。笔者采取了两个步骤解决这一问题。第一,笔者回顾了相关文献并列出了文献中提及的与基于健康状况的歧视有某种联系的人的名单。这些人包括具有特定医学情况的人、非政府组织工作人员、学者、律师、立法者、政府官员、法官、雇主、老师、医生等。总体上,名单上有约 40 人。第二,笔者通过发送访谈对象邀请函直接联系了这些人。访谈对象邀请函的一个样本可在附录一中找到。

---

① Hu, H, “The Chinese Concepts of ‘Face’”, *46(1) American Anthropologist*, 1944, pp. 45 – 64.

② See Munro, D, *The Concept of Man in Contemporary China*, the University of Michigan Press, 1977, pp. 48 – 55.

③ Kvale, S, *Doing Interviews*, SAGE Publications, 2007, p. 65.

令人失望的是,最初名单上的40人中只有1人(他是一名健康非政府组织的工作人员)回复了邀请函并同意受访。这一极低的回复率表明,直接联系可能不是为笔者的实地调查招募参与者的一种比较理想的方式。因此,笔者使用了熟人关系网络寻找更多访谈对象。这种方式被证明比直接联系更有效。例如,两位曾经研究类似研究课题的教授介绍了数位潜在访谈对象。最终,笔者的实地调查找到了35位愿意参与的访谈对象。

上述寻找访谈对象的曲折经历显示,中国社会很大程度上是一个注重关系的社会。许多从事中国相关研究的学者分享了类似经历。[①]除了开放性和可获得性之外,关系网络的广阔性能很大程度上影响一个研究项目在中国的成功。

笔者的实地调查主要选择了中国的3个城市——北京、上海、杭州。在中国所有城市中,这3个城市在经济发展和社会进步方面相对做得较好。基于健康状况的歧视在这3个城市中已被广泛认为是不公正的。[②] 因此,这些城市的社会氛围对讨论这一歧视更宽松。其他一些基于健康状况的歧视更严重的地方,如某些疾病高发的省份,尚未较好地确认这一歧视。这些省份的人往往对讨论这一歧视问题态度更为犹豫不决。在这些省份寻找合适的访谈对象比在其他地方困难更大。

在实施访谈之前,笔者准备了一个访谈核心问题表。与第一章列出的研究问题不同,访谈核心问题表中的问题更具体和有针对性,在实地调查中更利于执行。实地调查的核心访谈问题包括:第一,访谈对象的基本信息;第二,访谈对象在基于健康状况的歧视这一问题上的经验;第三,访谈对象对基于健康状况的歧视的理解;第四,访谈对象认为基于健康状况的歧视存在的原因;第五,访谈对象对现有的反歧视制度的评论;第六,访谈对象对未来的反歧视制度的建议。更多的子问题可在附录二中找到。

(三)实地调查的执行

最终,笔者完成了35个访谈。在这些访谈中,有28个在北京实施,

---

① See Ferdinand, P, *Researching Politics and International Relations in China*, Researching China Conference, Nov. 16, 2011.

② 参见刘杰:《忠实记录中国人权进步的每一个足迹》,载《人民日报》2011年4月21日。

6个在杭州实施，1个在上海实施。访谈在这3个城市中的分布不是刻意设计的。一方面，有限的时间和资源限制了在上海和杭州寻找更多访谈对象的机会。另一方面，根据潜在访谈对象的需要，访谈计划经常变化。例如，一名公共卫生部门的官员在初步接触中同时受访，但在1天后改变了主意。他解释说，为了工作保密的原因，最好现在不要就这个话题接受采访。他担心讨论基于健康状况的歧视问题可能会影响他的工作。

这位公共卫生部门官员的想法并不是没有来由的。以前，公共卫生的相关信息曾被作为"国家秘密"来保密。1991年《卫生工作中国家秘密及其密级具体范围的规定》曾经要求，一些种类传染病的信息应被定为秘密。但是，这一要求在2003年发生的重症急性呼吸综合征（"SARS"）疫情中开始改变。在重症急性呼吸综合征爆发初期，有关重症急性呼吸综合征传播的信息曾经被作为秘密而没有及时发布，结果加剧了人们对重症急性呼吸综合征的无端恐慌和控制疫情措施的不必要延迟。① 自那时起，有关疾病的信息开始更经常地得到披露。根据2008年《卫生部关于做好贯彻实施〈政府信息公开条例〉工作的通知》，"重点公开本辖区传染病、地方病、慢性非传染性疾病、职业病等的预防控制信息"。不过在现实中，该通知确实需要更有效地实施。目前，仍有一些公共卫生部门未将法律规定应当公开的信息及时公开。例如，一个健康非政府组织曾向数十个省份的公共卫生部门申请公开有关艾滋病的信息，其中只有个别几个部门提供了完整和及时的信息。②

在上述35个访谈中，参与者可自由选择他们倾向的记录方式。最初，笔者建议数字录音，因为它具有准确性和效率相对更高的优点。然而，数字录音没有得到广泛接受。35位访谈对象中只有4位愿意使用数字录音。其他访谈对象尤其是具有特定医学情况的人拒绝使用数字录音。这很可能是因为他们担心通过数字录音泄露他们的身份。这表

---

① See Ching, F, *China*: *The Truth about Its Human Rights Record*, Ebury Press, 2008, pp. 48 - 61.

② 参见北京爱知行机构：《2012年防治艾滋病经费政府信息公开申请总结》，北京爱知行机构，2012年，第1~34页。

明了访谈对象对保护自己身份的一种较为普遍的谨慎态度。有趣的是,4 位愿意使用数字录音的访谈对象也显示了另一种形式的谨慎态度。在笔者打开数字录音设备时,他们的言辞字斟句酌,几乎没有任何出格的评论。而在笔者关掉数字录音设备后,他们像松了一口气般继续进行谈话。这时他们的谈话内容通常就更随意,更接近他们内心的真实想法,并对之前的录音谈话中没有提到的内容进行了自由的补充,尤其是加入了一些比较富有感情色彩的评论。这说明访谈对象对保护个人的谈话信息也采取了比较谨慎的态度。

在其他 31 个访谈中,笔者大部分时候做笔记记录。访谈对象谈及各种关键词句即时记录下来,随后添加更多细节。通常,参与者核对笔记并确认其真实性。在一些特殊场合,访谈对象不希望在访谈中做笔记。这些场合通常发生在采访政府部门的官员时。这时笔者会试图记住他们谈及的关键要点,在访谈结束后尽快笔录下来。尽管这种谈话后的记录可能不是 100% 准确,它们通常提供了在一般研究中难以获得的珍贵的内部人士观点。

除了数字录音和做笔记,笔者也携带了一本研究日记,记录访谈中搜集到的其他相关信息。研究日记的许多内容是关于访谈对象的肢体语言和面部表情。这为分析访谈内容提供了有益的辅助材料。

在访谈实施中,笔者特别关注了有关研究伦理的问题。如上所述,访谈对象的敏感个人信息,包括他们的名字、工作单位等,都基本上被隐去了。不过也有一些例外情况,这种时候访谈对象自己同意披露相关信息。

(四)实地调查的数据及其分析

由于参与笔者的实地调查的访谈对象全部是中国人,因此所有访谈都用中文实施。

就像其他质性数据,由于所包含信息的广泛性和复杂性,访谈所得的数据很难分析。David Silverman 教授总结说,存在 3 种类型的数据分析方法论:实证主义、感情主义和构成主义。实证主义方法论处理关于行为和态度的事实,适合用于随机样本、标准问题和表格;感情主义方法论处理真实的经历,适合用于未经建构的、开放性的访谈;构成主义方法论处理在任何访谈中作为一个话题对待的共同建构的数据。① 因为笔者的实地调查中的数据大部分是在访谈中通过与访谈对象“共同建构”而成的,对其分析适用构成主义方法论。根据 Silverman 教授的观点,构成主义方法论讨论“含义(从事实和经历细节中建构的),谈论什么和如何对它进行谈论”。② 因此,笔者的实地调查中分析了访谈对象谈话中的词语、句子和段落的含义,访谈对象如何构建这些词语、句子和段落以及为什么他们以某种特定方式构建这些词语、句子和段落。附录五提供了一个对访谈内容进行数据分析的示例。访谈原始内容的典型摘要则可在附录四中找到。

为了保护访谈对象的隐私,在数据分析中,笔者使用了一个编码系统代表35 位访谈对象。在这个系统中,每一位访谈对象用一个 5 个字符的编码来标明——开头2 个字符是英文字母,后面3 个字符是阿拉伯数字。英文字母代表该访谈实施的城市:“HZ”代表杭州,“SH”代表上海,“BJ”代表北京。阿拉伯数字指明了该访谈在每个城市中实施的先后顺序。例如,“HZ001”代表在杭州的第一位访谈对象。

三、实地调查的发现及其解释

(一)访谈对象的基本信息

根据访谈对象的背景和他们与具有特定医学情况的人的关系,35 位访谈对象被分为3 个小组和9 个子小组。有时一个人在身份上同时属于多个子小组。这时,根据此人自我接受的主要身份进行归类。访谈对象基本信息的一个汇总表可在附录三中找到。

1. A 组:具有特定医学情况的人,他们的亲属和支持者

(1)子小组 A(a):具有特定医学情况的人及其亲属——BJ001,BJ003,BJ009 和 BJ016。

① See Silverman, D, *Interpreting Qualitative Data: Methods for Analysing Talk, Text and Interaction*, Sage, 2006, pp. 109 - 152.

② See Silverman, D, *Interpreting Qualitative Data: Methods for Analysing Talk, Text and Interaction*, Sage, 2006, pp. 109 - 152.

子小组A(a)包括那些与具有特定医学情况的人有最亲近关系的人：具有特定医学情况的人本人及其亲属。BJ001是一个乙肝病毒携带者，同时也是一个健康非政府组织的领导者。BJ003和BJ009都是艾滋病毒携带者，前者是一个大学的毕业生，后者是一个年长的务工人员。BJ016是一个律师，他的母亲是一个乙肝病毒携带者。

(2)子小组A(b)：具有特定医学情况的人的支持者(非政府组织工作人员)——BJ020和BJ002。

子小组A(b)包括支持具有特定医学情况的人的非政府组织工作人员。BJ020和BJ002都是为健康非政府组织工作的律师。他们在法院代理具有特定医学情况的人。

(3)子小组A(c)：具有特定医学情况的人的支持者(学者)——BJ010，BJ004和BJ017。

子小组A(c)包括支持具有特定医学情况的人的学者。BJ010，BJ004和BJ017都是大学的法学教授，参与了基于健康状况的歧视的研究。BJ010也是一个在法院代理具有特定医学情况的人的律师。

2. B组：为国家工作的人

(1)子小组B(a)：人民代表大会的代表和官员——HZ004，BJ014和BJ023。

子小组B(a)包括那些为人民代表大会工作的人。HZ004是一个人民代表大会的代表，也是一个大学的教授，提交了禁止基于健康状况的歧视的立法建议。BJ014和BJ023都是人民代表大会的官员。他们帮助像HZ004这样的代表提交立法建议。

(2)子小组B(b)：政府部门的官员——BJ025，BJ019，BJ005，BJ015和BJ024。

子小组B(b)包括政府部门的官员。BJ025，BJ019和BJ015都是公共卫生部门的官员，管理有关具有特定医学情况的人的信息。BJ005是一个公共卫生部门的退休官员，为一个健康“政府的非政府组织”工作。[①] BJ024 是一个一般政府部门的官员，了解健康相关部门如何运行。

(3) 子小组 B(c)：司法人员——BJ011，BJ026，BJ028，HZ005，BJ027，BJ013，BJ021，BJ006，BJ012 和 HZ003。

子小组 B(c)包括司法人员。BJ011 是一个基层人民法院的法官，审理过有关乙肝歧视的案件。法官 BJ026，法官 BJ028 和法庭书记员 HZ005 都为一个中级人民法院的法庭工作，他们一起审理过有关乙肝歧视的案件。BJ027 是一个中级人民法院的法庭书记员，参与过有关歧视乙肝病毒携带者的案件。此外，BJ013 是一个中级人民法院的法官，BJ021 是一个基层人民法院的法官，BJ006 和 BJ012 分别是最高人民法院的法官和法庭书记员，HZ003 是一个高级人民法院的法官，他们虽没有直接参与审理，但仍然了解有关基于健康状况的歧视的案件的情况。

3. C 组：与具有特定医学情况的人一起工作的人和医生

(1) 子小组 C(a)：与具有特定医学情况的人一起工作的人——HZ002，BJ022，BJ007，BJ018，BJ008 和 SH001。

子小组 C(a)包括那些与具有特定医学情况的人一起工作的人。商业公司的负责人 HZ002，商业银行的负责人 BJ022 和学校人事管理部门的负责人 BJ007 都是具有特定医学情况的人的上司。他们决定在其部门中是否雇用具有特定医学情况的人。一般的党员干部 BJ018，大学的行政人员 BJ008 和银行的工作人员 SH001 是具有特定医学情况的人的同事。

(2) 子小组 C(b)：在教育机构中治疗具有特定医学情况的人的医生——HZ001。

子小组 C(b)包括在教育机构中治疗具有特定医学情况的人的医生。HZ001 是一个大学诊所的医生。她负责学生和入学申请者的体检。

---

① 术语“政府的非政府组织”是指“政府负责运行的非政府组织”。该术语反映了一些非政府组织和政府之间的特殊关系。政府的非政府组织通常由政府资助，多由现任或退休的政府官员负责管理。在健康领域，政府的非政府组织包括中国肝炎防治基金会、中国性病艾滋病预防控制中心等。与这些政府的非政府组织相比，其他草根的非政府组织很难从政府获得资金。当这些草根的非政府组织试图从其他渠道筹集资金时，它们往往会比政府的非政府组织碰到更多障碍。See Kuhn, B, “Government – NGO Cooperation in the PRC: Experience from Yunnan Province”, 4 *International Journal of Civil Society Law*, 2006, p. 65.

(3)子小组 C(c):在医疗机构中治疗具有特定医学情况的人的医生——HZ006。

子小组 C(c)包括在医疗机构中治疗具有特定医学情况的人的医生。HZ006 是一个一般医院的医生。她协助雇主组织对雇员和求职者的体检。

(二)访谈对象有关基于健康状况的歧视的经验

1. A(a)组有关基于健康状况的歧视的经验

子小组 A(a)的人通常是基于健康状况的歧视的直接受害者,因为他们和具有特定医学情况的人有最亲近的关系。事实上,他们中的一些人确实报告他们受到了歧视。其他一些人尽管没有直接受到歧视,也通过其他方式间接经历了歧视。

(1)BJ009。

BJ009 通过输血感染了艾滋病毒。她担心一旦她携带艾滋病毒的情况泄露,人们会害怕她,因此她将此作为最高机密保密。只有她丈夫(同样也是一个艾滋病毒携带者,可能是从她这里感染的)和给她发放治疗艾滋病药物的本地疾病控制中心了解她携带艾滋病毒的情况。她甚至没有告诉她自己的姐妹和儿子。

在感染艾滋病毒后,BJ009 开始向给她输血的医院要求赔偿。因为她保留了输血的收据,医院承认应负责任。然而,医院在超过 1 年的时间里试图避免支付赔偿。BJ009 每次到医院,医院的院长和副院长就找借口回避她。最终,她心生绝望,决定起诉医院。她找到一个健康非政府组织的律师。律师同意免费帮她在法院代理。在访谈时,她正在准备开庭。然而,她对法院能否受理这一案件以及能否通过司法程序胜诉都很不乐观。

BJ009 对周边人群可能歧视她的恐惧显示了当今社会中歧视艾滋病毒携带者的威胁还很强烈。许多调查显示,一旦人们知晓某人携带艾滋病毒的情况,某人会被想得很坏并被苛待,以及失去在亲友和邻居间的“面子”。[①] 这也许是 BJ009 选择不告诉她的姐妹和儿子有关她携带艾滋病毒的情况的主要原因。

① UNAIDS and Partners, *The China Stigma Index Report*, UNAIDS, 2009, pp. 1 – 17.

BJ009还说:"有时我觉得身体不舒服,自己也去医院检查。我担心医生不给我治,所以检查当中对医生保密。我只要求做特定检查,这样他们就不知道我的艾滋病情况。例如,只查血脂、肝功能等。不告诉他们,医生就不知道。"她担心被医生拒诊的恐惧是合理的,因为已经有研究证实实践中有这种拒诊。[①] 然而,不告诉医生她携带艾滋病毒的情况,她使无辜的医生具有很高风险感染艾滋病毒。

BJ009的故事说明中国法上存在着法律实施制度比较软弱的问题。尽管一个违法行为可被确认,有时这种违法行为的受害者仍难以获得及时和公正的救济。在BJ009的经历中,医院承认了造成她感染艾滋病毒的责任,但在1年多时间里避免真正履行责任。在这么长一段时间里,没有法律实施部门注意到这一问题或介入。如果存在一个更强有力的法律实施制度,BJ009应该早已找到一种有效的方法解决了这一问题。因此,并不令人惊讶的是,即使BJ009最终决定到法院起诉,她仍然对法院能否受理案件和能否判她胜诉缺乏信心。今天法院在受理和判决有关基于健康状况的歧视的案件时态度仍不很积极。

(2)BJ003。

BJ003也在医院输血中感染了艾滋病毒。在被感染后,他向医院索赔。然而,他的索赔请求几经波折。起初,BJ003试图到当地基层人民法院起诉医院,但法院驳回了他的起诉。接着他向更高级别的法院申诉,也向不同级别的政府和人民代表大会申诉,甚至曾经到国家信访局反映问题。[②] 然而,这些机构没有能够帮助他获得赔偿。在一次去向更高级别的政府申诉的过程中,他被当地机构采取了限制人身自由的措施。在他被释放后,他宣称对他采取的限制人身自由的措施是错误的。他一方面继续要求医院为他感染艾滋病毒的情况赔偿,另一方面也为

---

① See Wan, Y, Hu, R, Guo, R and Arnade, L, "Discrimination against People with HIV/AIDS in China", *4 The Equal Rights Review*, 2009, pp. 15 – 25.

② 国家信访局是处理"信访事宜"的国家机构。根据2005年《信访条例》,术语"信访"是指"公民、法人或者其他组织采用书信、电子邮件、传真、电话、走访等形式,向各级人民政府、县级以上人民政府工作部门反映情况,提出建议、意见或者投诉请求,依法由有关行政机关处理的活动"。

他受到的错误限制人身自由的措施寻求赔偿。[①] 一个健康非政府组织协助他进行申诉。

BJ003 的遭遇令人同情,但也并不是绝无仅有的。BJ020 评论说,越级到更高级别的国家机构申诉,可能会被本地机构认为是一个不安定分子,威胁了本地的社会稳定。例如,在 2010 年,人们发现一家北京安全保卫公司“安元鼎”组织了所谓的“黑监狱”,非法拘禁了数十个旅行到北京来申诉其问题的人。[②] 尽管这个所谓的“黑监狱”最终被捣毁,类似故事在别处也有发生。[③] 当本地机构忙于维持社会稳定时,其他一些重要事项,包括保护具有特定医学情况的人的基本权利,就有可能不幸被忽略了。

(3)BJ001。

BJ001 说他很幸运没有在教育和工作中受到歧视,因为在他读书和找工作的时候,大学录取和就业招聘中还没有要求强制体检。由于他的学校和雇主不知道他是一个乙肝病毒携带者,它们将他与其他学生和雇员同等对待。他在 2003 年认识到基于健康状况的歧视这一问题。当时正值周一超故意杀人(在第六章中有较为详细的讨论)案件审理期间,乙肝病毒携带者的遭遇被媒体广泛报道。他在了解这些遭遇后震惊了,决定做一些事停止这一严重的歧视。接着他开始积极参与保障乙肝病毒携带者平等权利的活动。此后,他领导建立了一个健康非政府组织帮助更多具有特定医学情况的人。直到 2011 年 8 月,他的非政府组织协助了许多有关基于健康状况的歧视的案件进行起诉。

BJ001 进一步揭示了他的健康非政府组织如何帮助具有特定医学情况的人应对基于健康状况的歧视。他指出,他的非政府组织创设了一套程序帮助这些受害人。第一,非政府组织将它关于权利保障策略的小册子发给受害人,让他们了解如何在非政府组织的协助下通过法律程序应对歧视。第二,非政府组织帮助受害人找到一个合适的律师,

---

① 根据 2012 年《国家赔偿法》,“国家机关和国家机关工作人员行使职权,有本法规定的侵犯公民、法人和其他组织合法权益的情形,造成损害的,受害人有依照本法取得国家赔偿的权利”。

② 参见龙志:《安元鼎,北京保安公司截访“黑监狱”调查》,载《南方都市报》2010 年 9 月 27 日。

③ 参见易方兴、林阿珍:《北京再现“黑监狱”》,载《新京报》2011 年 8 月 2 日。

通常是一个对公共利益保护有热情的律师,把案件起诉到法院。BJ001强调对公共利益保护有热情是选择这样一位律师的主要前提。因为如果没有这个前提,一个律师可能会违背当事人的利益。曾经在一个案件中,一个不够关心原告的律师导致了一个反歧视案件的不必要的败诉。在那个案件中,该律师的行为严重违反了职业伦理,受到了谴责。然而,原告的损失无法挽回。当非政府组织找好了律师,它会协助受害人联系媒体,扩大诉讼的影响。在中国,媒体的力量是惊人的,可给案件法官施加社会压力。第三,在诉讼期间,非政府组织为受害人和律师提供技术支持,例如,帮助受害人搜集证据、写作法律文书。有时,非政府组织也会公开组织知识传播活动,在公众中提高诉讼的关注度。在非政府组织协助下,一个原告有更多机会胜诉并获得赔偿。

除了为诉讼提供具体协助,BJ001 领导建立的健康非政府组织还使用一些有趣的行为艺术传播有关医学情况的正确知识,提高公众对基于健康状况的歧视的关注。健康非政府组织也积极参与推动当前的反歧视立法。非政府组织与具有特定医学情况的人合作,向人民代表大会提交立法建议,并游说人民代表大会代表,影响反歧视立法的制定。此外,非政府组织通过监督相关反歧视法律的实施向歧视挑战。一旦非政府组织发现一个可疑的歧视行为,就向相关政府部门报告,并要求对权利加害者进行惩罚和对受害者进行赔偿。总之,BJ001 认为积极的非政府组织工作在应对基于健康状况的歧视中非常有益。

一方面,BJ001 自身没有受到歧视的故事显示,在 20 世纪 90 年代中期之前,乙肝病毒携带者不像他们在 90 年代后期一样受到严重歧视。这种宽松环境的主要原因是当时入学和就业中强制体检还不流行。强制体检在 1993 年《国家公务员暂行条例》颁布后变得更流行。该条例要求公务员“德才兼备”。尽管该条例没有提供任何关于“德”的具体标准,公务员招聘机关开始在招聘公务员时进行体检。体检标准由每个单位自行制定。此后,其他行业的雇主也随之在招聘中使用体检,并且将体检结果作为理由拒绝那些他们认为“德”不够好的人。自1985 年《普通高等学校招生体检标准》颁布后,高等教育机构也开始对申请入学者进行体检。其他教育机构,如幼儿园和学校等,也随之这样做。因此,强制体检逐渐在全国流行起来,成为歧视具有特定医学情况的人的重要工具。

另一方面,BJ001 积极参与反对基于健康状况的歧视的活动的经历说明,非政府组织在反歧视活动中扮演了一个积极的角色。非政府组织比个人受害者在应对基于健康状况的歧视时更有经验,能为个人提供其专业帮助。同时,非政府组织的服务大部分是免费的,因此即使是穷人也能从它们那里得到帮助。当官方法律服务不能及时获得或太昂贵时,这一点非常重要。非政府组织也和那些对反歧视活动有影响力的人有广泛联系,如人民代表大会代表。与这些人的良好关系便利了非政府组织的工作,扩大了其工作的影响力。

(4)BJ016。

作为一个乙肝病毒携带者的儿子,BJ016 没有提到任何因为他母亲携带乙肝病毒的情况而使他受歧视的经历。相反地,他个人相信乙肝病毒携带者应该受到不同对待。他认为乙肝病毒可能通过一起吃饭传播,尽管没有医学证据支持这一观点。根据这一确信,他试图劝说他母亲和家里其他人分开吃饭。起初他母亲认为这是歧视。他不停地劝说母亲,威胁说如果母亲坚持要在一起吃饭,家里其他人尤其是小孩也会感染乙肝病毒。最终,她母亲被说服独自吃饭。他说因为母亲这样做全家都很尊敬她。

BJ016 的故事表明,基于健康状况的歧视不总是发生在外部世界,有时甚至发生在家庭中,来自那些与具有特定医学情况的人亲近的人。作为具有特定医学情况的人的亲属并不必然保证一个人对这些医学情况拥有正确的知识,也不必然保证一个人具有平等对待具有特定医学情况的人的意愿。一种歧视的态度可能来自没有任何有力证据支持的长期的偏见。这种偏见的力量可能超越了家庭成员之间的爱。同时,具有特定医学情况的人本身可能对其医学情况没有正确的知识。他们对自己的态度可能受亲近的人的消极影响。在 BJ016 的故事中,起初,BJ016 的母亲在被要求单独吃饭时感觉受到了歧视,但在 BJ016 多次劝说后,母亲相信了分开吃饭是适当的。这一点表明当今社会对具有特定医学情况的人的某些歧视性偏见仍很严重。

2. A(b)组有关基于健康状况的歧视的经验

子小组 A(b)的人在健康非政府组织中工作,经常遇到具有特定医学情况的人。就像BJ001,非政府组织工作者通常在协助具有特定医学情况的人保障其权利中扮演一个积极的角色。

律师BJ020自2005年起开始了解乙肝歧视,此前他专注于艾滋歧视案件。他说,艾滋歧视也很严重,但是因为更受国际关注,具有一个更支持性的反歧视基础。与艾滋歧视相比,乙肝歧视更少被强调,因为对世界来说这是一个区域问题。他遇到过多个领域的歧视,包括就业、教育、公共服务等。

BJ020指出具有特定医学情况的人难以将一个歧视案件诉至法院,因为当前的司法制度中这类诉求缺乏适当的案由。然而,将这类案件诉至法院仍是一个解决问题的可能方式,只要原告准备好相关证据且采取有效的诉讼策略。当然,仅有这些条件不能确保一个诉讼的最终胜利。此外,有时可能在诉讼提起前的某个早期阶段防止歧视。例如,自2010年法律禁止入学和就业体检中进行乙肝检测(在第六章中有较详细的讨论)后,一个人可以拒绝在体检中的可疑抽血,例如,声称:"我不愿意在体检中被抽这么多血"。他说,在实践中具有特定医学情况的人可以采取许多方法和技巧避免被秘密检测乙肝。总之,他认为所有类型的公民活动,包括公民抗议、公益诉讼等,给政府保障具有特定医学情况的人的权利增加了外部压力。

BJ020指出,相比于乙肝歧视,中国社会在一段时间内更强调艾滋歧视。这可能是由于自艾滋病的早期传播开始,中国的艾滋疫情就与国际社会联系紧密。在1981年,艾滋病毒在美国首次发现。在1985年,艾滋病毒通过到中国旅行的美国人传进中国。[①] 自20世纪90年代中期开始,国际社会通过了多个重要文件促进艾滋病毒/艾滋病领域的平等和非歧视。中国受这些文件约束禁止艾滋歧视。尽管这些文件大多数只是软法,它们通常显示了战胜艾滋病毒的强烈政治意愿,且与中国在当时急需的国际资助和协助相联系。因此,政府更有可能遵守在这些文件下的承诺禁止艾滋歧视,尽管这一意愿有时更像是一个政治宣言而不是一个有执行力的政策。反之,在处理乙肝歧视时,中国基本

① See Dutka, O, "Turing A Weapon into A Shield: Using the Law to Protect People Living with HIV/AIDS in China from Discrimination", *38 Columbia Human Rights Law Review*, 2006 - 2007, pp. 421 - 457.

不受专门国际文件的约束。

与 BJ020 相比,律师 BJ002 专注于协助艾滋病人/艾滋病毒携带者及其社群,包括那些通过输血感染艾滋病毒的人、吸毒者、男同性恋者、女性性工作者等。他说这些人在中国常被认为是艾滋病毒感染的"高危人群",受到苛待。例如,吸毒者和女性性工作者常常被检查和逮捕,即使他们没有在进行不法活动时被抓。不考虑他们的健康需要,他们常被关进监狱或送进戒毒中心接受强制的"劳动改造"或"劳动教养"。[①] 然而,在有些地方,这些人更容易受到攻击或骚扰,具有更大的危险感染艾滋病毒。BJ002 的其中一项工作是帮助这些人减少感染艾滋病毒的危险。

同时,BJ002 认为,健康非政府组织也可以通过提供一般法律服务在禁止基于健康状况的歧视中发挥作用。他的非政府组织为艾滋病人/艾滋病毒携带者提供咨询服务,在上述高危人群中传播艾滋病毒感染的知识,协助艾滋病人/艾滋病毒携带者起诉权利侵害者,对歧视进行调查并公布调查报告。他也相信一个积极的公民社会能极大地推动消除歧视。此外,他报告说许多地方机构尤其是医院不喜欢他的非政府组织,因为非政府组织在许多案件中帮助原告起诉。他说这些机构在艾滋病人/艾滋病毒携带者中抹黑非政府组织,并试图阻碍非政府组织获得外部资助。有时甚至威胁非政府组织的工作人员,骚扰非政府组织的工作。

BJ002 的故事进一步展现了当今中国健康非政府组织的快速发展以及它们仍然面临的障碍。很明显,这些非政府组织的工作在应对基于健康状况的歧视中起了巨大作用。同时,令人遗憾的是,由于这些非政府组织和本地机构之间的关系有时比较复杂和微妙,其工作的成果有时被低估或甚至被侵犯。非政府组织由于坚持其独立角色并经常批评政府政策中的问题而常常不大受欢迎。然而,近年来,政府更明确意识到了这些非政府组织的价值,将这些非政府组织的批评意见作为未来政策发展的动力。在许多国家,非政府组织和政府之间的关系变得

---

① 非自愿的"劳动改造"或"劳动教养"是轻微刑事犯罪的刑事处罚手段。See Wan, Y, Hu, R, Guo, R and Arnade, L, "Discrimination against People with HIV/AIDS in China", *4 The Equal Rights Review*, 2009, pp. 15 - 25.

更和谐和有建设性。例如,在英国,非政府组织和政府在立法和法律实施中的互动很频繁。在2010年《平等法》的立法和评估过程中,数十个非政府组织积极参与。它们的意见被立法者和政府官员所吸收。[①] 在国际法上,非政府组织在监督国家人权实现方面也扮演了一个重要的角色。所有的主要人权机构和人权公约机构接受非政府组织的报告,使用这些报告中的信息作为它们的一般性观点、意见或建议的一个重要基础。[②] 与这些例子相比,很遗憾中国的非政府组织的作用仍未被中国法律更全面地认可。[③] 它们在推动禁止基于健康状况的歧视方面的潜力因此受到了一些限制。

3. A(c)组有关基于健康状况的歧视的经验

子小组A(c)的人是研究基于健康状况的歧视的学者。他们常对具有特定医学情况的人的遭遇表示同情。其中一些甚至在法院代理过具有特定医学情况的人。

法学教授和律师BJ010代理过多个有关基于健康状况的歧视的案件,包括乙肝、基因、抑郁症、单肾、眼盲、艾滋歧视等。他说,使用典型案件推动普遍禁止歧视很重要。例如,他代理过有关乙肝歧视的一个早期案件。该案件推动了对乙肝歧视的全国关注。甚至政府部门也通过这一案件确认了乙肝歧视的严重性,进行积极改变移除了歧视性的法规和规则。

同时,BJ010注意到许多有关基于健康状况的歧视的案件在大公司或公共服务中发生,特别是在政府部门、国有企业、外资企业、大型私有企业、教育机构等要求强制体检时。BJ010解释说,这是由于体检费用并不便宜。负担不起体检费用的小公司或不愿负担这一费用的雇主,如那些招聘临时雇员的人,不要求强制体检,因此不会了解其雇员和求职者的医学情况。在不了解医学情况的情形下,不可能据此进行歧视。例如,建筑工人通常不受歧视,因为他们大多是临时工人,不要求进行

---

① See Discrimination Law Association, *The Equality Act 2010*, DLA Annual Conference, Oct. 17, 2011.

② See OHCHR, *Working with the United Nations Human Rights Program: A Handbook for Civil Society*, OHCHR, 2007, pp. 1 – 192.

③ See Kuhn, B, "Government – NGO Cooperation in the PRC: Experience from Yunnan Province", *4 International Journal of Civil Society Law*, 2006, p. 65.

体检。

BJ010 的经验显示,有关基于健康状况的歧视的典型案件是引发社会和政府关注禁止歧视的很好的催化剂。然而,这些典型案件的影响仍然很大程度上取决于法院对基于健康状况的歧视的态度。当前,一些法院并不积极受理和审判有关基于健康状况的歧视的案件。当法院不愿挑战歧视性的法律规则或行为时,它们不会在判决中支持这些案件,或甚至使用各种理由不受理这些案件。

此外,BJ010 发现了一个很大程度上影响歧视性行为的重要因素——歧视的经济成本与收益。歧视有其自身成本。当其成本超过收益,人们更可能不再坚持歧视。然而,歧视的成本和收益难以评估。一些成本,例如,体检费用,可通过金钱来衡量。一些其他的成本,例如,失去一个有能力的雇员,很难衡量。类似地,歧视的收益,如雇主的舒适感受,也很难衡量。衡量一个歧视性行为的成本和收益的困难也显示,在采取一个歧视性行为时金钱不是唯一的考虑因素。不过,成本与收益仍然是一个衡量歧视性行为结果的重要工具。人们可能争辩说,提高体检费用可以减少雇主坚持强制体检的意愿。这个观点在应对私人领域发生的歧视时很有吸引力,因为雇主需要自己支付体检费用。不过在公共领域,这个观点能否起作用存在疑问,因为政府通常是使用其预算支付体检费用的。

4. B(a)组有关基于健康状况的歧视的经验

尽管子小组 B(a)的人在人民代表大会中为国家工作,他们通常显示出对具有特定医学情况的人的同情。他们向人民代表大会提交立法建议(作为人民代表大会代表)或协助代表向人民代表大会提交立法建议(作为人民代表大会官员),建议禁止基于健康状况的歧视。

代表 HZ004 提议制订下面两种形式之一的立法禁止基于健康状况的歧视:第一,一部普遍的平等或非歧视法律;第二,一部就业歧视法或一部针对乙肝病毒携带者的反歧视规章。他与学者合作起草立法建议。官员 BJ014 和 BJ023 协助像 HZ004 这样的代表提交有关乙肝或艾滋歧视的立法建议。每年他们收集代表的立法建议,发送给相关的委员会,研究这些立法建议的可行性。他们清楚地了解当前的反歧视立法制度及其未来可能的发展。

事实上，这些人在使用立法方式禁止基于健康状况的歧视方面已经取得了一些成果。自2003年起，数十个应对基于健康状况的歧视的法规已被通过、制定或修改。人民代表大会代表和官员持续努力，取得了当前反歧视立法的进步。

然而，尽管这些人为建立一个适当的反歧视立法框架作出了许多贡献，他们的努力常常被这些反歧视立法的不尽如人意的执行情况所消减。直到今天，许多应对基于健康状况的歧视的反歧视法律法规未能被中国法院经常援用。总之，中国现有的法律实施制度还发展不足。因此，仅仅立法上的发展不能成功消除中国基于健康状况的歧视。

5. B(b)组有关基于健康状况的歧视的经验

子小组B(b)的人为政府工作。他们对基于健康状况的歧视有相当不同的观点。

BJ025是一个退休的前公共卫生部门的官员和医生。他观察到4种主要类型的疾病歧视：基于乙肝、艾滋病、基因和精神病的歧视。他说基于精神病的歧视比其他3种歧视更严重。许多精神病人没有严重的精神异常，却被送到精神病院接受强制治疗。在一些极端的案件中，因为和家庭成员、雇主或地方机构发生冲突，甚至没有精神病的人也被送到精神病院。

同时，BJ025认为有必要将典型案件诉至法院来应对基于健康状况的歧视。他不认为到更高级别的政府申诉是一种有用的办法，因为申诉者面临更多风险。他相信诉讼是一种更安全和有效的方式。当然，在诉讼中，人们仍会遭遇困难。希望在于通过这些遭遇，社会可以更多关注这一歧视，将未来的反歧视制度建设得更好。他也相信，如“四免一关怀”等政策在实践中执行还不够有力，[①]因为相关机制尚未建立，许多机构仍对艾滋病人/艾滋病毒携带者和那些艾滋病“高危人群”抱有错误的态度。这些人群被限制人身自由并送去强制治疗的威胁迫使这些人回避了一些政府的支持项目，因为这样做使他们的身份有暴露的潜在危险。

BJ025观察到的没有精神病的人也被送到精神病院的遭遇反映出

① “四免一关怀”政策帮助艾滋病毒携带者/艾滋病人在需要时获得免费的医疗、医药和生活费。

基于健康状况的歧视不总是由实际健康状况造成的。这里，一些实际没有患精神病的人也被歧视了，因为他们被当作精神病人。尽管 2012 年《精神卫生法》已经通过并尝试规制这一问题，该法自 2013 年生效后这方面的案例还不多。在实践中，精神病院和医生在诊断和治疗精神病人时享有几乎无限的权力。许多研究显示，精神病人在拒绝强制治疗或在错误的强制治疗决定后申请救济时非常无力。在许多情形下，精神病院和医生与家庭成员、雇主或其他机构勾结，任意对待“疑似精神病人”。这一现象被称为“被精神病”，在媒体中被广泛报道和批评。[①]

“被精神病”问题部分是由于一直以来缺乏有效的立法规制精神卫生事项造成的。这也是医学专家缺乏对病人的照顾责任的结果。尽管目前已有一些法律规则，如 2012 年《关于印发医疗机构从业人员行为规范的通知》等，规制了医生对病人的责任，这些规则仅仅是规范性文件，而非有强制约束力的法律。规范性文件在实践中能否有效执行很大程度上取决于人们的意愿。

对实际或疑似精神病人的不利对待不仅是中国的问题。今天，在国际法和许多禁止这种不利对待的国家的国内法上都有相应规制。在国际法上，1991 年《精神病人保护和精神健康照顾原则》要求：“在精神病方面不应有歧视”。作为这一文件的一个签约国，中国在国际法上有责任履行这一要求。此外，在其他法域也有类似要求。例如，英国 2007 年《精神卫生法》规制了卫生专家诊断和治疗疑似精神病人的权力。尤其是，一个关于照顾责任的普遍原则限制了“被精神病”悲剧的发生。尽管外国法对中国法没有直接效力，学习国外的好经验更有效地应对基于真实或感知的精神病的歧视是有必要的。

此外，BJ025 关于 4 种类型基于健康状况的歧视的评论反映了今天反歧视工作中的一些严重问题。

第一，用“信访”等方式将问题向上报告的效率很低，有时甚至可能为具有特定医学情况的人带来危险，因为可能导致本地机构的不满。尽管信访这一方式被设计为一种对那些感到以前受到不公正待遇的人

---

① 参见黄雪涛、刘潇虎、刘佳佳：《中国精神病收治制度法律分析报告》，精神病与社会观察、深圳衡平机构，2010 年，第 1～80 页。

的替代性补救,“信访”方式可能造成类似上述“黑监狱”的悲剧。

第二,政府支持具有特定医学情况的人的政策通常精心设计,但执行不一定足够有力。相关事项,如充足的财政支持和多元的补救措施,目前还很缺乏。例如,“四免一关怀”政策的基金在许多地方未得到保障,限制了这一政策发挥积极效果。① 有时,法律和政策本身也存在相互冲突。如上所述,以前针对吸毒者和性工作者等的一些歧视性、制裁性的政策迫使这些人隐藏起来。尽管 2006 年《艾滋病防治条例》等新的法律法规试图保护他们的权利,以前的政策与今天的法律法规产生了一定程度的冲突。所有这些问题使部分歧视受害者放弃了现有的支持制度。

第三,BJ025 对通过诉讼应对基于健康状况的歧视显示了一种相当积极的态度。不过,目前这一领域的诉讼尚未被所有法院所广泛受理和支持。同时,他的积极态度在指出通过行政力量实施反歧视立法的缺陷时有意义。如上所述,政府部门有时与歧视的施行者联系更紧密,如国有企业等。甚至有时,政府部门自已也可能变成歧视的加害者,特别是当他们在公务员招聘中因为一个人的医学情况拒绝录用时。当然。法院应对基于健康状况的歧视的效果很大程度上取决于法院在处理这类诉讼方面的意愿和能力。这是在通过司法过程推动应对基于健康状况的歧视时应当注意的。

BJ019 是一个卫生工作督察员。他在 2010 年《关于进一步规范入学和就业体检项目维护乙肝表面抗原携带者入学和就业权利的通知》生效 6 个月后检查了该通知的执行情况。在检查中,他发现在实践中人们采取许多“荒唐或有趣的措施”规避该通知的执行。他举例说,在一些地方,雇主和医院勾结对雇员和求职者秘密进行乙肝检测。雇主派出工作人员在体检中陪伴雇员和求职者。他们不告诉雇员和求职者,但要求医院进行乙肝检测。在体检后,雇主从医院直接拿到体检报告。如果发现某人是乙肝病毒携带者,雇主会找其他理由拒绝录用。

在 BJ019 的故事中,很明显雇主和医院都违法对雇员和求职者进行了乙肝检测。此外,他们还侵犯了雇员和求职者的隐私权。在中国,

① See Wan, Y, Hu, R, Guo, R and Arnade, L, “Discrimination against People with HIV/AIDS in China”, *4 The Equal Rights Review*, 2009, pp. 15 – 25. .

直到2009年《侵权责任法》制定后,个人的隐私权才得到了法律的明确保护。《侵权责任法》第2条规定:“本法所称民事权益,包括……隐私权……”然而,该法没有定义“隐私”的概念。理论上,一个人的健康状况应当包含在隐私权的概念内,只要健康状况不影响个人在相关活动中的表现。在工作领域中,雇员和求职者携带乙肝病毒不影响大部分的工作。例外仅发生在极少数根据职业性质需要特别要求的职业中。根据2010年《关于印发公务员录用体检特殊标准(试行)的通知》,这些职业包括特殊警察、司法警察等。尽管该通知的合理性仍然受到质疑,雇主在其他职业中明显不应对雇员和求职者进行乙肝检测。

为什么雇主和医院敢于违反相关反歧视法律法规侵害雇员和求职者的基本权利?中国法律实施体系存在问题是一个重要原因。更具体地,缺乏有效的惩罚措施使雇主和医院违反法律的后果减轻甚至基本没有后果。目前,违法进行乙肝检测的雇主可处1000元以下的罚款。这一罚款的额度太低,没法防止雇主继续违法进行乙肝检测。医院协助雇主违法进行乙肝检测可被暂停体检服务资格。然而,曾受处罚的一所医院被报道暂停体检服务资格后仅仅过了1个月就恢复了这一资格。[①] 这些处罚措施对雇主和医院来说很难形成足够的压力。

BJ005和BJ015是现行或退休的政府官员,管理有关具有特定医学情况的人的信息。虽然他们的工作看来与本研究很相关,他们都否认了解有关基于健康状况的歧视的信息,并拒绝回答大部分的访谈问题。尤其是,他们没有提及任何遇到基于健康状况的歧视的个人经历。他们也拒绝帮助笔者联系他们知晓的其他政府官员。

BJ005和BJ015拒绝提供有关基于健康状况的歧视的信息说明,在研究中得到政府部门官员的合作很不容易。私下里,官员们可能更开放地表达他们的观点,但他们在涉及工作的话题时通常更为谨慎。尽管自2003年重症急性呼吸综合征疫情以来,公共卫生领域的信息特别是关于传染病的信息开始更频繁地公布。一些公共卫生官员仍然坚持传统观点,将这些信息作为秘密对待。

BJ024相信基于健康状况的歧视不是某一个别部门就能解决的问

---

① 参见刘小楠主编:《反就业歧视的策略与方法》,法律出版社2011年版,第231~236页。

题。他评论说,在应对这一歧视时仅有卫生部门是不够的。其他部门,如人力资源和社会保障部门与教育部门,也应更多参与执行反歧视政策。此外,BJ024 认为人民代表大会在应对基于健康状况的歧视中的作用被夸大了。他解释说,在当今中国,大多数健康相关的法律法规先由政府部门颁布并以规范性文件的形式出现。人民代表大会只在这种规范性文件在实践中经过相对长时间的适用变得更为成熟时才制定法律。

BJ024 的评论指出了人民代表大会在制定反歧视立法中可能存在的问题。在立法中,往往先由政府部门颁布规范性文件作为立法的前站。人民代表大会的代表对这种文件的草案提出建议,但不一定被采纳。因此,尽管人民代表大会的个人代表作出了许多努力推进中国的反歧视立法,但他们努力的效果很大程度上受到政府部门制定相关规范性文件中对他们意见采纳的限制。

6. B(c)组有关基于健康状况的歧视的经验

子小组 B(c)的人常常在他们参与审理有关具有特定医学情况的人的案件时遇到基于健康状况的歧视。BJ011,BJ026,BJ028 和 HZ005 都有参与审判有关乙肝就业歧视案件的直接经验。BJ027 审判过一个相关案件,其中一个乙肝病毒携带者要求地方卫生局公开一份有关在体检中禁止乙肝检测的卫生规范性文件。

尽管这个子小组中的人有相对丰富的经验通过司法过程应对基于健康状况的歧视,他们中不是所有人都愿意谈论这些经验。BJ011 审理过一个乙肝歧视案。他对披露该案件的直接信息非常谨慎。然而,他分享了一些他在处理该案时的感想。他说,在审判该案时,他受到了来自媒体的强大压力,因为原告将案件的司法过程报告了媒体并请求社会支持。由于该案发生在禁止专门乙肝检测的 2010 年通知颁布之前,因此很难判决。他不确定公共卫生局和医院是否要为在当时对原告进行乙肝检测承担责任。他在法庭中与双方都进行了协商。最终,原告撤诉。然而,他没有提及作为撤诉条件双方达成的协议。

BJ011 拒绝披露裁判文书显示了在中国公开判决还不是一个普遍实践。2009 年《关于司法公开的六项规定》声明:人民法院可以根据法制宣传、法学研究、案例指导、统一裁判标准的需要,集中编印、刊登各类裁判文书。除涉及国家秘密、未成年人犯罪、个人隐私以及其他不适宜公开的案件和调解结案的案件外,人民法院的裁判文书可以在互联网上公开发布。在 BJ011 审判的案件中,没有适用某一种上述导致不能公开判决的例外。因此判决应当公开。然而,BJ011 不愿公开判决。这一态度再次说明了中国司法公开的程度有时仍不令人满意。

BJ026,BJ028 和 HZ005 曾组成一个法庭审理了两个有关乙肝歧视的案件。在第一个案件中,原告起诉一家公司在发现他是乙肝病毒携带者后拒绝了他的工作申请。法庭没有受理这一案件,因为 BJ026,BJ028 和 HZ005 认为在求职者和公司之间没有形成劳动关系。在第二个案件中,另一个原告也因为携带乙肝病毒被拒绝工作申请起诉了一家公司。这一案件被一个下级法院受理。然而,下级法院发现支持原告请求的证据不足。同时,在工作开始申请时,还没有法律禁止在就业体检中进行乙肝检测。因此,下级法院驳回了原告的诉讼请求。接着原告上诉到了 BJ026,BJ028 和 HZ005 所在的法庭。他们的法庭回顾案情后维持了原判。

BJ026 说,在审理第二个案件中,法官感觉有关应对基于健康状况的歧视的诉讼请求可能成为一种新流行的案件类型,因此他们仔细研究了这一类型案件。BJ028 认为,当没有立法规制这一类型案件时,法官很难支持具有特定医学情况的人的诉讼请求。然而,她说可能在一些案件中法官能够作出突破性的判决。法庭书记员 HZ005 描述了第二个案件的上诉过程。他特别指出在有关基于健康状况的歧视的案件中,法官遇到的一个共同问题是这类案件的原告常常不能提供足够的证据。没有足够的证据,法官就没法支持他们的诉讼请求。

BJ026,BJ028 和 HZ005 审理上述两个案件的经历说明,在审理有关基于健康状况的歧视的案件中,至少存在下列问题。

第一,这类案件的受理率不令人乐观。BJ013 总结说,具有特定医学情况的人可以使用 3 种可能的案由将这类案件诉至法院:一是公务员或求职者诉政府的行政诉讼;二是关于雇主和雇员劳动关系的诉讼;三是要求保护人格权、工作权、受教育权等的诉讼。她找不到其他具有特定医学情况的人可以在诉讼中使用的案由。同时,法院在决定是否受理案件中享有较大的自由裁量权。BJ028 提出，当法官认为他们不适合审理有关基于健康状况的歧视的案件时，他们会拒绝受理这类案件。在决定是否受理有关基于健康状况的歧视的案件中，较少的案由和较大的法官自由裁量权阻碍了歧视受害者从司法制度中可能获得的有效救济。

第二，法官常被认为仅仅是法律的执行者。[①] 与其他许多法域特别是英国这样的普通法系国家不同，中国没有建立起系统的案例法制度。[②] 中国法官没有被普遍期待积极参与创设案例法或通过司法过程推动立法。许多法官因此没有兴趣在审理新类型的案件包括有关基于健康状况的歧视的案件中表现积极。

第三，中国的证据规则对基于健康状况的歧视受害者支持不够。在有关基于健康状况的歧视的案件中，被告常占据拥有证据的有利地位。然而，没有规则规定在这些案件中，举证责任应该适当转移给被告。相较而言，像英国这样的法域中，当原告难以或不可能获得证据时，证据法规中会转移举证责任给被告。[③]

BJ027 肯定了缺乏足够的证据是具有特定医学情况的人在法院主张其权利时的主要问题。她提供了一个她参与其中的案件。这个案件是关于一个乙肝病毒携带者要求地方卫生局公开一份有关在体检中禁止乙肝检测的政府文件。她不得不驳回原告的诉讼请求，因为缺乏足够的支持性证据。

BJ021 评论说，原告保护平等权利的诉讼请求很难证明。当前反歧视法中存在许多障碍。她还评论说，法官在作出判决时很多时候考虑的不仅仅是法律本身的问题。她说这是由于中国具有几千年的漫长的封建时期，在历史上司法权力就依赖于极强有力的行政权力。她对这种依赖性强的和自身力量不足的司法能否在短期内有效应对基于健康状况的歧视表示不乐观。

---

① 参见陈浩铨：《论刑事诉讼中的科学执法——严格执法与法官造法的二律背反与正解》，载《上海政法学院学报》2005 年第 1 期。

② See Partington, M, *Introduction to the English Legal System: 2012 – 2013*, Oxford University Press, 2013, pp. 74 – 233.

③ See Discrimination Law Association, *The Equality Act 2010*, DLA Annual Conference, Oct. 17, 2011.

法院目前在审判中的确存在独立性和创造性不足等问题。研究者Li Yuwen总结说,缺乏司法独立性是当前法院系统的五大问题之一。[①]加强法院的独立是未来司法改革中要关注的,也是建立更有效的反歧视制度中不可缺少的一个部分。

在笔者寻找相关司法材料中,法官HZ003帮了许多忙,但仍然不能向笔者提供一些有关歧视案件的原始判决。她解释说这是因为法院不允许向公众披露这些判决。她的话再次证实了今天司法公开的程度还不够高。

7. C(a)组有关基于健康状况的歧视的经验

子小组C(a)的人是具有特定医学情况的人的共事者。他们分为两种不同类型:具有特定医学情况的人的上司和仅仅是具有特定医学情况的人的同事。这两种类型的人对他们有关基于健康状况的歧视的经历描述不同。

(1)具有特定医学情况的人的上司

公司负责人HZ002,银行负责人BJ022和学校人力资源负责人BJ007是具有特定医学情况的人的上司。他们提出,在他们与具有特定医学情况的人的交流中,他们更多考虑在他们负责的机构或部门中保留这些人的收益和成本。因此,他们说,他们有时会对这些人区别对待。

HZ002否认他公司中存在基于健康状况的歧视。然而,他说,如果他公司中有一个乙肝病毒携带者或艾滋病毒携带者,他可能会对其"特别关注",包括将其调至其他岗位,要其请病假等。

在HZ002的故事里,尽管他强调他公司中不存在歧视,他事实上相信乙肝病毒携带者或艾滋病毒携带者与他人不同,应受不同对待。他的"特别关注"不可争辩地具有歧视性,因为乙肝病毒或艾滋病毒是终身携带的疾病,不可能通过请病假来治愈。不考虑一个人的工作能力和表现就将其调至其他岗位也是任意的对待。

同时,HZ002坚持他公司中不存在基于健康状况的歧视。然而,他指出如果有这种现象,公司会仔细考虑具有特定医学情况的人带来的

① See Chen, J, Li, Y and Otto, J, "Implementation of Law in the People's Republic of China", *Kluwer Law International*, 2002, pp. 55–83.

风险和公司的工作效率。歧视可能在同事间发生,这种情况下公司可能不会帮助具有特定医学情况的人。例如,如果一个乙肝病毒携带者被其他工作人员孤立,公司不会介入,除非这个乙肝病毒携带者把这一情况向公司报告且强烈反对这种不友好的氛围。如果这个乙肝病毒携带者持续报告这一情况,公司会进行讨论。如果这一情况构成"明显的不公正待遇"——意味着这种孤立将这个乙肝病毒携带者置于超越其能力或特长的境地,则公司会进行干预。然而,公司仅有的救济可能是让这个乙肝病毒携带者调换岗位。对基于健康状况的歧视没有个人惩罚,除非该歧视影响了整个公司的工作效率。HZ002 认为基于健康状况的歧视仅仅是一个个人道德问题,只能通过教育而非惩罚来处理。

HZ002 对基于健康状况的歧视的态度反映了许多公司负责人的一种典型观点——除非公司的利益受到损害,否则公司不会关注歧视或介入解决歧视问题。这一观点与当今的公司社会责任要求不符。一个负责任的公司应当更多关注一个会鼓励每个人工作效率的平等的工作环境,而不是任由工作场所成为歧视的温床。在一些法域,公司负有法律责任确保工作环境可接受,没有任意的歧视。例如,在英国,2010 年《平等法》要求,当雇员之间发生歧视时,雇主也应当承担责任。

BJ022 的部门中有过一个乙肝病毒携带者。当部门中的其他人了解这一信息后,他们向 BJ022 抱怨,并威胁说如果他们感染了乙肝病毒要向银行求偿。尽管 BJ022 知道乙肝病毒不会在工作场所的日常接触中传播,她感觉在这种压力下难以支持这个乙肝病毒携带者。最终,这个乙肝病毒携带者调往其他部门。

BJ022 了解乙肝病毒感染的正确知识,但她没法说服部门中的其他人员,最终把乙肝病毒携带者调往其他部门。这反映了仅有正确的知识不足以确保平等权利的保障。工作场所的压力可以改变一个雇主对具有特定医学情况的人的态度。BJ022 的故事再一次显示,许多公司不关心雇员的公正工作环境。相反,它们更关心它们自己的利益。

BJ007 负责为她的学校招聘教师。她不为她的学校招录乙肝病毒携带者或艾滋病毒携带者,因为她相信教师和孩子有亲密的接触,可能把他们的病毒传染给孩子,尽管没有医学证据支持她的这一确信。

BJ007 的故事表明,尽管拥有正确的有关特定医学情况的知识不能确保对具有这些情况的人的平等对待,坚持错误的有关特定医学情况的知识则无论如何会导致歧视。

此外,BJ007 说,她了解许多乙肝病毒携带者使用策略避免在就业体检中的专门乙肝检测。她解释说在为她的学校招聘新教师时,存在这些求职者可以钻的空子。在招聘前,她的学校会向有资格的申请者发放一张体检表格,要求他们带去就业体检。然后,申请者会带着表格去当地医院。在体检过程中,没有她学校的人陪伴监督体检过程。在当地医院体检中心的入口,医院会检查这些申请者的身份。在随后的体检中,医院只会在每项个别体检项目前核对每个申请者的姓名,而不再仔细检查他们的身份。因此,申请者有可能让他人冒充本人进行体检。有些雇主可能比她的学校采取更严格的体检政策。然而,就她所知,许多雇主都遇到了这种"虚假体检结果"的问题。她评论说,在中国很常见的情况是"哪里有政策对人们的权利自由进行限制,哪里就有对策突破这些限制"。

"虚假体检结果"问题的流行显示,在中国,法律和法规没有被严格遵守或执行。显然,当前的立法中存在漏洞。然而,一个有效的法律制度应当鼓励修改现有存在漏洞的立法,而不是鼓励人们钻空子。中国的法律制度应当继续完善,防止对法律的滥用或规避。

(2)具有特定医学情况的人的同事

中国共产党的干部 BJ018,大学行政人员 BJ008 和银行工作人员 SH001 与乙肝病毒携带者一起工作,但并不管理乙肝病毒携带者。他们报告说,一般情况下他们对与乙肝病毒携带者一起工作觉得舒适。

特别地,BJ018 与一个乙肝病毒携带者共用办公室。他们经常一起吃午饭。与上述 BJ022 的故事相比,BJ018 对与乙肝病毒携带者一起工作显示出一种相当容忍和乐意的态度。不过这也并不令人惊讶,因为 BJ022 是乙肝病毒携带者的上司,更关心整个工作地点的安全和效率。C(a)子小组中两种类型的访谈对象在与具有特定医学情况的人共事方面态度的区别对理解一个人的身份地位与其采取歧视性行为的可能性之间的联系是有用的。

8. C(b)组有关基于健康状况的歧视的经验

子小组 C(b)中的人在教育机构开展体检。他们提供了关于具有特定医学情况的人在教育中被如何对待的有用的信息。

HZ001 在她的学校中为学生和大学申请者组织体检。在过去的体检中，大学曾要求她区分具有特定医学情况的人。有时这些人在录取前或入学后被拒绝。现在基本上不再这样做了。HZ001 说她关心这些人，所以当她相信这些人不会传染他人时，她也会向周围的人宣传。她说，曾有一个携带乙肝病毒的学生与其他数人在一个宿舍里共住了 4 年，这些室友中无人感染乙肝病毒。

HZ001 的经历首先显示，对有些医疗项目的强制体检在高等教育机构中曾经流行。在 2010 年 2 月后专门乙肝检测已被明确禁止，现在的情况有所好转。不过第六章和本章前面的讨论显示，在一些教育机构中这一情况仍然常见。[①]

同时，HZ001 的行为也表明，高等教育机构中的诊所可能在发现具有特定医学情况的人后决定如何对待他们的事项上有相对重要的影响。这些诊所中的医生可以通过向教育机构中的人提供专业意见进行医学知识宣传帮助具有特定医学情况的人保护他们的权利。

9. C(c)组有关基于健康状况的歧视的经验

子小组 C(c) 中的人在医院组织体检。他们从医学专家的角度显示了对基于健康状况的歧视的态度。

HZ006 说，雇主和医院勾结对其雇员或求职者进行任意体检是很常见的。她提出，自在 20 世纪 90 年代开始医疗改革以来，医院开始专注于经济利益。体检是医院服务中一个有利可图的部分，所以医院有动机为了更多金钱协助雇主进行乙肝检测。因此，她认为基于健康状况的歧视极其难以消除，因为今天医院为其生存有巨大的赚钱压力。只要体检仍然作为一种赚钱的工具，任意检测就不可能禁止。她进一步谴责说，自医疗改革后，人们的良心开始败坏，很难限制人们的贪婪。尽管有许多法律法规要求医学专家应当对他们的病人负责并考虑病人的最佳利益，这些法律没有被严格遵守。缺乏良知导致了更多遭遇，包括基于健康状况的歧视。

---

① 参见北京大学法学院人权与人道法研究中心、联合国开发计划署、中国国际经济技术交流中心：《反对歧视艾滋病病毒感染者/病人与乙肝病原携带者/病人调研报告》，联合国开发计划署，2011 年，第 26 ~ 33 页。

如上所述，自20世纪90年代中期公务员招聘中开始包括体检要求起，体检制度开始流行。同时，20世纪90年代中期起，医疗改革在中国深入进行。更多私立医院建立，公立医院也在“完全自主”和“自负盈亏”的原则下开展工作。[①] 因为这些原则和缺乏监督，许多医院的工作重心开始从治疗疾病转向了赚更多钱。提供体检服务就是达到赚钱目标的一种方式。因此，当雇主付钱进行乙肝检测时，许多医院会不顾相关法律法规与雇主勾结。近期，卫生管理部门认识到了这一问题，要求其官员如BJ019等检查相关法规的执行，惩罚那些破坏相关法律法规的医院。然而，今天许多医院仍然秘密违反相关法律法规。[②]

学者如BJ010建议，强制体检制度应当禁止。他分析了该制度的利弊，得出结论说大部分当今的体检测试和结论是任意的，与工作或教育无关。因此不必要进行就业前或入学前的体检。他相信，只有在非常罕见的场合，例如，招聘一个具有真实被病毒感染威胁的临床医学专家，体检才是必要的。这些场合应由法律明确规定。

此外，自20世纪90年代中期开始深化的医疗改革在一定程度上导致了医疗界今天比较复杂混乱的局面和逐利歧视行为的发生。然而，这不是造成今天体检中乱象的唯一原因。事实上，社会道德滑坡广泛发生在当今几乎所有社会生活领域并受到普遍批判。不过，邹平林教授认为，“道德滑坡”这一抽象说法并没有揭示出当前道德困境的实质，也未能提供走出这一困境的有效途径。当今道德困境的实质是，随着社会生活的深刻变革，传统道德范式作为一个整体在现代社会丧失了其有效性。[③] 因此，基于健康状况的歧视发生也受到了社会和文化变革的深刻影响。

10. 访谈对象有关基于健康状况的歧视的经验总结

本部分的讨论为当今中国基于健康状况的歧视提供了一个生动的

---

① See Wang, S, Cai, A and Wang, Y, International Encyclopaedia of Laws: Medical Law, Vol. 1, *Kluwer Law International*, 2006, pp. 139 - 159.

② 参见北京大学法学院人权与人道法研究中心、联合国开发计划署、中国国际经济技术交流中心：《反对歧视艾滋病病毒感染者/病人与乙肝病原携带者/病人调研报告》，联合国开发计划署，2011年，第33~42页。

③ 参见邹平林：《道德滑坡还是范式转换？——论社会转型时期的道德困境及其出路》，载《道德与文明》2011年第2期。

图景。这一图景可以简要概括如下。具有特定医学情况的人因为他们的医学情况面临严重歧视。这一歧视可以来自外部世界,也可以来自他们的家人甚至具有特定医学情况的人本身。具有特定医学情况的人难以获得及时和有效的救济。有时他们就其遭遇进行申诉的努力甚至会威胁他们的人身自由。然而,在专业和有奉献精神的非政府组织和学者的帮助下,他们的申诉可能得到更成功的解决。人民代表大会的代表和官员通过建议反歧视立法支持具有特定医学情况的人。然而,许多政府官员对该歧视表现出了无动于衷的态度。此外,尽管法院受理了更多有关基于健康状况的歧视的案件,这些案件仍然难以通过当前不够独立和不够有效的司法制度获胜。在工作中,具有特定医学情况的人的上司更多考虑工作场所的利益,所以有时歧视具有特定医学情况的人。具有特定医学情况的人的同事通常更加容忍他们。教育机构中的医生可以协助教育机构在入学前后区分具有特定医学情况的人,但他们有时建议在教育机构中适当对待这些人。同时,由于体检能够增加医疗机构的经济利益,一些医疗机构的医生勾结雇主进行非法体检,恶化了基于健康状况的歧视。

因此,基于健康状况的歧视在当今中国确实仍然是一个比较严重的问题。该歧视以多种形式发生在广泛的领域中,并导致对具有特定医学情况的人的伤害。尽管有奉献精神的非政府组织和个人支持那些具有特定医学情况的人保护其平等权利,具有特定医学情况的人在寻求中国法律制度的帮助时仍遭遇了一些实质障碍,尤其是在将他们的权利保护请求诉至法院时。在日常生活中,他人可能出于对自己利益的关心而对具有特定医学情况的人进行不利对待,他们参与社会生活也需要更多的宽容和支持。

(三)访谈对象对基于健康状况的歧视的理解

1. A(a)组对基于健康状况的歧视的理解

如上所述,BJ009 曾经相信只有那些干坏事的人才会感染艾滋病毒。然而,在她通过输血感染艾滋病毒后,她认识到自己以前的确信是错误的。

BJ009 以前对艾滋病毒感染的观点——“只有那些干坏事的人才会

感染艾滋病毒”，在艾滋病疫情初期在大量中国人当中流行。① 然而，医学证据证实不属于“高危人群”的人——如吸毒者、性工作者、男同性恋者、农民工等以外的人，也可能感染艾滋病毒。事实上，通过输血感染艾滋病毒也是一个严重的社会问题。

通过输血感染艾滋病毒在20世纪90年代中期在发展较慢的一些省份发生。为了刺激经济增长，这些省份的当地政府鼓励贫穷的农民卖血给医院来赚钱。在农民和医院之间是血液代理——私人血头。这些私人血头通常不是有专业资格的医疗专家。他们不遵循任何基本卫生规则采血，也没有告诉农民这样做的危险性。因此，许多农民不知不觉中感染了艾滋病毒。他们携带艾滋病毒的情况直到20世纪90年代中期一些农民开始死于“未知疾病”才为人所知。② 自那时起，人们意识到了这一问题，对输血进行了规制。然而，好多人已经感染了艾滋病毒。由于害怕这种艾滋病疫情会引发大规模的恐慌，这些省份有的也没有及时公开艾滋病疫情信息，延迟了艾滋病毒的检测和预防，造成了艾滋病的进一步传播。③

BJ001说基于健康状况的歧视有多种形式，包括艾滋、乙肝歧视等。他认为在社会服务中排斥具有特定医学情况的人是一种严重的歧视。他也谈论了其他种类的歧视。例如，一个技术专家在其雇主发现其为乙肝病毒携带者后被调岗从事清洁工作。他相信这种对有能力完成其原本工作的人的苛待是一种非直接的基于健康状况的歧视。

作为一个乙肝病毒携带者的儿子，BJ016相信乙肝病毒携带者应与他人分开吃饭，而且这不是一种歧视的形式。尽管没有医学证据支持他的观点，他坚持认为他的观点是正确的。他的母亲起初认为与家庭分开吃饭是歧视，最终被儿子说服改变了自己的观点，自愿地与家庭分开用餐。这反映了一个人关于歧视的观点可能被周围的人影响而改

---

① See Dutka, O, “Turing A Weapon into A Shield: Using the Law to Protect People Living with HIV/AIDS in China from Discrimination”, *38 Columbia Human Rights Law Review*, 2006 - 2007, pp. 421 - 457.

② 参见高耀洁：《鲜为人知的故事：艾滋病、性病防治大众读本》，中原农民出版社2003年版，第1~30页。

③ See Mendes, E and Srighanthan, S, *Confronting Discrimination and Inequality in China: Chinese and Canadian Perspectives*, University of Ottawa Press, 2009, pp. 3 - 152.

变,无论这种改变是否合理。

总之,子小组 A(a)的人对基于健康状况的歧视的定义和何种情况构成这种歧视有不同观点。人们的立场很大程度上取决于他们对这种歧视的个人经历。BJ001 协助了超过 200 个具有特定医学情况的人主张其权利。他对基于健康状况的歧视更有经验,当一个可疑行为发生时能迅速确认下来。反之,BJ016 的母亲起初坚持认为单独用餐构成歧视,后在儿子的劝说下改变了观点。她对基于健康状况的歧视的理解模糊不清且易动摇。同时,对乙肝病毒的误解在公众甚至乙肝病毒携带者的亲属中仍然流行。作为一个律师,BJ016 实际上坚持了关于乙肝病毒传播的错误观点。

2. A(b)组对基于健康状况的歧视的理解

健康非政府组织律师 BJ002 相信,只要一个人的健康状况与其工作能力没有直接联系或不会造成他无资格从事某项工作,这个人就应得到平等对待。他总结说在大学招生和公务员招聘中有许多形式的直接歧视。尤其是,他评论 2004 年河南省公务员招聘体检中女性“乳房对称”的要求时说,不知道在招聘女性公务员时为什么会有这样一条荒唐的规定。“乳房对称”与一个人的工作能力有任何关系吗？乳房对称的女性比其他女性工作得更好吗？招聘公务员不等于招聘模特。

BJ020 认为基于健康状况的歧视在人力资源管理和高等教育招生中仍然严重。尽管自 2005 年起公务员体检标准已经修改,在高等教育招生中的体检标准仍然存在。在实践中,许多高等教育机构仍然要求“申请者五官端正”。许多高等教育机构也在招录研究生时要求进行专门乙肝检测。此外,基于健康状况的歧视在军队和警察招聘中仍然存在。BJ020 评论说,在中国曾有许多直接歧视的案件。自 2010 年禁止乙肝检测的通知颁布之后,出现了更多间接歧视。今天,公司仍然非法进行乙肝检测。他们强迫雇员或求职者签署一种“乙肝检测知情同意书”,以规避政府部门的惩罚。

作为为具有特定医学情况的人工作的法律专家,子小组 A(b)中的人对基于健康状况的歧视更有经验,在确认这种歧视时比公众更有把握。他们指出的那些例子是社会中发生的典型情形。他们发现的一个重要现象是当今基于健康状况的歧视采取更为隐蔽的形式。此外,在表格上强迫签字授权公司进行乙肝检测的行为侵犯了公司雇员和求职者的隐私权与行使思想和表达自由的权利。只要他们的病毒感染情况不影响国家或他人的利益,就应当属于公司无权了解的隐私。

3. A(c)组对基于健康状况的歧视的理解

BJ010 总结说:"艾滋、乙肝、丙肝、糖尿病、肺结核、麻风病、抑郁症、色盲、不对称的乳房、单肾、白细胞计数偏高、地中海贫血基因等,都是歧视的原因。"他认为"疾病"不意味着"缺陷"或"不足"。任何人都可能在其一生中某些阶段患病。BJ010 总结说他经历的"最常见的基于健康状况的就业歧视案件"发生在政府部门在公务员招聘中拒绝乙肝病毒携带者的案件。

对 BJ010 来说,今天对术语"疾病"的理解应当更关注其社会视角而非仅仅是医学视角。近年来法律在残疾事项上的发展也已证实从更多社会视角来考虑一个医学术语是一个现代社会中更人性化、有建设性和权利导向的做法。[①] 通过发展对"疾病"的理解,人们更容易认可基于健康状况的歧视的不公正,进而反对歧视。BJ010 的观点表明,子小组 A(c)中的人对相关医学情况的知识和基于健康状况的歧视有更先进的理解。

4. B(a)组对基于健康状况的歧视的理解

BJ014 说,在中国的立法中仍然没有"歧视"的定义。一个人可能需要参考国际法和其他法域的国内法来明确"基于健康状况的歧视"的含义。她认为,当前中国法未能为确认和理解基于健康状况的歧视提供足够的理论和实践法律指引。

作为人民代表大会的一个官员,BJ014 发现当前中国反歧视立法中可能最显著的漏洞是中国法中根本没有包含"歧视"的定义。因此,歧视受害者想在法院证明存在歧视极为困难。当然,在国际法和其他法域的国内法中提供了许多我们可以学习的定义。然而,中国法仍需要在未来更清晰地定义"歧视"。因此,子小组 B(a)中的人在理解基于健康状况的歧视时更关注"歧视"的定义问题。

---

① 参见李志明、徐悦:《树立新型残疾人观,促进残疾人社会参与和融合》,载《社会保障研究》2010 年第 1 期。

5. B(b)组对基于健康状况的歧视的理解

如上所述，BJ025 认为当今中国有 4 种主要类型的基于健康状况的歧视：基于乙肝、艾滋、基因和精神病的歧视。在这些歧视中，基于精神病的歧视比其他 3 类歧视更为严重。他解释说，许多精神病人没有严重的精神失常，却被利益相关方，如他们的家庭、雇主和本地机构等夸大了病情，送到精神病院接受强制治疗。他还解释说在一些极端案件中，即使没有精神病的人也被送到精神病院作为精神病人对待。

他对“被精神病”现象的解释是一个因为感知而非实际医学情况而受歧视的例子。这是基于健康状况的歧视的一种极端形式。它扩展了人们对这种歧视类型的理解，揭示了在精神卫生领域实施一部普遍的权利保护法律的重要性。BJ025 的观点显示，子小组 B(b) 中的人可能通过他们与具有特定医学情况的人的接触对基于健康状况的歧视有非常深入的理解。

6. B(c)组对基于健康状况的歧视的理解

对于何种情形可能构成“基于健康状况的歧视”的问题，法官们根据司法经验表达了他们的看法。BJ026 说个人难以获得足够证据证明他们受到歧视。这时，法官几乎不能在法庭上帮助这些个人，因为这些案件中的举证责任仍在原告身上。BJ028 也证实法官通常没法在审判有关基于健康状况的歧视的案件中作出突破。她解释说如果原告能自己找到足够的证据，法官更易于支持他们的请求。HZ005 提出了“基于健康状况的歧视”与“健康权”之间的区别。他说，在司法实践中，请求保护健康权比保护健康领域的平等权更容易，但后一诉求不能简单地用前一诉求来代替。许多原告面临这一问题。BJ013 和 BJ021 也评论说，有关基于健康状况的歧视案件的归类存在混乱。他们指出，如果有一个专门的“健康平等权”案由，围绕有关基于健康状况的歧视案件的整个司法过程都会更顺利。

所有上述法官的评论显示，子小组 B(c) 中的人认为下列两个因素在基于一个人的健康状况提起平等权利诉求时很重要：第一，有足够证据证明一个可疑的歧视行为是由于一个人的健康状况而作出的；第二，在司法过程中对有关基于健康状况的歧视案件进行更多确认。然而，尽管这些法官表达了上述考虑，他们发现他们目前很难做什么来帮助解决这些问题。他们的态度再次证明了当前中国的司法部门在所有部门中的相对弱势地位以及法官在反歧视问题上还很缺乏作出独立和有创造性的判决的机会。

7. C(a)组对基于健康状况的歧视的理解

如上所述,学校人力资源负责人 BJ007 相信教师与孩子有直接接触,会将他们的病毒,如乙肝或艾滋等传染给孩子。她不了解正确的知识,因为乙肝或艾滋病毒仅能通过人与人之间的直接的血液接触或通过受感染者的精液或阴道分泌物传播。乙肝或艾滋病毒不能在工作场所的日常接触中传播。主要因为具有这种错误的知识,她在招聘教师时歧视乙肝病毒携带者和艾滋病毒携带者。

一些其他的雇主拥有对医学情况的适当了解,但他们仍然歧视具有这些情况的人。例如,公司负责人 HZ002 知道艾滋病毒的传播途径,但他说在他的公司里不可能招聘艾滋病毒携带者,因为其他人会害怕,不愿意和艾滋病毒携带者共事。这一例子说明雇主关于医学情况的正确知识不能确保在工作中给予具有特定医学情况的人平等机会或待遇。

HZ002 的谈话看来暗示着,如果工作场所的所有人都对特定医学情况有正确认识,具有特定医学情况的人就不会成为歧视受害者。然而,在实践中,这一假设很难达到。首先,如上所述,作为歧视理由的医学情况十分多样。随着医学发展,它们的传播途径也会被不同界定。其次,雇主可能不愿承担责任教育他们的雇员关于医学情况的知识。HZ002 提出:"负责人没有权利控制雇员的想法。如果他们坚持认为一起工作会传播病毒,我们没法叫他们不相信这个。"银行负责人 BJ022 同意他的观点。她报告说她的部门中曾有一个乙肝病毒携带者。部门中的其他人员向她抱怨并威胁说如果他们感染了乙肝病毒要起诉银行求偿。尽管她个人了解乙肝病毒不会在工作中传播,她没有试图说服雇员们改变看法。反之,她将这个乙肝病毒携带者调往其他部门。其他雇员的压力迫使这些雇主不顾其自身认识作出了歧视决定。

自 2010 年起,就业体检中的专门乙肝检测被禁止。然而,许多访谈对象报告说就业体检中的专门乙肝检测仍很常见。BJ007 承认,直到受访时,她的学校还在工作申请中进行乙肝检测。一旦学校发现了乙肝病毒携带者,就会拒绝他们。她说:“没有权威机构让我们不要这样做,所以我们就延续了我们的传统体检程序。”这暗示着禁止乙肝检测的执行不力。在禁止基于健康状况的歧视中亟须更有效的法律实施制度。

因此,子小组 C(a)中的人,尤其是具有特定医学情况的人的上司,对基于健康状况的歧视仍有或多或少的误解。这些误解部分源自于对一些医学情况的不正确的知识,部分源自于他们对禁止这一歧视的立法的错误态度。

8. C(b)组对基于健康状况的歧视的理解

作为一个大学诊所中的医生,HZ001 对乙肝和艾滋病毒的传播非常了解。她说因为乙肝和艾滋病毒有限的传播途径以及不会通过教育和工作中的日常接触传染,有可能“在这些环境中的任何区别对待都构成对这些人的歧视”。她建议在大学中对这些人不要区别对待,曾支持一个携带乙肝病毒的学生和他人共住宿舍。

HZ001 的表现说明,子小组 C(b)中的人可以使用他们的专业地位为具有特定医学情况的人推动教育中的非歧视环境。至少,他们可以传播某些疾病的正确知识。只要他们愿意这样做,他们甚至可以影响教育机构对待这些人的政策。这涉及一个专业伦理问题,教育机构中的医学专家应当使用符合其服务对象最佳利益的方式对待其服务对象。HZ001 是一个人们学习的好榜样。

9. C(c)组对基于健康状况的歧视的理解

子小组 C(c)中的人没有就该事项发表专门的评论。

10. 访谈对象对基于健康状况的歧视的理解总结

本部分的讨论显示了访谈对象中对基于健康状况的歧视的多样化理解。尽管具有特定医学情况的人可能最了解他们自身的情况,他们中的许多人不能较好地确认基于健康状况的歧视。相对而言,非政府组织工作者和学者在处理基于健康状况的歧视时更有经验,因此对这种歧视有较先进的理解。在立法部门,一些人民代表大会的代表发现中国法中缺乏合适的“歧视”定义。在行政部门,一些政府官员通过管理具有特定医学情况的人的数据,显示出对基于健康状况的歧视也有相当的了解。同时,也有一些其他政府官员拒绝分享他们对基于健康状况的歧视的理解。在司法部门,许多法官对在法院确认基于健康状况的歧视的困难十分了解。此外,在工作中,尽管具有特定医学情况的人的一些上司对这些医学情况有正确的了解,他们仍然根据他们对工作场所利益的考虑,对具有特定医学情况的人进行不利对待。在教育中,许多教育机构的医生了解医学情况的正确知识,有时可以使用这些知识减轻基于健康状况的歧视。

因此,尽管对基于健康状况的歧视的理解可以影响一个人对这种歧视的态度。这种理解在采取歧视性行为时不是决定性的。一些人并不了解太多基于健康状况的歧视,仍然对这些歧视受害者表现出同情。而另一些人尽管对基于健康状况的歧视了解很多,仍然歧视具有特定医学情况的人。

(四)访谈对象认为基于健康状况的歧视的原因

1. A(a)组认为基于健康状况的歧视的原因

BJ003 说他不是人类学家,但他相信社会是严重歧视问题的一个原因。他认为:"当前社会像是'动物世界'。"人们在这个世界中恃强凌弱。只有最强壮的人才能生存。他相信当前歧视的关键问题是:"大多数人没有信仰。如果还有信仰,人们就会更尊重'神圣不可侵犯的权利'。"

BJ001 认为对乙肝病毒携带者的歧视有 3 个主要原因。一是政府行为的错误。公务员招聘的体检标准导致了大规模的基于健康状况的歧视。二是立法错误。例如,1995 年《食品卫生法》规定,凡患有痢疾、伤寒、病毒性肝炎等消化道传染病(包括病原携带者),活动性肺结核,化脓性或者渗出性皮肤病以及其他有碍食品卫生的疾病的,不得参加接触直接入口食品的工作。1987 年《公共场所卫生管理条例》规定,患有痢疾、伤寒、病毒性肝炎、活动期肺结核、化脓性或者渗出性皮肤病以及其他有碍公共卫生的疾病的,治愈前不得从事直接为顾客服务的工作。三是不正确乙肝广告的猖獗。自 20 世纪 90 年代中期起,这些广告丑化乙肝病毒携带者,夸大感染乙肝病毒的可能性。这些广告强烈恐吓了当时没有太多乙肝知识的公众。他总结说上述 3 个原因中,政府行为和立法的错误更严重。政府行为和立法不仅直接剥夺了乙肝病毒携带者的权利,还错误地散布了乙肝病毒会在共餐或共事中传染的信息。这种不正确的信息散布比任何传播正确乙肝知识的科教节目都更有影响力,因为政府行为和立法具有权威性和执行力。类似地,艾滋病人/艾滋病毒携带者也遇到了政府行为和立法不正确的问题,受到严重歧视。这些问题在导致基于健康状况的歧视中扮演了重要的角色。

子小组A(a)中的人对他们为什么受歧视有很不同的观点。BJ003专注于社会和心理因素。在他的理解中,缺乏合适的信仰是歧视的根本原因。然而,仅仅有某种宗教信仰就能禁止歧视的观点存在疑问。在许多至少有一种主要宗教信仰的国家,对女性、黑人或残疾人的歧视也很严重。例如,在英国历史上,尽管英格兰自16世纪起就成为一个基督教国家,它在奴隶贸易中涉入很深,直到19世纪早期才停止将黑人作为动物对待。[①] 很难有证据证明有了宗教信仰就能禁止歧视。反之,BJ001强调官方的错误,包括政府行为和立法的错误,是歧视的主要原因。尽管不正确的广告也是歧视的帮凶,但还比不上官方的错误影响严重。他的回答提出国家要承担歧视的主要责任。一旦官方错误得到纠正,私人领域的歧视也会更容易解决。

2. A(b)组认为基于健康状况的歧视的原因

BJ020同意BJ001的观点,认为基于健康状况的歧视的主要来源是政府行为。他认为,高等教育招录自20世纪80年代起、公务员招聘自20世纪90年代起建立了强制体检制度中的专门检测,如乙肝检测。在公共机构和国有企业中的招录体检随后出现。私人领域中的体检,例如,许多私人公司和外国公司,学习了公共领域的经验。因此,基于健康状况的歧视起源于强制的行政权力。政府行为对私人领域的歧视树立了一个坏榜样。这是一种制度性歧视。尽管一些歧视性的法律和政策现在已被修改,许多其他歧视性的法律和政策仍然存在。目前,歧视从明显的歧视向隐蔽的歧视发展。

BJ020提及了非歧视法律中一个重要的概念——"制度性歧视"。根据研究者Carol Fox的观点,这一概念强调"组织中的个人被假定不知不觉地、不经意地、无意地歧视受保护群体的制度失败"。[②] 制度性歧

---

① Gunn, J, "Creating a Paradox: Quobna Ottobah Cugoano and the Slave Trade's Violation of the Principles of Christianity, Reason, and Property Ownership", *21 Journal of World History*, 2010, pp. 629 – 656.

② Fox, C, "Institutional Discrimination", *88 Employment Law Bulletin*, 2008, pp. 4 – 6.

视通常反映了一些历史很长、在本地文化中扎根很深的歧视形式。在美国和英国,种族歧视和性别歧视属于这种类型的歧视。[1] 基于健康状况的歧视可以被认为是中国的一种"制度性歧视",因为它在中国有大约3000年的漫长历史。中国基于健康状况的歧视的漫长历史暗示着,中国的传统社会和文化没有足够重视严重的社会不平等问题。尤其是,长期中央集权的政治和经济制度与注重维护等级制的社会和文化结构是持续不平等的潜在原因。由于这种制度和结构在21世纪发生了巨大的转变,今天应对基于健康状况的歧视的制度环境更有利一些。

BJ002总结说基于健康状况的歧视的主要原因是中国人心目中缺乏一个真正的平等概念。他认为,中国人已经有了表面的平等观念,同意平等是重要的;然而,在内心深处的想法中,许多中国人没有一个真正的平等理念。许多人教育孩子时恐吓说:"如果你不努力学习,将来只能去扫大街。"这是一种典型的职业不平等的观点。甚至政府官员有时也有很强的不平等思想。BJ002相信,除了政府的影响外,不同社会阶级之间的巨大不平等也使在中国人中建立起真正的平等观念显得异常艰难。尤其是,在理解基于健康状况的歧视时,身体上没有某种毛病的人经常觉得比身体上有病的人更优越。同时,身体上有病的人经常觉得自己低人一等,不值得受尊重。这种感受强化了偏见和歧视。此外,BJ002提出基于健康状况的歧视存在一个特别原因:正确知识的缺乏。他讨论说,在艾滋病疫情早期,因为人们不了解艾滋病毒的传播途径,他们害怕在共事中或甚至仅仅与艾滋病毒携带者站在一起时就会感染艾滋病毒。许多其他的医学情况,如乙肝、糖尿病、血友病、地中海贫血基因等,也由于中国人的长期歧视观念和缺乏正确医学知识成为歧视的原因。此外,法律、法规、规章和地方政策中的歧视性条款,也是歧视的一个重要原因。这些歧视性条款也是人们心中植根的歧视观念的一个制度展现。总之,BJ002认为歧视性的文化是基于健康状况的歧视的一个基础,歧视性的制度包括法律和政策强化了心目中的歧视。

因此,子小组A(b)中的人广泛解释了基于健康状况的歧视的原因。诸如孔子等思想家在中国很早就确认了平等的一般性观念。然

[1] McCrudden, C, "Institutional Discrimination", *2 Oxford Journal of Legal Studies*, 1982, pp. 303 – 367.

而,人们发现中国基于健康状况的歧视发生甚至早于这些平等观念而存在。反歧视观念和歧视性行为之间的差距看来在一定程度上佐证了BJ002的论点,即中国人心目中缺乏一个真正的平等理念。当然,就像BJ020所认同的,制度性因素也很重要。因此,禁止歧视必须同时改变可见的制度和不可见的观念。

3. A(c)组认为基于健康状况的歧视的原因

BJ010相信基于健康状况的歧视最重要的原因是缺乏知识、偏见和片面追求完美。缺乏知识意味着人们特别是雇主不知道健康状况并不必然与工作能力相联系。偏见是雇主的一种信念:具有特定医学情况的人没有工作能力,不能很好地完成工作,还会在工作场所传染病毒。片面追求完美表现为雇主愿意或倾向于招聘所谓"完美的"雇员。雇主没有意识到所谓"完美的"健康与工作表现没有直接关系。这3个原因反映了中国传统文化中的一个问题:不宽容。他说,中国传统文化强调主流或同质,不鼓励多元化或多样性。中国社会不经常认可非主流的文化。因此,他总结说,如果一个人的身体存在问题,就可能被认为是不完美的,是工作能力不足。

BJ010的观点显示了子小组A(c)中的人分享的一种典型观念,即中国传统文化要为制造不宽容的社会氛围催生歧视观念而负责。然而,中国传统文化强调主流和同质是由一些历史原因造成的。在秦朝以前,中国存在许多不同的思想流派。这些流派发展活跃。在秦朝建立以后,封建皇帝亟须国家中央集权的过程中发生了"焚书坑儒"等运动。上述思想流派的书籍被焚毁,学者被屠杀。在秦朝之后,汉朝的皇帝开始强调儒家思想在封建王朝统治中的作用。皇帝开始了一项"罢黜百家,独尊儒术"的新政策。自那时起,经过统治阶级改造的儒家思想成为中国传统文化的主流。[①] 经过几千年的发展,统治者认可的儒家思想变得越来越严格,也不再允许对儒家经典作品的不同理解。最终,这种传统文化阻碍了中国社会的发展。尽管在19世纪中国被外国入侵时,这种传统文化很大程度上被动摇,它仍然顽固地占据了许多人的心灵。直到今天,这种传统文化仍是基于健康状况的歧视的一个重要

---

① 参见马新、杨朝明、刘德增、杨守森:《中国传统文化要论》,高等教育出版社2003年版,第65~81页。

因素。

4. B(a)组认为基于健康状况的歧视的原因

BJ014认为基于健康状况的歧视的一个原因是中国法没有定义"歧视"的含义。缺乏一个合适的定义,难以理解这种歧视是如何构成的。

就像其他子小组B(a)中的人,BJ014专注于从立法视角解释歧视的原因。她很了解当前中国反歧视方面的立法,指出了其中的缺陷。然而,她没有指出是否这些缺陷是由立法者自身或是其他原因造成的。仅仅了解当前立法中的缺陷不足以迅速修改或制订新的立法。探究立法者为什么不能一开始就把法律起草得更好也很重要。在此基础上,人们可以尝试找到更合适的方式来修改现有立法。

5. B(b)组认为基于健康状况的歧视的原因

BJ025总结说,基于健康状况的歧视有6个主要原因。第一,人们害怕他们会受病毒传染。从个人利益的角度看,这是一个合理的考虑。例如,临床医学专家通常在手术前对他们的病人进行艾滋病毒检测。在一些医院,如果不进行这项检测,医生不肯做手术。然而,在有些情形下,医生不让病人知道他们进行艾滋病毒检测。直到要求病人付手术费时,他们才被告知进行了这项检测。这种秘密检测侵犯了病人的知情权。第二,歧视来自厌恶。这种厌恶经常是不合理的,受到媒体甚至政府错误政策的影响。例如,直到今天,吸毒者和性工作者仍然广受厌恶,因为政策和媒体常常将他们作为罪犯或罪人对待。[①] 第三,错误的立法和决定也是歧视的原因。在一些地方,警察逮捕男同性恋者,因为警察可以从中获得非法罚款。这是应对基于艾滋病毒的歧视中的一个重要障碍。第四,法律实施制度不严格。这在中国是一个严重问题。尽管国务院和卫生部门颁布了许多法规措施保护艾滋病人/艾滋病毒携带者,执法部门不能经常积极执行这些法规,因为他们不能从执行中获利。第五,一些机构,如法院和公共卫生部门的权力较弱。卫生部门经常是所有政府部门中权力最弱的部门之一。他认为,大约60%的医疗机构歧视具有特定医学情况的人。这是因为当今的医疗改革迫使公立医院像私立医院一样赚钱。由于政府向艾滋病人/艾滋病毒携带者提

---

① See Mendes, E and Srighanthan, S, *Confronting Discrimination and Inequality in China: Chinese and Canadian Perspectives*, University of Ottawa Press, 2009, pp. 184 – 268.

供免费医疗，许多医院没有动力执行这些法规。这些医院会想办法避免治疗艾滋病人/艾滋病毒携带者。第六，缺乏知识也是一个重要因素。苛待具有特定医学情况的人导致更多基于健康状况的歧视。

BJ025 的结论较为全面地总结了基于健康状况的歧视的原因。这些原因包括立法、行政、医学、观念和心理等方面的因素。这一较为全面的结论反映了他对基于健康状况的歧视的仔细观察和深刻理解。因此，子小组 B(b)的人特别是那些在卫生行政部门工作的人可能对基于健康状况的歧视如何持续发生非常了解。这体现了政府官员对基于健康状况的歧视的数据掌握较好。如果他们更愿意在应对歧视中扮演一个积极的角色，具有特定医学情况的人会得到更好的待遇。

6. B(c)组认为基于健康状况的歧视的原因

BJ011 评论说，在有关基于健康状况的歧视的案件中，主要问题是相关法律和法规之间关于歧视现实和公共卫生管理要求的冲突。法律和法规的含糊使权利诉求变得困难。现实中歧视盛行。公共卫生部门面临平衡公共卫生管理和权利保护的困境。所有这些问题很难解决。他说，许多法官愿意支持具有特定医学情况的人的诉求，因为他们受到强烈的来自媒体和社会支持这些人的压力。然而，这些案件存在风险，许多法官不敢深入参与到这些案件中。

BJ021 特别提出，在司法制度中，法官和官员不敢表达他们的个人意见。他们被严格的制度所限制。在司法制度中法官的能力有时不太重要，其他因素起了更重要的作用。因此，法官没有动机提高他们的司法能力。他们作出判决时也不太自由，要考虑其他很多因素。她认为，在上千年时间里，中国一直是一个封建帝国，现有的司法制度仍然受到封建时代的许多不良思想影响。

子小组 B(c)中的人认为现有司法制度阻碍了他们在法院支持具有特定医学情况的人。这一观点现在被广泛分享。研究者卢杰锋调查了许多法官，得出结论说，目前就业歧视诉讼仍不流行而且有些敏感。[①]他的观点肯定了司法制度应当作出一些实质性的改变，以更有效地应对基于健康状况的歧视。

---

① See Lu, J, "Curb Your Enthusiasm: A Note on Employment Discrimination Lawsuits in China", *10 Richmond Journal of Global Law & Business*, 2010 - 2011, p. 225.

7. C(a)组认为基于健康状况的歧视的原因

HZ002 相信,基于健康状况的歧视的主要原因是人们由于缺乏科学知识或受媒体影响而对特定疾病存在误解。将艾滋病或乙肝等疾病与其他易于在工作场所感染的传染病混淆造成了歧视。公司希望招聘"最健康的"雇员,所以招聘中的体检仍是必须的。

HZ002 的观点反映了 C(a)子小组中一些人的共同想法,特别是那些公司负责人。然而,谁是"最健康的"雇员? 这一含糊的界定没有标准。同时,随着现代医学的发展,许多传统绝症现在可治愈或变成了慢性病。这些疾病治疗中的变化使更多处在劳动年龄的人可能持续工作。因此,坚持雇佣"最健康的"雇员是过于任意的行为。即使某人在招聘时看起来很健康,也可能有某种不可见的疾病或在未来患上疾病。何况即使是"最健康的"雇员也不能保证在工作中有持续的良好表现。

8. C(b)组认为基于健康状况的歧视的原因

HZ001 也认为对特定疾病如乙肝传播的误解可以造成歧视。她说,一些大学生不希望和乙肝病毒携带者共住宿舍,因为他们不了解仅仅同住一屋不会传染乙肝病毒。

因此,C(b)子小组中的人注意到了学生中的一些错误观念。因为对一些疾病的误解较深,当歧视行为发生时,教育机构的医生介入并在学生中传播关于这些疾病的正确知识很重要。

9. C(c)组认为基于健康状况的歧视的原因

HZ006 相信,任意体检应是基于健康状况的歧视的一个原因。在医疗改革后,医疗机构被迫更多关注经济利益。他们为赚钱忽视了他们的良心和法律法规指明的行为准则。

基于健康状况的歧视确实通过体检制度而流行。然而,子小组 C(c)中的人只批评了医疗机构在体检中非法检测的错误。他们没有考虑体检制度本身的必要性问题。与 BJ010 相比,这些医生的态度并不激进。尽管这些医生谴责了体检制度的缺陷,他们没有提议废除这一制度。

10. 访谈对象认为基于健康状况的歧视的原因总结

本部分的讨论搜集了 35 位访谈对象有关基于健康状况的歧视的原因的观点。这些观点可做如下概括。具有特定医学情况的人对他们遭遇歧视的原因看法比较多样化。一些着重于信仰,另一些更现实。更现实的原因有以下一些:第一,官方错误(包括政府行为和立法的错误)是歧视的主要原因;第二,不正确的医学广告恶化了歧视。非政府组织工作者也相信,几个因素主要影响了基于健康状况的歧视:第一,制度错误(如歧视性的政府行为)和歧视性的法规对这种歧视很重要;第二,自很久以前开始的传统文化中歧视性的观点是这种歧视的重要理论基础。学者则总结了以下一些原因:第一,缺乏医学情况的科学知识;第二,长期偏见;第三,片面追求完美;第四,专注于主流和同质的中国传统文化。人民代表大会的代表和官员强调歧视发生的一个重要的立法上的原因是中国法中缺乏"歧视"的定义。法官则相信,法院缺乏独立性和创造性以及司法整体的环境应受谴责。一些政府官员提出以下6个因素是歧视的原因:第一,受感染的恐惧;第二,厌恶;第三,错误的法律文件和政策;第四,软弱的法律实施制度;第五,缺乏医学情况的知识;第六,赚钱的考虑。试图招聘"最健康的"雇员,具有特定医学情况的人的上司有时会歧视具有特定医学情况的人。此外,教育机构的一些医生认为缺乏对特定疾病的知识是歧视的主要原因。而医疗机构的一些医生认为医疗机构出于经济利益考虑任意体检是基于健康状况的歧视的主要原因。

因此,一些因素被上述访谈对象广泛认为是基于健康状况的歧视的主要原因。它们包括:第一,不足的和歧视性的法规;第二,错误的政府行为和软弱的法律实施制度;第三,不够独立的和不够有效的司法系统;第四,非政府行动者缺乏参与;第五,对医学情况的不正确知识;以及第六,传统等级制文化造成的长期歧视性观念。这些法律和非法律的因素互相交织,造成了中国基于健康状况的歧视长期难以解决。

(五)访谈对象对现有反歧视制度的评论

1. A(a)组对现有反歧视制度的评论

BJ001评论说,现有反歧视制度有许多缺陷。第一,在立法中,自2005年起,法律和规章已经修改;然而,仍然有规则与这些反歧视法冲突。第二,在行政中,通过行政监督法律实施是不可靠的。行政部门的低效率和有限的行政惩罚限制了行政手段的作用。以对乙肝病毒携带者的歧视为例,在2007年《就业服务与就业管理规定》中,违法进行乙肝检测最高罚款1000元。这一数额比中国大多数职业的月平均工资更低。这一轻微的处罚对减少违法乙肝检测作用非常有限。第三,法律制度中最显著的问题是司法的软弱。尽管与十年前相比反歧视诉讼在法院更频繁,要使这些案件被法院受理和适当地审理一般还是不太容易的。法院不受理这些案件、提供证据的困难和赔偿低是审理有关基于健康状况的歧视案件中3个主要的不足。许多法院不肯受理这些案件,当案件发生在就业领域时会找理由说这些案件应当经过劳动仲裁程序。然而,这一理由是不合理的,因为在招聘过程中雇主和求职者的劳动关系尚未建立,无法主张劳动仲裁。

反歧视诉讼的另一个障碍是原告难以向法院提供足够的证据。2017年《民事诉讼法》第65条第1款要求:"当事人对自己提出的主张应当及时提供证据。"然而,在歧视诉讼中,被告也即雇主通常持有证据。作为雇员或求职者的原告很难取得证据。即使原告获得胜诉,他们能得到的赔偿也很少。因为歧视常发生在招聘中,原告和被告之间尚未建立起劳动关系,一般不产生直接经济损失——工资损失。要寻求赔偿,原告应主要要求精神损害赔偿。在实践中,精神损害赔偿额度标准比较低,获得精神损害赔偿的条件也很严格,原告需要证明确实因为歧视受到损害。有的法官认为,死亡案件赔偿金还很低,一个人不能仅仅就歧视的问题,狮子大开口索要大量精神损害赔偿。这一司法问题也同立法缺陷有关。除了上述《就业服务与就业管理规定》,对雇主歧视具有特定医学情况的人没有更详细的惩罚规定。

并不是子小组A(a)中的所有人都像BJ001那样仔细分析了现有的反歧视制度。这主要是因为BJ001是一个健康非政府组织建立者,他的工作专注于这一事项。该子小组中的其他人对当前反歧视制度的了解相对有限。其他人了解最多的是他们被诊断患有某种疾病或在疾病控制中心治疗时医学专家告诉他们的政策。然而,这种有限的了解不意味着他们远离反歧视制度;相反,他们是那些实际运用着这一制度寻求他们的反歧视请求得到支持的人。他们对这一制度的无知再次表明了当今的反歧视制度在实践中发挥的作用不足。

2. A(b)组对现有反歧视制度的评论

如前所述,BJ002认为长期不公正的就业法律、法规、规则和地方政策构成了“制度性歧视”。正是这些法规和政策强化了歧视性想法,使歧视性行为在实践中更可接受。

BJ020 提出,立法和行政部门通过一些积极变化反对基于健康状况的歧视。立法者在 2007 年《就业促进法》中增加了一个条款,要求:“用人单位招用人员,不得以是传染病病原携带者为由拒绝录用”。这反映了人民代表大会愿意通过改变立法应对基于健康状况的歧视。行政部门包括教育部门、人力资源和社会保障部门与卫生部门,也都实施了积极的政策。然而,相对而言,司法制度在当今反歧视制度中没有发挥足够有效的作用。司法制度中存在缺失、含糊和被动等问题。此外,工会制度在反对基于健康状况的歧视时也没有扮演一个更为积极的角色。一般当社会组织健康发展时,工会应发挥更积极的作用。中国最大和唯一的工会联盟——全国总工会没有公开表达对基于健康状况的歧视的谴责态度。全国总工会在全中国有上百万成员。如果全国总工会能就禁止基于健康状况的歧视进行适当的表态或组织一场社会运动,就业中的这一歧视可能更容易解决。

因此,子小组 A(b)中的人认为不仅立法、行政、司法制度在当前反歧视制度中发挥作用,非法律行动者的努力也在这一制度中发挥了作用。

第一,BJ020 比较了立法、行政、司法法律制度。他指出,司法制度比另外两个法律制度发展更慢。一方面,这是司法相对较为被动的特征的结果。与许多其他国家例如美国相比,中国的司法部门相比立法和行政部门在其发挥作用的方式上本身更有被动性。[①] 另一方面,中国的司法制度有其自身问题。因为独立性和创造性不足、不够有效等原因,中国法院难以在反歧视诉讼中提供更多支持和帮助。

第二,BJ020 指出一个专门组织——工会应当在应对基于健康状况的歧视中更有效地发挥作用。工会的角色在中国比较独特。由于在社会主义国家中雇主和雇员之间不存在敌对关系,因此工会在我国的主要任务不是为了雇员的利益而反对雇主。[②] 当然,工会仍有义务维护职

---

① See Segal, J, Spaeth, H and Benesh, S, *The Supreme Court in the American Legal System*, Cambridge University Press, 2005, pp. 3 – 71.

② 参见徐阳:《建国以来我党关于劳资关系的历史演变》,载《传承》2010 年第 33 期。

工的合法权益。根据2009年《工会法》,在中国,工会是职工自愿结合的工人阶级的群众组织。中华全国总工会及其各工会组织代表职工的利益,依法维护职工的合法权益。这一规定与许多其他国家对工会的规定不太一样。例如,在英国,1992年《工会与劳资关系(统一)法》将"工会"定义为"一个全部或主要由一种或更多类型的工人组成的、其主要目的包括规制一种或更多类型的工人与雇主或雇主联盟之间关系的……(永久或临时的)组织"。在实践中,英国的工会采取行动比较激进,经常组织雇员向雇主提出诉求,代表雇员和雇主展开谈判,组织罢工行动等。尽管中国的工会一般不太采取激烈的手段,其仍然需要更积极地介入企业的歧视行为,维护受歧视职工的平等权利。目前,工会在应对基于健康状况的歧视中尚未发挥应有的作用。

3. A(c)组对现有反歧视制度的评论

BJ010说,当前的反歧视法有两个问题:第一,它们没有禁止体检;第二,它们误导了雇主就业中的用人自主权。2007年《就业促进法》第8条第1款规定:"用人单位依法享有自主用人的权利。"然而,这一规定并不意味着雇主能任意对待求职者。只要求职者有能力完成一个工作中的主要任务且不会成为工作场所中其他人的威胁,他们就应被视为有资格的求职者。因此,BJ010相信,当前中国的强制体检制度是对用人自主权的滥用。他记得在1993年公务员招聘第一次要求体检之前,中国没有强制体检制度。总之,现有立法没有为求职者提供足够的保护。

因此,子小组A(c)中的人提出,现有的强制体检制度是基于健康状况的歧视的一个元凶,应当禁止。强制体检在许多其他法域被禁止。例如,2010年英国《平等法》规定:"在给求职者工作机会前或将求职者归入一个潜在雇员名单前,雇主不得讯问求职者关于健康的问题,包括一个人是否具有某种残疾"。[1] 近来,人们更多关注隐私权利,身体状况也是个人隐私的一部分。没有合理的理由强迫人们提供关于他们医学情况的信息不仅不礼貌,而且是违法的。在此意义上,提议中国的强制体检制度应当废除。

① Casserley, C and Gooding, C, *Disability and the Equality Act 2010*, DLA Annual Conference, Oct. 17, 2011.

4. B(a)组对现有反歧视制度的评论

如上所述,BJ014 提出,缺乏“歧视”的定义是当前立法中的一个问题。她还提出,“照顾”残疾人的要求在实践中造成了混乱。

BJ014 对中国法缺乏“歧视”定义的关注再次显示了子小组 B(a)中的人更关注现有反歧视制度中的立法问题。“歧视”的定义可以比较灵活和包容。一些立法者声称“现有立法条件还不成熟”,[①]认为需延迟制订更详尽的中国禁止基于健康状况的歧视的法律规定,但这种说法不具有很强的说服力。

5. B(b)组对现有反歧视制度的评论

BJ025 评论说,诉讼很大程度上推动了现有反歧视制度的发展。他说,诉讼能帮助现有司法制度发展。在 2010 年广东佛山发生的有关歧视具有地中海贫血基因的人的案件中,法官发布了一份司法建议,建议佛山市人社局对没有明显临床症状的地中海贫血患者能否进入公务员序列等问题进行调研,并上报相关主管部门。[②] 在该诉讼后,这一建议被采纳,广东省公务员招录体检中专门的地中海贫血基因检测被取消。

子小组 B(b)中的人虽然多半身在公共卫生行政部门,却更关心诉讼的影响,而非当前反歧视制度中涉及的行政部门的问题。这可能是因为对许多政府部门官员来说,这一问题仍然是难于公开讨论的。同时,司法制度没有比较普遍地积极应对基于健康状况的歧视,不过在特定领域中,诉讼的确推动了反歧视制度的发展。第六章讨论了一系列在确认和禁止基于健康状况的歧视方面重要的案件。这些案件虽然没有都取得胜诉,仍然显示了未来通过诉讼消除基于健康状况的歧视的潜力。

6. B(c)组对现有反歧视制度的评论

尽管诉讼被期望成为推动禁止基于健康状况的歧视的一种有效方式,BJ028 说,有些关于歧视的案件很难胜诉。她解释说,在不同形式的基于健康状况的歧视案件中,歧视乙肝病毒携带者这类案件更容易被法院受理和支持,因为至少可以使用一个体检报告中的乙肝检测作为证据。而在其他一些情况下,证据很难找到。BJ028 认为反歧视诉讼中

---

① 刘松山:《国家立法三十年的回顾与展望》,载《中国法学》2009 年第 1 期。

② 参见唐梦:《中国基因歧视第一案 3 考生终审败诉》,载《南方日报》2010 年 9 月 6 日。

存在3种主要问题。第一,难以提供足够的证据。第二,立法基础不足以支持反歧视诉讼。第三,“基于健康状况的歧视”与“健康权”不同,因此在反歧视诉讼中不能使用“健康权”案由使案件得到受理。

BJ028的评论再次指明,子小组B(c)中的人对基于健康状况的歧视的态度可能协助或阻碍这种歧视的解决。现有的中国司法制度还存在如此多的障碍限制了法院应对基于健康状况的歧视的效果。然而,就像BJ025所指出的,即使司法制度中的氛围不是普遍具有支持性的,一些法官仍可能在他们遇到的个别案件中对具有特定医学情况的人显示强烈的支持态度。司法的不够发达的确是现在法律制度中的一个弱点,但也可能成为未来反歧视制度发展的一个契机。同时,司法制度中一些规定的空白也给法官留下了一些自由裁量权来更灵活地解释立法和禁止新类型的歧视。

7. C(a)组对现有反歧视制度的评论

HZ002相信,现有的关于应对基于健康状况的歧视的规定是正确的。日常接触不会传播诸如乙肝等病毒。然而,法律实施制度存在问题。

因此,子小组C(a)中的人也同意法律实施制度是现有反歧视制度中的一个弱点。

8. C(b)组对现有反歧视制度的评论

HZ001认为,在大学招生中不歧视是正确的。然而,在实践中,大学有时仍然拒绝乙肝病毒携带者。相关法律没能完全成功阻止这一拒绝。

这一观察显示,子小组C(a)中的人注意到了现有反歧视法律在应对大学招生中基于健康状况的歧视时有时不能发挥作用。

9. C(c)组对现有反歧视制度的评论

HZ002,HZ001和HZ006评论说,许多法律禁止基于健康状况的歧视。然而,它们在实践中没能很好地执行。在中国法律制度中,法律实施是一个共同问题。

子小组C(c)中的人都发现,现有反歧视制度中,法律实施是一个大问题。除上面反复讨论过的司法问题外,行政部门在禁止基于健康状况的歧视中的责任也不应被低估。第一,这些部门应当遵守法律,自身成为守法的楷模。许多政府部门事实上在歧视具有特定医学情况的人时成为了帮凶。第二，这些部门应对歧视问题应当更为敏锐。他们应当协助歧视受害者诉求保护权利，适当地惩罚权利侵害者，以预防未来的歧视。满足这两个条件，这些部门能更积极地参与当前的反歧视制度。

10. 访谈对象对现有反歧视制度的评论总结

本部分的讨论提供了访谈对象对现有反歧视制度的评论。这些评论可以总结如下。具有特定医学情况的人总结说，当前反歧视制度有下列缺陷：第一，反歧视法规和歧视性法规之间存在冲突；第二，行政反歧视措施的效果不好（包括对歧视性行为的有限的行政惩罚等）；以及第三，司法制度还是过于软弱（包括收集证据的困难和歧视赔偿低等）。非政府组织工作者发现，除当前立法、行政和司法制度不够有效之外，非法律行动者缺乏参与（特别是工会）也限制了现有反歧视制度的作用。学者们谴责了强制体检制度。在国家机关中，人民代表大会的人员强调立法中缺乏“歧视”定义对反歧视制度的影响。尽管政府官员许多已认识到禁止歧视的诉讼的潜力，法官们总结了司法制度中存在的不足，包括提供证据的困难和立法支持的缺乏等。此外，具有特定医学情况的人的同事和医疗机构中的医生都谴责了当前反歧视制度中法律实施的不足，而教育机构中的医生则更多批评立法本身的问题。

因此，当前反歧视制度在应对基于健康状况的歧视中未能充分有效地发挥作用。这一制度的各种法律和非法律方面都受到谴责。在立法中，现有反歧视法律法规仍然含糊和不完整。它们与仍然存在的歧视性规定相冲突。在行政中，现有反歧视法律法规的实施较弱。许多政府官员仍然用官僚主义的态度对待歧视受害者，对歧视性行为的惩罚也很轻微。强制体检仍然在歧视性行为中广泛存在。在司法中，法院还比较缺乏独立性和能力。由于难以提供充分的证据，歧视受害者很难在反歧视案件中胜诉；即使他们获得胜诉，也只能得到很低的赔偿。在非法律方面，非政府组织和个人在反歧视活动中的参与还远远不够。

(六)访谈对象对未来反歧视制度的建议

1. A(a)组对未来反歧视制度的建议

BJ003 认为中国基于健康状况的歧视的核心问题是中国人没有一个信仰,所以他建议接受某种宗教信仰可以有所帮助。他相信人文主义是中国未来更多民主、自由和法治的希望。

BJ001 总结说,推动禁止基于健康状况的歧视可以从法律和非法律的角度分别采取行动。在法律方面,首先,立法者应当“开门立法”。许多以前的法律有严重错误,因为立法者没有听取外面的人的声音。其次,行政部门应当克服一些制度性特权。现有的《公务员录用体检通用标准》拒绝了许多具有特定医学情况的人被招录为公务员。这种拒绝的一个原因是卫生部门不想向这些人支付大量的医疗津贴。中华人民共和国成立后,中国的卫生制度十分复杂。特别是,公务员享有获得国家财政支付的医疗津贴的特权。卫生部门担心招录了具有特定医学情况的人后,需要支付更多医疗津贴。为了减少这一开支,它们在公务员招录中拒绝这些人。最后,在司法制度中,法院拒绝受理有关基于健康状况的歧视、提供证据难、损害赔偿低等问题仍需解决。如果歧视的赔偿增加,歧视的成本也会增加,可能采取歧视行为在经济上就不再有利可图。

在非法律方面,BJ001 指出,传播医学情况的正确知识和控制虚假医疗广告是重要的。他说,他的非政府组织坚持发布正确的乙肝知识,消除虚假广告。他建议,散布虚假医疗广告的公司应被处以它们违法所得的 10 倍罚款,从而使这些公司因为经济压力不敢再次违反相关法律。

因此,子小组 A(a)中的人对未来的反歧视制度提出了多样化的建议。BJ003 关于向中国移植一种宗教信仰的观点是有疑问的,因为没有证据证明仅仅一种宗教就能消除歧视。反之,BJ001 的建议相对更现实和广泛。通过倡议采取多种措施从法律和非法律方面完善现有反歧视制度,展现了他的非政府组织在理解和应对基于健康状况的歧视中具有先见。

2. A(b)组对未来反歧视制度的建议

BJ020 也建议,当前的反歧视制度应从法律和非法律方面完善。在法律方面,首先,法院应当积极回应典型诉讼。自乙肝歧视变得严重以来,许多典型诉讼诉至法院。最高人民法院应当发布一个指导意见、一个司法解释或一系列典型案例来审理这类案件。这可以帮助下级法院更勇敢受理反歧视案件。其次,全国总工会应当向全国人民代表大会或人力资源和社会保障部提交一个立法建议或法律修改建议,修改当前歧视性的法律文件。全国总工会也应当支持有关基于健康状况的歧视的典型案件。最后,持续的歧视性规则,例如,拒绝乙肝病毒携带者参加军队和警察招录的规则,应被废止。只要这种歧视性立法被废止,就可能停止所有官方的基于健康状况的歧视,并进一步警告私人领域中的歧视性行为。同时,在当前中国《民法典》的立法过程中,“健康隐私权”应包括在内。除非在关键的公务员岗位上,一个人的医学情况应当普遍成为隐私。没有政府部门或雇主可以知晓这一隐私,除非这种健康状况直接与一个人的工作能力或表现相关,或威胁了公共卫生。立法应对这些例外有明确的界定。除了这些例外,必须有充足的原因才能披露一个人的健康状况。在非法律方面,应鼓励反歧视组织活动。这些组织应作为反歧视活动中国家和社会之间的一个媒介。它们应当推动歧视的社会认识,为具有特定医学情况的人建立联盟等,以禁止基于健康状况的歧视。

BJ002 认为,通过立法和司法应对基于健康状况的歧视很重要。一方面,他相信,歧视性的观念是歧视的心理基础。歧视性的法律和法规强化了这种心理基础,将这些观念转化为现实。他强调,现有的不合理法律和法规应当修改。同时,适当的普遍平等教育和宣传能够协助法律修改。另一方面,反歧视诉讼在推动法律修改中可以很有用。通过具有特定医学情况的人、非政府组织、媒体等的共同努力,歧视性的规则能被废除。未来,社会和国家机关应一起工作以应对基于健康状况的歧视。

在为当前反歧视制度提出未来建议时,子小组 A(b)中的人显示了他们对基于健康状况的歧视的理解比较全面和先进。特别是,BJ020 创造性地建议工会应在应对歧视中发挥更积极的作用,尽管当前的法律和观念看起来限制了工会的作用。如果能够改变限制性的法律和观念,工会在应对基于健康状况的歧视中可以更有用。BJ002 特别关注了歧视性的观点。这可能比可见的法律和规则更难改。他认为这些观点是正式的歧视性规则的基础。因此,心理因素在反对未来基于健康状况的歧视时不应被忽视。

3. A(c)组对未来反歧视制度的建议

BJ010 强调,体检制度应当废除。他说,立法在应对基于健康状况的歧视中很重要,但体检制度是致命的。体检制度不应存在,因为它不符合医学伦理且侵犯了个人隐私。他指出像美国这样的法域没有这种制度。

BJ010 的观点代表了子小组 A(c)中的人在禁止基于健康状况的歧视方面一种比较激进的建议,即彻底废除体检制度。作为区分具有特定医学情况的人的一种工具,体检制度是歧视的前提条件。因此,彻底禁止这一制度可以立即停止新的基于健康状况的歧视。然而,这一建议没有得到强烈支持,因为许多学者不同意健康状况的信息是个人隐私。大部分学者如李文婧、卢祖洵等认同现有体检制度是有问题的,但他们倾向于改善而不是彻底废除这一制度。① 因此,可以在近期内先加强体检制度的改革,再讨论将其最终废除的可行性。

4. B(a)组对未来反歧视制度的建议

BJ014 说,现有反歧视立法中有 3 个主要问题:第一,立法不集中;第二,新立法在应对基于健康状况的歧视中没有突破;第三,反歧视立法的内容仍然含糊。她建议立法者应当在未来改善这 3 个问题。

子小组 B(a)中的人总结了现有反歧视立法的主要缺陷,并就这些缺陷提出了完善建议。然而,尽管上述后两个问题被广泛认可,仅仅将反歧视立法集中化就能有效禁止基于健康状况的歧视的观点受到质疑。一般地,缺乏证据证明集中化的立法可以在反歧视问题上做得更好。例如,在美国,有两个层次的反歧视法律:联邦反歧视法律和州反歧视法律。州反歧视法律通常为歧视受害者提供比联邦反歧视法律更好的保护。② 在中国立法中,许多地方规章和规则在应对基于健康状况

---

① 参见李文婧、卢祖洵:《我国健康体检现状与思考》,载《中国卫生事业管理》2008 年第 5 期。

② See Webber, D and Gostin, L, "Discrimination Based on HIV/AIDS and Other Health Conditions: 'Disability' as Defined under Federal and State Law", *3 Journal of Health Care Law and Policy*, 1999 - 2000, pp. 266 - 329.

的歧视时也有更具保护性的条款。例如，一部全国性的《精神卫生法》2012 年通过。在 2010 年之前，北京、上海、杭州、武汉、宁波和无锡等地的地方人民代表大会已经通过专门的精神卫生规章保护实际或感知的精神病人。[①] 未来。立法者也应从那些先进的地方规则中学习，改善现有反歧视立法。

5. B(b)组对未来反歧视制度的建议

BJ025 总结说，现有反歧视制度应从以下 5 个方面发展。第一，法律改革是必要的。易于导致歧视的法律和规章应当修改。同时，应当制定一部专门的《反歧视法》或《平等机会法》反对基于健康状况和其他许多原因的歧视。还应有一部法律保护人们的隐私，例如，一部《隐私保护法》。第二，当前反歧视立法的法律实施应当加强。第三，歧视受害者应当通过诉讼获得有效的救济。歧视受害者需要两种帮助：社会协助和法律援助。未来的《反歧视法》应当规定如何支持歧视受害者。因为提供有效救济可以推动社会和谐与稳定，反歧视诉讼也有利于整个社会。第四，专家和媒体教育在纠正对一些医学情况的误解中是重要的。当相关案件发生时，专家应当介入和介绍这些医学情况的正确知识。法律和医学专家应当参与到这些活动中，帮助病人保障其权利。通过专家散布正确的有关医学情况的知识比仅仅在公益广告中介绍这些知识更有效。此前，很少有高质量的这一类公益广告。第五，非政府组织对病人权利保护的专注应当进一步深入。病人可以被组织起来诉求他们的权利。在历史上，中国人在诉求权利时曾经依赖于好的政府官员。然而，这些官员很少。即使仍有这些官员，他们也可能太忙，没有时间处理所有这些权利诉求。因此，在社会中普遍增强权利意识和鼓励人们为自己的权利提出请求很重要。当然，维护权利的尝试可能会非常艰难。美国历史显示，黑人和女性在诉求他们的平等权利时经历了极端艰难的过程。人们需要为维护自己的权利和促进社会的进一步发展而努力。今天，具有特定医学情况的人有机会诉求他们自己的权利。这些人必须抓住这一机会，为更好的未来而奋斗。

BJ025 对未来反歧视制度的建议较为全面和深入。这表明子小组

---

① 参见黄雪涛、刘潇虎、刘佳佳：《中国精神病收治制度法律分析报告》，精神病与社会观察、深圳衡平机构，2010 年，第 1 ~ 80 页。

B(b)中的人对基于健康状况的歧视问题可能有相当程度的了解，尽管这一子小组中的许多人回避了对其理解的公开表达。在此意义上，BJ025 比许多其他的政府官员更勇敢。在访问 BJ005 和 BJ024 时，他们对分享在应对基于健康状况的歧视中的任何个人想法都极为谨慎。他们按照过去的传统，仍将卫生信息作为秘密对待。然而，在现代，这些传统变得越来越不合时宜甚至可能违法。公开透明是现代政府的一个重要目标。[①] 未来，需要态度更为开放的政府官员来促进应对基于健康状况的歧视。

6. B(c)组对未来反歧视制度的建议

作为一个法官，BJ028 认为，司法制度可能在应对基于健康状况的歧视问题上更积极。她相信，司法解释可以成为一个突破口。通常，法院应当在审理案件中尊重立法。然而，因为基于健康状况的歧视如此严重，现有立法中又有这么多问题，司法解释可能是一个对法官更及时和有效的指引。

BJ028 的观点反映了子小组 B(c)中的一些法官乐于支持歧视受害者的意愿。然而，司法解释在目前应对歧视中是否能够成为有效工具值得怀疑。直到今天，在反歧视领域还很缺乏专门的司法指引。已有的指导性案例中，较多涉及合同纠纷、知识产权纠纷、行政赔偿和刑法的各种犯罪案件。司法解释也主要是围绕这些方面展开。因此，至少在近期内，司法解释可能发挥不了法官所期待的作用。

7. C(a)组对未来反歧视制度的建议

子小组 C(a)中的人没有就该事项发表专门的评论。

8. C(b)组对未来反歧视制度的建议

子小组 C(b)中的人没有就该事项发表专门的评论。

9. C(c)组对未来反歧视制度的建议

子小组 C(c)中的人没有就该事项发表专门的评论。

10. 访谈对象对未来反歧视制度的建议总结

本部分的讨论显示了访谈对象对未来反歧视制度的建议。这些建议可以总结为以下一些。具有特定医学情况的人对如何在未来支持他

---

① See Potter, P, *The Chinese Legal System: Globalization and Local Legal Culture*, Routledge, 2001, pp. 136 – 142.

们的权利有不同看法。一个比较现实和周到的建议包括以下一些方面:第一,立法者应当通过一个“开门立法”方法;第二,公务员接受免费医疗津贴的特权应当废除;第三,歧视的赔偿应当增加;第四,应当传播正确医学知识;第五,禁止虚假医疗广告。非政府组织工作者也为未来的反歧视制度提出了广泛建议。他们的建议包括:第一,现有反歧视法律法规应当修改;第二,法院应当及时有效地回应典型的反歧视诉讼;第三,应当对隐私提供更多保护;第四,应推动更多平等教育和宣传,抵制作为歧视性实践基础的歧视性观念;第五,更多非政府组织应被鼓励参与到反歧视活动中;第六,工会在支持反歧视案件中应当更积极;以及第七,应当建立一个政府和公民社会之间普遍的和谐关系。学者建议体检制度应彻底废除以预防歧视,但这一激进的观点没有被广泛接受。人民代表大会的人员建议,现有反歧视立法可以从以下 3 个方面改善:第一,澄清含糊的法规;第二,在新法规中进行突破;第三,使零碎的立法结构集中化(尽管其效果受到质疑)。虽然一些比较传统保守的政府官员拒绝就未来的反歧视制度提出建议,有更开放的官员提出了较为全面和有意义的建议。他们的建议包括:第一,推动立法改革(包括更改现有法律法规和制订新的法律法规);第二,增强法律实施制度;第三,支持歧视受害者在法院获得有效救济;第四,通过法律和非法律专业人士加强有关医学情况正确知识的教育;第五,推动非政府组织的进一步发展。一些法官建议,司法解释可以是一个指导法院审理涉及基于健康状况的歧视的诉讼案件的有用工具,但这在短期内可能不会发生。

因此,未来反歧视制度可以从以下一些角度改善。第一,在立法中,立法者应当调查基于健康状况的歧视的问题,修改现有的含糊和不完整的反歧视法律法规,制定新的法律法规加强对具有特定医学情况的人的保护。第二,在行政中,政府官员应当加强反歧视法律法规的实施,包括提高歧视性行为的惩罚、禁止虚假医疗广告、散布正确的有关医学情况的知识、监督体检、改变对歧视受害者的官僚主义态度以及取消公务员获得免费医疗照顾的特权等。第三,在司法中,法官应当更好地保持独立性,更有效地审理反歧视案件,尤其是减轻歧视受害者提供证据的困难和提高歧视的赔偿。第四,非政府组织和个人应当更积极地参与反歧视活动，和官方部门共同努力来禁止歧视。第五，除了理解医学情况的正确知识之外，整个社会应当改变传统的歧视性观念，鼓励一个对具有特定医学情况的人更和谐的社会氛围。上述的改善措施很难完全实现。它们需要所有相关的法律和非法律部门长时间艰苦的共同努力。因此，这是一场每个人都应该参与的克服基于健康状况的歧视的长期行动。

四、结论

本章回顾了笔者有关中国基于健康状况的歧视现状及其应对的实地调查，讨论了实地调查的实施、发现及其解释。实地调查的结果反映，基于健康状况的歧视在当今中国确实仍很严重。尽管在法律和非法律方面都已经发生了许多积极的变化协助禁止这一歧视，更多的制度和观念障碍仍然存在。基于健康状况的歧视持续的原因是多方面的。在这些原因中，下列 6 个因素可能最为重要：第一，不充分的和歧视性的法律法规；第二，错误的政府行为和软弱的法律实施制度；第三，不够独立的和不够有效的司法；第四，缺乏非政府角色的充分参与；第五，不正确的有关医学情况的知识；第六，由传统文化造成的长期歧视性理念。几乎在所有法律和非法律的方面，现有反歧视制度都不够有效。未来，应在以下一些方面作出改进。第一，立法者应当修改含糊和不完整的立法，制定新法。第二，政府官员应当就加强反歧视法律法规的实施负更多责任。第三，法官在审理有关基于健康状况的歧视的案件中应当保持独立和增强能力，提高司法裁判的有效性。第四，非政府组织和个人应当更积极地介入反歧视活动。第五，全社会应当改变歧视性的观念，尊重具有特定医学情况的人。

通过实地调查，笔者获得了对中国应对基于健康状况的歧视更全面和深入的理解。与前几章相比，本章更专注于访谈对象在他们处理基于健康状况的歧视的经历中所遭遇的问题。35 个访谈对象在身份和职业方面的多样性造成了对几乎所有访谈问题的复杂答案。每一个小组或子小组中的访谈对象在相同事项上常常表露出不同甚至是冲突的观点。这种复杂性给数据分析带来了困难。然而，这也同时增强了数据的可信性和分析的深入程度。基于上述对中国应对基于健康状况的歧视的理解，在最后一章中，本研究将总结从之前各章分析中得出的中国基于健康状况的歧视持续存在的主要原因及其作用方式，就建立更有效的反歧视制度提出具体建议。

CHAPTER 08 >>

第八章

结　论

一、中国基于健康状况的歧视持续存在的主要原因

根据本研究在之前所有章节对基于健康状况的歧视这一问题所进行的理论和实践分析，本章全面总结了基于健康状况的歧视在中国持续存在的主要原因。其中尤为突出的包括以下一些因素。

（一）碎片化的、不完整的、含糊的和有时互相冲突的立法

当前中国应对基于健康状况的歧视的立法仍然是碎片化的、不完整的、含糊的和有时互相冲突的。

直到今天，中国还没有制定一部专门的平等和反歧视的法律，以专门应对基于健康状况的歧视。正如第六章中所讨论的，禁止这一歧视的法律规范散落在数十部相关的法律法规中。当一个歧视性行为发生时，很难迅速地找到相关的法律规定。

当前的反歧视立法没能解决有关基于健康状况的歧视的许多基础性问题。例如，第二章中已经提出，中国法中没有对“基于健康状况的歧视”或“歧视”提供一般性的定义。在应对具体类型的基于健康状况的歧视的法律规定中，也没有对具体类型的歧视进行定义。此外，全国人民代表大会、最高人民法院

和最高人民检察院在各自的职权范围内可以解释立法中规定的有关歧视的术语，但它们都没有依据职权对这些术语进行专门解释。由于中国法中缺乏对“基于健康状况的歧视”或“歧视”等概念的准确定义，人们在辨别某一行为是否构成基于健康状况的歧视时就会面临困难。

正如第六章中所分析的，中国的许多法律法规，如2006年《艾滋病防治条例》，没有明确指出发生了歧视行为应当负有什么责任。这使人们在惩治许多具体的歧视行为时，缺乏有效的责任追究手段。此外，由于在一些立法中缺乏明晰的赔偿标准或者赔偿标准过低，歧视的受害者难以就被侵害的平等权利获得充分的赔偿。

一些法律法规中虽然规定了专门的反歧视条款以禁止基于健康状况的歧视，但是这些条款的适用经常存在例外，而例外情形往往限制了反歧视条款的普遍适用。例如，2004年《传染病防治法》中规定，禁止歧视传染病病人、病原携带者和疑似传染病病人。然而，这一规定增加了一个限制条件，即“传染病病人、病原携带者和疑似传染病病人，在治愈前或者在排除传染病嫌疑前，不得从事法律、行政法规和国务院卫生行政部门规定禁止从事的易使该传染病扩散的工作”。正如第六章中所质疑的，由于这一限制条件既没有指明作为限制依据的法律法规的具体范围，也没有澄清限制从事的工作种类，它事实上削弱了上述反歧视规定的可适用性。

也有一些法律规定不仅没有对具有特定医学情况的人提供充分的保护，反而有时成为了歧视这些人的依据。例如，在本研究第六章中显示，2005年《公务员录用体检通用标准（试行）》要求公务员岗位的申请者进行多种医学检查，其中还包括了对血压的检查。如果检查结果超出了设定的血压许可范围，申请者会被认定为体检不合格，不具有报考公务员的资格。这一要求既缺乏相关的科学依据，也与现有立法中的反歧视精神是背道而驰的。

一个进一步的问题是，中国的许多反歧视法律规定自身的效力仍然受到质疑。例如，2007年《关于维护乙肝表面抗原携带者就业权利的意见》是一个劳动和社会保障部所颁布的规范性文件。正如本研究第一章和第五章所讨论的，这类规范性文件不属于中国法的正式渊源，没有严格的法律拘束力。尽管由于这类规范性文件在特定的法律事项上比中国法的许多正式渊源更具体和细致而常常能在实践中参照执行,这些规范性文件的效力最终还是取决于相关部门是否愿意适用它们。因为这些规范性文件不具有正式的法律拘束力,当事人有时候很难在反歧视诉讼中直接援引它们作为起诉的法律依据。

尽管中国没有因为实行联邦制而产生联邦和州的法律冲突,但是在许多立法事项上,中央和地方的法律规定仍然存在着冲突的现象,这些立法事项中就包括了禁止基于健康状况的歧视。例如,在 2010 年《关于进一步规范入学和就业体检项目维护乙肝表面抗原携带者入学和就业权利的通知》颁布后,入学和就业体检中的专门乙肝项目检测在全国范围内被普遍禁止。然而,正如第六章和第七章所揭示的,直到今天,许多地方的招录体检规定中仍然存在这一检测项目。

在过去十多年里,反歧视立法中存在的一个问题是一些早期法律法规的内容被后来的法律法规所复制,有的甚至几乎完全没有发生变化。例如,在第六章中指出,2004 年《传染病防治法》第 16 条被后来的许多法律法规照搬照抄,写进了 2007 年《就业歧视法》等立法中。这表明立法者没有为每一部立法制定专门的有针对性的反歧视规定。这样做可能造成先前法律法规中存在的缺陷也被后来的法律法规所继承。

正如第三章所提出的,在中国,国际法律文件尤其是中国已经签署或者批准的国际人权条约在国内法上具有何种效力在理论和实践中仍然是一个没有解决的问题。例如,尽管中国在《公民权利和政治权利国际公约》《经济、社会及文化权利国际公约》《残疾人权利公约》等国际条约之下负有义务禁止基于健康状况的歧视,在 2003 年国内法正式确认这种歧视之前,中国没有建立起相关的反歧视制度以履行这一义务。即使在 2003 年之后,中国已经逐步建立起了相关的反歧视制度,上述国际条约中要求消除基于健康状况的歧视的立法目标仍然远未达到。

此外,正如本研究第四章中所讨论的,尽管中国法没有强制的法律义务在处理国内的歧视问题时适用或参考其他国家与地区的法律和案例,但是这不妨碍中国法院在应对基于健康状况的歧视当中,尤其是在解释中国法或填补中国法的“空白”时,学习参照其他国家与地区法律制度中比较好的经验。其他国家与地区法目前在禁止基于健康状况的歧视方面已经存在至少两种比较有效的路径,值得我们进行比较和借鉴。

（二）效率有待提高和官僚主义仍然时有存在的行政

当前，中国的行政部门在应对基于健康状况的歧视时效率仍然有待提高，官僚主义问题时有存在。

第四章中指出，中国没有像其他许多法域那样设立了专门的反歧视法实施机构保障反歧视法律法规的执行。现有的应对基于健康状况的歧视的立法是由多个行政部门共同参与实施的，其中主要包括国家卫生和计划生育委员会（原卫生部）、教育部、人力资源和社会保障部等。然而，在应对基于健康状况的歧视问题时，这些部门有的自身效率就不高，在联合行动时更可能会出现统一协调等方面的问题，影响反歧视法实施的整体效果。

有时，行政部门的自身行为也会成为反歧视制度实施的障碍。在第六章和第七章中提及，政府经常与基于健康状况的歧视的责任者联系紧密，如国有企业等。甚至在有些情况下，政府自身也会成为歧视主体。比如，在公务员招录过程中，政府如果因为申请者具有特定的医学情况而拒绝录用，就不仅没有救济歧视受害者，反而成了歧视的元凶。

第六章中的讨论显示，目前，行政部门所发布的很多应对基于健康状况的歧视的相关政策和措施还是以宣传教育的性质为主，没有很强的可执行性。有时，政府对待反歧视行动的态度更像是开展一场临时的政治运动，而非解决一个长期的法律问题。“运动式执法”带来了许多问题。例如，尽管卫生部、教育部、人力资源和社会保障部等部门已经单独或联合开展了对反歧视立法的执行情况检查，这些检查很多是一次性的，而且没有向社会公开结果，使公民社会无法对反歧视立法的执行情况进行有效的监督。

此外，行政部门保障禁止基于健康状况的歧视的立法有效实施的配套措施目前还比较缺乏。第七章中的访谈内容表明，当前政府的财政安排中，对实施反歧视立法的资金支持还比较有限。缺乏了足够的资金支持，政府推出的许多旨在救济歧视受害者的意图良好的政策措施效果就会受到影响。例如，由于地方财政的投入不足，在一些省份，艾滋病毒感染者无法充分享受到“四免一关怀”政策。

目前，行政部门对违法歧视行为的惩罚力度还不够严厉。比如，违法在入学和就业体检中进行专门的乙肝项目检测，将会处罚用人单位不超过1000元的罚款,暂时停止医疗机构的体检资格。正如第六章中所分析的,这一惩罚力度过于轻微,对用人单位和医疗机构等根本不能形成有效的压力。因此,非法体检在今天仍然广泛存在。

正如第五章所指出的,纵观中国历史,在很多时期政府都忽视了基于健康状况的歧视。在中华人民共和国成立后的一段时期内,尽管政府极为重视人民健康和公共卫生工作,消灭了一些作为歧视基础的疾病如天花等,基于健康状况的歧视问题本身仍然受到了忽视。此后,政府逐渐认识到了这一歧视问题的严重性。但是,在今天应对基于健康状况的歧视中,仍然时时存在政府保护公共健康和卫生的目标与个人保护自身平等权利的需要之间的张力。有时,行政部门为了保护公共健康和卫生而制定的政策可能会过分限制具有一些医学情况的人的基本权利。

本研究第七章中指出,由于行政部门还时而存在一些官僚主义的行为,基于健康状况的歧视的受害者常常不能及时得到有效的救济。当歧视受害者将歧视问题提交行政部门请求解决时,有时很久不能得到结果。而当歧视受害者向更高层级的国家机关申诉时,甚至可能会被一些地方机构限制人身自由。这就给歧视受害者寻求救济带来了困难。

此外,在应对基于健康状况的歧视问题上,中国的行政部门中有些官员仍然持有一种传统的官僚主义态度。正如第七章中所显示的,许多公共卫生部门的访谈对象在谈论基于健康状况的歧视问题时非常谨慎,不愿意暴露工作中存在的问题。现实中,一些行政部门也仍然将有关医学情况的信息作为秘密对待,拒绝向公众披露。但是,这种保守的态度可能会带来反作用,引起人们对一些疾病不必要的恐慌,进而影响对这些疾病及时有效的防治。

(三)独立性不强和不够有效的司法

当前的中国司法制度在应对基于健康状况的歧视问题时存在独立性不强和不够有效的问题。

首先,中国现有的司法制度没有表现出充分的独立性。正如第七章中的实地调查所发现的,当具有较强影响力的本地企业甚至行政部门在有关基于健康状况的歧视诉讼中成为被告时,法官对支持原告感到更加犹豫。法官在作出判决时不仅要依照相关立法,还经常需要考虑法律以外的因素。尽管这在一定程度上是由于司法本身的被动性造成的,但是仍然对反歧视诉讼的公正性提出了挑战。

其次,法院在处理有关基于健康状况的歧视的诉讼案件中远远不够有效。正如第六章和第七章所讨论的,尽管一个通过普遍的诉讼和公众讨论应对基于健康状况的歧视的新时代已经开始了,进入诉讼视野的反歧视案件的类型和数量都急剧增长,在各个级法院中,许多法官仍然未能做好充分准备来应对这一新的发展趋势。

特别地,第七章中的访谈结果显示,一些法官在面对新类型的有关基于健康状况的歧视的诉讼案件时,采取了过于谨慎和保守的态度。由于这类案件往往无法在现有反歧视法中找到直接相关的依据,一些法官就不愿审理这类案件,找出各种理由不予受理、驳回起诉或拒绝原告的诉讼请求。这些法官对创造反歧视诉讼的"典型先例"觉得紧张,不愿意在审判中更加灵活和有创造性地适用反歧视立法作出突破。因此,尽管具有特定医学情况的人更加勇敢地到法院起诉,他们经常在立案阶段就遇到了困难。

根据第七章中的讨论,具有特定医学情况的人在起诉时碰到的一大问题是难以找到一个合适的起诉案由。目前,反歧视诉讼中经常使用的案由有劳动纠纷和一般人格权纠纷两种。但是,在很多就业阶段发生的相关歧视案件中,法院要求原告必须按照劳动纠纷的案由来起诉,并事先经过劳动仲裁的前置程序。由于这时原告往往还没有与被告形成劳动关系,因此没法按照法院要求的案由起诉。

在有关基于健康状况的歧视的案件成功进入诉讼程序后,要想获得胜诉也面临众多制度的障碍。尤其是,当今司法制度中的举证责任制度要求原告负有主要的举证责任。而在反歧视案件中,作出不利待遇的主要证据往往掌握在被告手中。因此,在证据规则不允许将举证责任转移给被告的情况下,歧视受害者经常因为难以提供足够的证据而遭到败诉。第六章中列举的部分典型的反歧视诉讼都是因此而败诉的。

即使歧视受害者在有关基于健康状况的歧视案件中赢得了胜诉,他们最终能获得的救济也非常有限。法官通常只判决原告获得比较低的赔偿。赔偿一般分为三部分，原告的直接经济损失（工资等，如果是发生在就业阶段的歧视一般就没有）、间接经济损失（体检费用等，很少）和精神损害赔偿，其中主要是精神损害赔偿。而精神损害赔偿的赔偿标准比较低，证明标准却比较苛刻。因此，原告胜诉所得的赔偿来之不易，但是数量较低。相较而言，正如第六章所指出的，有时歧视受害者通过法院诉讼程序获得的救济还远远比不上在非政府组织的协助下直接与权利侵害者进行协商谈判获得的补偿。所以，在应对基于健康状况的歧视问题中，法律纠纷解决机制的有效性可能还不如一些非法律的纠纷解决机制。

最后，目前中国司法公开的程度还不能令人满意。本研究第一章中指出，中国没有建立一个系统的案例法制度，当前的司法公开主要是裁判文书的公开。尽管在近年来一些法院已经通过网络等方式向公众公开司法判决，这还未成为全国法院的普遍实践。在访谈中，许多法官仍然不愿公开讨论他们在处理有关基于健康状况的歧视案件中的经验，而且拒绝披露这些案件的判决。

（四）活跃程度不足的非官方行动者

当前，中国社会中的非官方行动者在应对基于健康状况的歧视问题上还远未达到其应有的活跃程度。

正如第六章中所总结的，尽管中国的健康非政府组织和个人在相关的反歧视活动中经常扮演积极的角色，但是他们的努力还没有得到法律和官方的充分认可。

首先，目前的立法对非政府组织的注册登记仍然设置了一些较高的要求。由于难以达到这些要求，一些健康非政府组织无法按照“社会组织”进行登记，只能作为企业注册，因而无法享受税收减免等许多优惠政策。

其次，第七章中的访谈提及，在获取反歧视活动的资金方面，一般草根成立的健康非政府组织无法像挂靠在卫生行政部门之下运营的组织那样获得足够的政府财政支持，只能寻求外界资助。由于近年来政府对外部资金的管理更为严格，这些健康非政府组织的募款行动受到了更多限制。

最后，根据第七章中一些健康非政府组织工作人员的反映，由于健康非政府组织经常协助歧视受害者起诉用人单位、学校、医院等机构，有时会引起这些机构的不满，进而通过各种手段干扰、报复健康非政府组织的工作。这给健康非政府组织正常开展工作造成了困扰。

第六章中的分析显示，目前我国公民社会的发展程度总体还比较低。在应对基于健康状况的歧视问题上，公众参与反歧视活动还是处在个别行动为主的阶段，健康非政府组织的数量还不多，尚未形成一个大家普遍关心歧视问题合力推动平等权利保护的社会氛围。

（五）其他相关因素

除了上述的立法、行政、司法和非官方行动者的因素之外，其他相关的政治、经济、医学、文化等因素也在中国基于健康状况的歧视问题中扮演了重要的角色。这些因素互相交织，互相影响，共同构成了反歧视制度发挥作用的障碍。

1. 政治因素

政治因素通常与政府行动的联系比较紧密。正如第五章所回顾的，在中国历史上的多个时期，具有一些特定医学情况的人遭受了官方的不利对待。例如，在封建时期，封建统治者们采取了一些尤为残酷的手段歧视了诸如麻风病人等患病者，甚至剥夺了他们的生命。这些对待与当时的政治制度关系紧密。封建等级制度的内在不平等性影响了人们的歧视性观念和对人民基本权利的漠视，使基于健康状况的歧视泛滥。

目前，政治因素也影响了相关反歧视行动的有效性。例如，第六章和第七章中提出，一些行政部门的官员坚持传统观点，认为基于健康状况的歧视问题还具有一定的政治敏感性，因而不愿意更多地介入反歧视行动，甚至不肯披露相关的信息。这导致了人们对一些疾病例如艾滋病的误解，加剧了对患有这些疾病的人的歧视。

2. 经济因素

影响人们作出歧视性行为的一个重要因素是歧视性行为的经济成本和利益。当歧视性行为的收益超过其成本时，人们从经济角度考虑，就可能作出歧视性行为。在这方面，一个典型的例子是第七章所讨论的医院的违法体检行为。自20世纪90年代中期进行医疗改革后，医院开始普遍实行“自主经营”“自负盈亏”，工作重心很多都从单纯的治疗疾病转向了更多的挣钱创收。体检正是挣钱创收的主要手段之一。尽管国家在2010年后颁布了一系列法律法规禁止在入学和就业体检中专门检查乙肝项目,医院出于经济因素的考虑还是经常会进行违法体检。由于违法体检的收益很高(雇主愿意支付高额的体检费用),而成本很低(违法体检被查处的可能性很小,并且一旦查处所面临的处罚措施很轻微),医院就有强烈的经济动机无视相关反歧视立法,与雇主勾结起来实施违法体检。

此外,第七章中的访谈显示,雇主对基于健康状况的歧视的态度有时与经济因素的考量有关。一些公司的负责人认为,除非公司的利益受损,否则公司不会关注雇员在工作场所中受到的不平等待遇,也不会主动介入阻止歧视。尽管这种做法与现代公司所应承担的企业社会责任的要求不符,雇主往往只关心自己的经济利益,确保公司利润最大化,而不关心为其雇员提供一个平等的工作环境所能带来的社会价值。

3. 医学因素

正如第六章所显示的,医学方面的不正确知识,尤其是关于某些疾病传播途径的不正确知识,是歧视的一个重要原因。目前,中国公众对乙肝病毒、艾滋病毒等的传播途径仍然存在很多误解。这导致了对具有这些医学情况的人不必要的恐惧和排斥。

第五章的讨论显示,中国人长久以来对肝炎病毒的传播途径存在错误认识,许多人把乙肝病毒和甲肝病毒混淆,认为乙肝病毒可以在日常生活中通过消化道、呼吸道等方式传播,因此倾向于在日常学习、工作和生活中孤立和隔离乙肝病毒携带者。经过正确的乙肝知识宣传后,人们在这方面的歧视态度逐渐有所改善。

第七章中的访谈还发现,基于健康状况的歧视不总是来源于陌生人或外部社会,有时可能直接源于歧视受害者本人及其家庭成员。当一个人具有特定的医学情况时,可能这个人自己或其亲属都不十分了解这种特定的医学情况,因此也有可能由于不正确的医学知识而对自己或家人构成歧视。这时更需要在家庭内外进行正确医学知识的宣传。

目前人们了解医学知识除了接受专门的宣传教育外,经常是通过大众媒体实现的。然而,在大众媒体中存在很多不实的医疗广告,散布不正确的医学知识。正如第七章中所指出的,这些不实医疗广告误导了人们,加剧了对患有某些疾病的人的歧视。

此外,正如第五章所讨论的,与某种健康状况有关的医学知识的发展并不必然导致基于该种健康状况的歧视能够马上减少或者消除。比如,向人们宣传了乙肝病毒的传播途径后,需要一段时间使人们接受新知识和转变观念。有时,医学以外的因素如文化等,可能在长期社会生活中固化了人们的观点,形成了歧视性的偏见。这时,转变这些观点就需要更久的时间,有些人的偏见甚至终身不会改变。但是,这已经超出了医学知识所能作用的范围。

4. 文化因素

基于健康状况的歧视在中国长期存在一定程度上可归因于中国传统文化的影响。与欧美不同,中国的传统文化经历了漫长的封建时期发展后,更加注重维护不平等的封建等级制度,比较缺乏对个人的权利、自由、平等、尊严等价值的尊重。第五章中的历史回顾显示,中国的传统文化中,相信那些具有特定医学情况的人天生是“有罪”或者“低人一等”的。这种传统文化的观点影响了我们今天对这些人的歧视。

正如第二章中所显示的,在中国 2000 多年的封建王朝历史中,占统治地位的哲学思想是董仲舒所创立的经过封建统治者们不断改造的儒家思想。这种儒家思想与封建制度相符合,极为注重上下尊卑的等级观念和道德批判的价值理念。尽管在不同历史时期,不时有一些具有自由和平等精神的人表达他们关于平等待人的理念,这些偶尔的平等理念力量比较薄弱,难以撼动主流社会中的不平等思想。

第五章进一步讨论提出,基于健康状况的歧视可能在超过 3000 年前就已经在中国发生了,甚至要早于孔子等思想家提出的早期平等理念。许多中国人的心目中可能缺乏对一种真实的平等理念的信仰。中国的传统文化发展中,比较重视强调主流性和同质性,对非主流的观点不太宽容。这种不宽容的态度也反映在对具有特定医学情况的人进行隔离、排斥甚至杀害的行为中。尽管在 19 世纪后中国的传统文化受到了外国文化的很大冲击,但上述一些传统文化的理念仍然继续占据了许多中国人的心灵。直到今天,这些传统文化的理念仍然是造成基于健康状况的歧视的重要思想根源。

第五章中的讨论也显示,受到一些西方宗教和文化的影响,在 19

世纪后，给具有特定医学情况的人贴道德标签的情况变得更加严重了。患病的人一旦被贴上“不洁”“有罪”“可耻”等的道德标签，往往会受到更恶劣的对待。将疾病作为耻辱看待，造成了中国基于健康状况的歧视更容易在偏见的影响下持续存在。例如，由于背上了道德标签，艾滋病毒携带者及其家人受到了很多侮辱性的对待。人们相信艾滋病毒携带者要为自己的患病情况负责，对他们的遭遇更难以心生同情。

直到今天，歧视具有特定医学情况的人的传统理念仍然强烈。根据第六章的分析，尽管党和国家已经做出种种努力推进反歧视制度的建设，但是歧视性的传统文化还是深深扎根于中国社会。有时，人们甚至在无意识中就作出了歧视性的言行。

中国传统文化与个人的权利、自由、平等和尊严等价值的联系较少。第七章的实地调查中显示，因为中国社会不太注重尊重个人隐私，一个人的医学情况有可能通过闲话等方式泄露给当地社区，因此许多具有特定医学情况的人及其亲属不愿意公开谈论他们的情况。

同时，不愿意公开谈论患病情况也是因为中国传统文化不太鼓励人们公开表达个人的观点，认为这可能会损害一个人的“面子”。在第七章访谈的实施过程中，许多访谈对象因为担心可能暴露身份而拒绝数字录音，或者在录音结束之后才进行相对更真实的谈话，也证明许多中国人在公开表达观点方面持比较谨慎的态度。

此外，在第七章中，有医生指出，今天中国广泛存在社会道德剧烈滑坡现象。基于健康状况的歧视也深受这一现象的影响。医生本来应该根据病人的最佳利益来对待他们，但是这一职业伦理的要求在很大程度上被忽视。这也是导致违法乙肝检测、虚假医疗广告等情况流行的一个原因。

二、建立更有效的反歧视制度全面禁止中国基于健康状况的歧视

基于上述分析，本研究倡议建立一个新的更有效的反歧视制度，全面禁止中国基于健康状况的歧视。这一制度至少应当包含以下一些特征。

(一)立法方面

应当制定一部专门的平等反歧视法,其中包括了若干的专门条款禁止基于健康状况的歧视。这部法律至少有两个优点:第一,它是中国法的正式渊源,有严格的法律拘束力;第二,它可以根据中国社会的需要和立法者的意愿包括较为广泛的禁止歧视理由。

这部法律应当包含一个专门的条款规定"歧视"或"基于健康状况的歧视"的定义。这一条款应当是具有较强包容性的,为具有各种医学情况的人提供普遍的保护。例如,第二章中所建议的,"歧视"可被定义为"缺乏合理、适当或合法原因的不利对待","基于健康状况的歧视"可被定义为"基于任何实际的或认知的身体或精神健康状况的不利对待,且缺乏合理、适当或合法原因"。这一条款应当一般性地解释或举例说明何种情形可能构成基于健康状况的歧视。

这部法律应当包含一个专门的条款规定基于健康状况的歧视的侵权者责任。这一条款应当为违法歧视的后果设定一个适当的标准。例如,这一条款可以规定,如果雇主对潜在雇员进行了违法的乙肝检测,并且基于检测结果拒绝了潜在雇员的求职,雇主应当受到惩罚。一方面,雇主应当交纳一定数额的罚款或者受到其他形式的行政处罚。罚款的额度应当足够高,以预防未来发生类似的歧视行为。另一方面,雇主应当向潜在雇员提供充分的救济。例如,向潜在雇员提供岗位,或者向潜在雇员支付一定数额的赔偿金等。在后一种情形下,赔偿金的数额应当由潜在雇员的实际损失和预期损失共同确定,包括求职中发生的费用、与雇主交涉中发生的费用、推迟工作发生的费用、精神损害赔偿等。其中,精神损害赔偿应当列为必要的赔偿项目,其标准应当提高到足以弥补歧视受害者的所有精神损失,可以参考因为歧视而丧失的工作机会的薪酬水平、同等或类似的工作机会的薪酬水平确定。

这部法律应当融合现有的反歧视立法中禁止基于健康状况的歧视的相关条款,补全现有条款中不完整的部分,澄清现有条款中含糊的部分,移除现有条款中不必要的限制和歧视性的部分,解决现有条款中冲突的部分等。这部法律应当明确指出,在何种情形下具有特定医学情况的人不受这部法律保护。例如,禁止艾滋病人/艾滋病毒携带者成为临床医生。

这部法律应当指明其与相关的地方立法和国际法的关系。例如,这部法律可以规定,相关的地方立法至少应当与其保护范围一致,不应当对这部法律在地方的适用增加不必要的限制。这部法律也可以说明,对中国有约束力的禁止基于健康状况的歧视的国际法律文件应当与这部法律共同适用。

(二)行政方面

应当建立一个专门的行政机构实施上述建议的平等反歧视法。建立这一专门的行政机构是出于以下考虑。第一,不同于许多其他法域,中国尚未建立一个一般性的独立的法律实施机构。想要在中国建立一个独立的法律实施机构禁止基于健康状况的歧视在短期内是不现实的。第二,在传统中国法上,行政部门比其他法律部门更强有力。建立一个专门的行政机构实施平等反歧视法具有更大的可能性成功。第三,当前中国禁止基于健康状况的歧视的相关立法的实施取决于多个行政部门的共同努力,例如,国家卫生和计划生育委员会、教育部、人力资源和社会保障部等。因此,行政部门已经有通过行政权力实施平等反歧视法的一些经验。第四,在禁止基于健康状况的歧视中,一个专门的行政机构可能比多个行政部门的共同努力效果更好,因为单独的机构能够更专注于平等反歧视法的实施。

这一专门的行政机构应当密切监督上述建议的平等反歧视法的实施。第一,这一专门的行政机构应当定期检查上述建议的平等反歧视法的执行情况,公开发布定期检查的报告。第二,这一专门的行政机构应当建立一个举报制度,便利个人和非政府组织举报歧视性实践,并且及时对举报进行处理和反馈。第三,这一专门的行政机构应当对基于健康状况的歧视性实践提供及时有效的行政处罚。例如,当发现虚假的医疗广告,这一专门的行政机构应当禁止这类广告的散布,并且施加适当的罚款。当医院非法进行乙肝检测,这一专门的行政机构应当在适当的期限内吊销医院从事体检的执照,并且施加适当的罚款。第四,这一专门的行政机构应当对基于健康状况的歧视的受害者提供充分的支持。例如,协助歧视受害者将案件诉至法院、帮助歧视受害者与侵权责任者进行谈判等。第五,这一专门的行政机构应当在公众当中推动不歧视具有特定医学情况的人。例如,这一专门的行政机构可以举办专门的教育项目，传播有关各种医学情况的正确知识。

此外，政府应当支持这一专门的行政机构的活动。政府应当为这一专门的行政机构提供足够的资助，并对其活动进行监督。然而，政府不应当过分干涉这一专门的行政机构的日常运行。

（三）司法方面

应当改进当前的司法制度，支持更多有关基于健康状况的歧视的案件得到法院的及时受理和公正审理。

第一，应当有明确的规则保障法院在审判中的独立性。例如，法官的级别不应当与行政官员的级别一致。第二，法官应当在处理有关基于健康状况的歧视的案件中得到更多的支持。例如，法院可以为法官提供培训，熟悉相关的平等反歧视法。最高人民法院可以发布专门的司法解释、指导意见或指导案例，指引下级法院审理有关基于健康状况的歧视的案件。第三，法院应当为歧视受害者提供更多的支持。一方面，反歧视诉讼应当被明确包括在法院的案由范围内，得到法院的受理。另一方面，举证规则应当修改，减轻反歧视诉讼中原告的举证责任。第四，尽管一个系统的案例法制度在中国短期内还未能建立起来，应当推动司法更加公开。

（四）非官方行动者方面

应当鼓励更多的非政府组织和个人积极参与中国禁止基于健康状况的歧视的行动。

第一，关于非政府组织注册的规则应当修改，便利非政府组织得到法律的认可。例如，健康非政府组织和法律援助组织应当能够注册为“社会组织”，享有税收减免等优惠政策。第二，非政府组织和个人应当被赋予更多的反歧视活动自由。例如，应当允许他们组织反歧视的集会、游行和示威。第三，国家机关应当更加关注非政府组织和个人的反歧视活动。例如，人民代表大会应当接受非政府组织和个人提交的反歧视立法建议。政府应当与非政府组织和个人共同工作，及时有效地发现并惩罚歧视性实践。法院应当允许非政府组织和个人为歧视受害者提供更多的法律援助。

（五）其他相关因素方面

在政治因素方面，中国应当推动当前的政治体制改革，加强民主和法治的建设,推进平等和反歧视的活动普遍得到政府的认可,尤其是禁止应对基于健康状况的歧视的相关活动。

在经济因素方面,应当为歧视性实践提供合适的惩罚,减少基于健康状况的歧视。例如,应当对就业和教育中拒绝录取具有特定医学情况的人施加适当数额的罚款。

在医学因素方面,应当通过公众教育项目传播各种医学情况的正确知识,禁止虚假医疗广告。

在文化因素方面,应当推动文化制度改革,改变歧视具有特定医学情况的人的传统等级观念。这一文化改革应当专注于在中国人中培养对个人的权利、自由、平等和尊严的普遍尊重。尽管文化的转变需要经过相当长的时间,这一改革无论如何将为未来反歧视制度的建设创造有益的社会环境。

当然,上述建议的反歧视制度需要相当长的时间才有可能实现。在建立这一制度的过程中会遇到各种困难和挑战。这一制度能否真正发挥效力取决于所有相关的法律和非法律部门以及官方和民间的行动者们的共同努力。在这种意义上,建立上述建议的反歧视制度是一场中国每个人都应该参与的对基于健康状况的歧视的宣战。

附　录

附录一：访谈对象邀请函

尊敬的先生/女士：

您好！目前，我正在从事一项有关“应对基于健康状况的歧视”的研究。诚邀您参与此项研究。

基于健康状况的歧视在当今中国是一个严重的问题。作为了解或接触过这一问题的人，您的经验将对本研究产生重要的积极影响。作为回报，本研究亦能为您提供一个总结和传播您在这方面经验的很好机会。

本研究采取的主要形式是访谈。预计时长为1～2小时。如果您愿意参与，我将与您联系确定一个具体的时间和地点。如您不便接受面对面访谈，也可做替代性的安排。

在访谈中，我将尊重您的意愿并遵守研究伦理。除非您同意披露，您的个人信息如姓名、单位等将进行保密。访谈所得的所有材料将仅限于本研究使用。

感谢您的大力协助！期盼得到您的回复。

您真诚的，

×××

附录二：访谈核心问题

1. 访谈对象的基本信息

1.1　访谈对象的个人背景。

1.2　访谈对象与具有特定医学情况的人的个人关系。

2. 访谈对象在基于健康状况的歧视这一问题上的经验

2.1　您是如何遇到基于健康状况的歧视这一问题的？

2.2　您是如何应对基于健康状况的歧视这一问题的？

3. 访谈对象对基于健康状况的歧视的理解

3.1　访谈对象个人对基于健康状况的歧视的定义。

3.2　您认为在什么情形下可能构成基于健康状况的歧视？

4. 访谈对象认为基于健康状况的歧视存在的原因

4.1　您认为什么因素会导致基于健康状况的歧视？

4.2　在您所列举的因素中，您认为哪些因素是最重要的？这些因素如何影响了基于健康状况的歧视的存在？

4.3　您认为其他因素是如何影响基于健康状况的歧视的？

5. 访谈对象对现有的反歧视制度的评论

5.1　您了解当前有哪些反歧视制度旨在应对基于健康状况的歧视？

5.2　您认为当前的反歧视制度在应对基于健康状况的歧视问题上有效性如何？

6. 访谈对象对未来的反歧视制度的建议

6.1　您认为哪些措施可以改善当前的反歧视制度？

6.2　您认为这些措施将如何更有效地应对基于健康状况的歧视？

附录三:访谈对象基本信息

小组	子小组	访谈对象	访谈对象基本信息
A. 具有特定医学情况的人,他们的亲属和支持者	(a)具有特定医学情况的人及其亲属	BJ001	乙肝病毒携带者,健康非政府组织的领导者
		BJ003	艾滋病毒携带者,大学的毕业生
		BJ009	艾滋病毒携带者,年长的务工人员
		BJ016	乙肝病毒携带者的儿子,一般律师事务所的律师
	(b)具有特定医学情况的人的支持者(非政府组织工作人员)	BJ020	健康非政府组织的律师
		BJ002	健康非政府组织的律师
	(c)具有特定医学情况的人的支持者(学者)	BJ010	大学的法学教授,一般律师事务所的律师
		BJ004	大学的法学教授
		BJ017	大学的法学教授
B. 为国家工作的人	(a)人民代表大会的代表和官员	HZ004	人民代表大会的代表,大学的教授
		BJ014	人民代表大会的官员
		BJ023	人民代表大会的官员
	(b)政府官员	BJ025	公共卫生部门的官员,医生
		BJ019	公共卫生部门的官员,医生
		BJ005	公共卫生部门的退休官员,“政府的非政府组织”的工作人员
		BJ015	公共卫生部门的官员
		BJ024	一般政府部门的官员

续表

小组	子小组	访谈对象	访谈对象基本信息
B. 为国家工作的人	（c）司法人员	BJ011	基层人民法院的法官
		BJ026	中级人民法院的法官
		BJ028	中级人民法院的法官
		HZ005	中级人民法院的法庭书记员
		BJ027	中级人民法院的法庭书记员
		BJ013	中级人民法院的法官
		BJ021	基层人民法院的法官
		BJ006	最高人民法院的法官
		BJ012	最高人民法院的法庭书记员
		HZ003	高级人民法院的法官
C. 与具有特定医学情况的人一起工作的人和医生	（a）与具有特定医学情况的人一起工作的人	HZ002	商业公司的负责人
		BJ022	商业银行的负责人
		BJ007	学校人事管理部门的负责人
		BJ018	一般的党员干部
		BJ008	大学的行政人员
		SH001	银行的工作人员
	（b）在教育机构中治疗具有特定医学情况的人的医生	HZ001	大学诊所的医生
	（c）在医疗机构中治疗具有特定医学情况的人的医生	HZ006	一般医院的医生

附录四：访谈内容典型摘要

(1)子小组 A(a)访谈对象：乙肝病毒携带者、健康非政府组织的领导者 BJ001

笔者提问：请您简单地介绍一下您的个人背景和工作情况？

访谈对象回答：我是一个乙肝病毒携带者，上过大学，大学时学的主要学科是化学。但是后来决定做乙肝病毒携带者的维权工作，为此我还专门成立了一个乙肝病毒携带者的维权组织。当然我做维权工作完全是半路出家，没有经过专门的针对性训练。

笔者提问：您是怎么想到要从事目前的工作成立这样一个乙肝病毒携带者维权组织的呢？

访谈对象回答：主要的原因是由于我自己也是一个乙肝病毒携带者。2003 年 8 月的时候，我登录了当时很有名的一个乙肝病毒携带者的专门论坛——“肝胆相照”网站。这个网站在当年 4 月的时候已经发起了一个集体维权的运动，主要是因为当时发生了很有名的周一超杀人的案件。周一超的案件记得是发生在 4 月 3 日。他在考公务员的时候因为被拒绝录用，所以就把负责录用的人事局的管理人员给杀了。这个案子在当时非常轰动，有很多媒体报道。“肝胆相照”网站大规模地报道了这个案件的进展过程。后来，在 4 月 5 日的时候，“肝胆相照”网站就正式成立了一个新的栏目——“权益版”，就在这个栏目中发起了乙肝病毒携带者反歧视维权的活动。其实，在这之前，乙肝病毒携带者当中已经有过一些相对比较零星的、自发的维权活动，比如向一些政协委员进行游说，在网上发布反歧视的建议书等，也有一些人尝试着去起诉过，大概有那么少数的几个案例。但是，在 4 月 5 日之后，乙肝病毒携带者的维权运动就逐渐从自发变成自觉的群体性的实际行动了。我在 8 月登录网站，看到了这个栏目的活动之后，就觉得很受感染。尤其是到了 9 月之后，“肝胆相照”论坛上就贴出了一个公告，说在 9 月 13 日(或是 9 月 11 日)中央电视台的“新闻调查”栏目将要播放一个节目，这个节目就叫作“乙肝歧视”，就是“肝胆相照”论坛协助电视台一起拍摄的。我看了这个消息以后,就非常有兴趣,想看一看。结果,等我观看了这个节目之后,就感觉非常惊讶。这个节目它里面不仅讲了周一超杀人的案例,还讲了很多"肝胆相照"网站的各个管理员、版主、热心参与者他们自己的遭遇。所以看了这个节目之后,我就觉得很震惊。因为当时的话就觉得这个对乙肝病毒携带者进行歧视的现象实在太严重了,所以我必须要做点什么事情来阻止这种情况继续发展下去。因此,我那时就开始慢慢参与到"肝胆相照"网站的反歧视维权的活动当中去了。过了大概有半年的时间吧,大家也比较认可我的努力,于是就推举我做其中的一个栏目的版主。从此以后,我就开始做越来越多这方面的工作。到了大概2006年年底的时候,我就和几个朋友发起成立了一个新的乙肝病毒携带者的维权组织,就是我现在工作的这个组织。

笔者提问:那么在2006年之后,您的工作的重心是转移到现在这个组织了是吗,还是您在原来的网站上也继续负责版主的工作呢?

访谈对象回答:目前我是两边的工作都仍然在继续做,但是新成立的组织这边的工作目前是越来越侧重的。因为像这个新成立的组织它毕竟是一个专业的机构,而且我们之所以要成立这么一个专业的机构,目的也就是要把反歧视这块专门工作给做大做强。实际上,从2005年下半年开始,我就不仅仅是做反乙肝歧视的工作了,还有参与实践中的一些其他方面的反歧视工作,比如说反击对艾滋病毒携带者和艾滋病人的歧视工作。所以在2006年成立了现在的这个组织之后,我就进行了一些改变。一个改变是我的工作重心逐渐开始向现在组织的工作这边侧重,再有一个就是我们的工作领域也开始向更多的领域扩展出去。当然了,工作的核心还是在健康领域,尤其是生理健康方面的公益法律问题。其中的重中之重还是反歧视的维权问题。

笔者提问:您自己作为一名乙肝病毒携带者,在您的人生经历中尤其是在2003年之前有没有亲身体验过受歧视方面的相关问题?

访谈对象回答:应该说我是很幸运的。(轻松地笑)虽然身为一个乙肝病毒携带者,但是我自己的求学和找工作这些重要的人生阶段中都没有真正遇到被人歧视的情况。我想这主要是因为我的年龄比较大,是1972年出生的。而乙肝歧视的现象主要是在20世纪90年代的中期以后逐渐发展起来的。在20世纪90年代的中期,我就已经上了大学而且已经毕业,也顺利地找到了工作,所以在受到歧视的那个高危阶段我就没有怎么受到影响。很庆幸没有经历过读书、工作都被强制要求提供体检报告的阶段。

笔者提问:为什么您认为歧视的高危阶段是在20世纪90年代的中期而不是更早或更晚呢?

访谈对象回答:因为我认为歧视的高危阶段到来的一个重要的标志性事件是1994年中国开始推行新的公务员录用体检制度。在1994年,国家人事部制定了第一个明确的《公务员录用体检标准》,当时主要是针对中直机关的,也就是中央的直属机关和国务院的直属机关。就在这个《公务员录用体检标准》当中,第一次明确提出了要进行乙肝病毒感染血清标志物的检测,一般就是称作乙肝标志物的强制检测。而在此之前,我国的公务员主要都不是招录的,而是直接在大学生毕业后进行分配工作的,所以以前不存在这个问题。然而到了1994年之后,公务员开始实行录用制度并要进行强制体检,其中就包括了对乙肝标志物的检测。中央制定的这个体检标准其实它本身还不是特别差。这个体检标准里面规定说,大部分的乙肝病毒携带者,只要他们的肝功能是正常的还是可以算作是体检合格的。但是,各个地方上在制定各自的体检标准时可就千差万别了,而且多数的地方体检标准中直接就把乙肝病毒携带者划为了不合格,不能录用为地方的公务员。所以,我认为1994年应该就是中国乙肝歧视制度化的元年。为什么我们后来经常提出说政府有责任采取措施消除乙肝歧视呢?就是因为政府最先开始设立的这个公务员录用体检标准它是乙肝歧视的一个始作俑者。所以,从政府颁布了第一个公务员录用体检标准之后,才开始产生了如此大规模的普遍的乙肝歧视。以前在个别的行业和领域可能也存在歧视。比如说在食品行业、药品行业等,原来也有乙肝的专门检测和歧视性的规定。但是,第一,这些规定它们涉及的面很窄,第二,它们执行得也不是非常严格。然而,公务员的这个录用体检标准它所涉及的面就非常宽了,从中央到地方各个层级的公务员都有涉及,而且它还执行得非常严格。所以这个录用标准它起的作用是决定性的。

笔者提问:您刚才提出了公务员录用的体检标准在中央和地方很不相同,那么您认为中央和地方的规定不同是什么原因造成的呢?

访谈对象回答：我个人对这个原因并没有很深入地探究过。但是很显然，国家人事部制定的针对中央国家机关公务员录用的这些体检标准是开了一个不太好的头。它授权地方也各自制定本地的公务员录用体检标准，而且没有对各地方自行制定的这些标准进行适当的监督，所以造成了歧视现象的进一步泛滥。

笔者提问：请问您个人对于"基于健康状况的歧视"是怎样定义的？

访谈对象回答：这个定义我觉得可以通过我们刚才说的《公务员录用体检标准》来看。这个《公务员录用体检标准》我认为是一个很不好的东西。综合来说，它不仅仅是我们今天所说的乙肝歧视的始作俑者，而且还把很多其他方面的歧视也给制度化、公开化、规模化了。比如说对残疾人的歧视。这个《公务员录用体检标准》中它就规定，视障和听障是属于不合格的，不能录用为公务员。而且还规定，内分泌疾病也不合格。于是就把糖尿病病人给排除在公务员队伍之外了。而我们知道，糖尿病病人在中国今天也有好几千万人呢。残疾人也是，至少有好几千万人。另外，《公务员录用体检标准》里面各种五花八门的歧视其实一直都很多，比如对艾滋病的歧视、对性病的歧视甚至对严重的高血压、心脏病的歧视等。这些应该都属于你说的"基于健康状况的歧视"这个大的范围里面。

笔者提问：就您认为，哪些行为会构成"基于健康状况的歧视"呢？那些形式上看起来不是很明显的，比如调换工作岗位这些行为，也是属于歧视行为吗？

访谈对象回答：比较明显的歧视行为刚才我们也说了，比如上大学、找工作尤其像招录公务员当中，把乙肝病毒携带者归为不合格的这些情况很明显就是属于歧视的。你刚才提出的所谓形式上看起来不是很明显的，比如调换工作岗位的这种行为也属于是歧视。实际上就在前几天，河南省那边就有一个乙肝的战友找到我来投诉。他是他们单位的一个技术员，还是省里的新长征突击手，工作上面是非常优秀的，结果在查出是乙肝病毒携带者之后，他们单位就不让他继续从事原来的工作了，而是让他去当清洁工。这种情况算是非常典型的歧视行为了。

笔者提问：通常来说，您所在的健康非政府组织在接到某个个人的歧视投诉后,是如何帮助对方的呢?

访谈对象回答:通常来说,我们是有一套具体的流程来接收投诉和帮助当事人进行维权的。从程序上来讲,首先我们会把我们机构自己总结和制作的一份针对歧视受害者的《维权手册》发给他。在这份《维权手册》里,我们比较详细地介绍了相关的反歧视国家法律、医学常识、医学文件,说明了应当如何准确地辨明歧视现象,如何对歧视问题进行取证,如何有效地开展求助和依法进行维权活动。所以这是从技术上讲的第一步。这个步骤的重点主要是打消当事人的顾虑。比如乙肝歧视从20世纪90年代中期开始到了21世纪初就非常严重了,但是真正去起诉的受害者却是寥寥无几,非常之少。到1993年为止,真正有据可查的乙肝歧视案只有不到5起。这是为什么呢?主要就是因为乙肝病毒携带者有着各种各样的顾虑。其他领域的歧视比如性别歧视也存在类似的问题。现在,在乙肝歧视这个领域当中,这种顾虑的现象已经比其他很多领域都要好得多了。目前在乙肝歧视这个领域,相关的反歧视诉讼已经超过了200起。之所以会出现这个局面,就是因为我们把打消大家的顾虑作为我们工作的一个重点。我们前面所讲的这个《维权手册》,里面就潜移默化地做了这个工作。因为通常来说,乙肝病毒携带者的顾虑包括以下一些。第一,害怕自己携带乙肝病毒的这一隐私被曝光。第二,害怕要花许多钱,自己没有这么多钱来请专门的律师帮忙起诉。第三,害怕要花比较多的工夫,因为一般来说进行反歧视诉讼的时候,当事人还同时在求学、找工作甚至出国留学深造等,觉得诉讼太牵扯精力了。第四,许多人他们不知道自己依法维权会有什么作用,维权之后会对自己、对他人和社会产生什么样的影响。这些是通常来说乙肝病毒携带者或弱势群体在维权过程中比较常见的4种顾虑。所以我们就有针对性地围绕这4种顾虑来开展工作。到现在来看,我们工作的总体效果还是比较好的。这些初步的工作完成之后,我们的机构就会帮助当事人来寻找愿意参加案件的律师,帮助当事人来提起诉讼。同时,我们一般会帮助当事人联系到相关媒体的记者,在起诉的整个过程中可以时时进行报道。

笔者提问:为什么在提供法律援助服务的同时还要帮助当事人联系媒体记者呢?这样做完全是为了诉讼当事人考虑吗?

访谈对象回答：同时联系媒体进行报道主要是出于以下两方面的考虑。一方面，反歧视的诉讼作为一种公益维权的诉讼类型，在中国现有的法律体系中还没有能够完全支持这种诉讼类型。尤其是中国当前的司法体系，它对公民的维权诉讼并没有能够提供有力的保障。我认为，当前中国的司法体系很不完善，从某种程度上来说，它甚至是更有利于侵权者这一方的。在这种情况下，我们就不能跟对方完全去"拼"法律或者只是去"拼"法律，因为这样"拼"是"拼"不过的。所以，为了更好地帮助当事人来赢得诉讼，我们还要注意从法律之外的领域来下工夫。在法律之外，可以站在我们这边的有力工具就是舆论。大家都说，记者是"无冕之王"。社会舆论的是非观念是比较强的。所以，出于对当事人诉讼结果的全盘考虑，我们必须要让媒体的力量介入诉讼过程当中来。另一方面，我们帮助提起的这些诉讼还不仅仅是关系当事人自身权益保护的私益诉讼，它们同时也是公益诉讼。也就是说，我们帮助当事人提起了一个特定的诉讼，并不仅仅是为了某个特定的乙肝战友挽回他们受到侵害的权利，同时也是希望借着这个诉讼来进一步挑战现行依然存在的这些歧视乙肝病毒携带者的制度。而一旦这样的诉讼形成了在社会上有影响性的诉讼，那就更需要媒体的及时介入了，否则，诉讼的积极影响就不能及时发挥出来。

笔者提问：通常来说，在媒体记者介入了案件之后，反歧视诉讼的效果是不是变得更好了？

访谈对象回答：对，的确是这样的。我们之前就遇到过比较典型的这样一个案子：有一年，我们在广东省的法院曾经起诉了一个案子。这个案子中涉及一家被告公司。这家公司的背景非常牛，它的老总是省里的政协委员，而且在我们提起诉讼的时候，就在这个案子进行当中还有国家领导人到这家公司去进行视察。所以，这家公司的老板在听到这个案子的时候就对下面的工作人员进行了指示，其主要意思就是对这个案子公司绝对不能妥协，一分钱也不能赔。而下面的工作人员在得到了上级的指示之后态度也变得非常强硬，反而随即就对我们的当事人提起了反诉。因为当事人把他的受到歧视的经历给发在了公共网站上，公司就说他的行为影响了公司的商业信誉，侵犯了它公司的名誉权。结果，我们原告的诉讼代理人非常聪明，他就及时联系了媒体，指出这是中国在这个领域的反歧视诉讼中遇到的反诉第一案。其实,这个案子在当时来说找媒体进行报道是存在一些困难的。因为这个案子是在2009年之后发生的,那个时候该领域的反歧视诉讼的相关案件已经不是新闻了,已经有了很多有影响性的、很轰动的诉讼。但是原告的代理人这样一说了以后,由于把这个案件给包装成了全国在该领域反诉的第一案,于是就一下子成了大新闻。结果媒体报道出来之后,我们的公民代理人也就是提供援助的律师把刊登有相关报道的报纸各买了几份,直接寄给了被告公司的老总。结果很快对方公司就服软了,同意了一个两万多元的调解方案。所以当事人最后成功拿到了两万多元的赔偿款。这个例子就足以体现出媒体在反歧视诉讼案件中能够发挥的巨大作用。

笔者提问:在联系代理律师提起反歧视的公益诉讼时,一般有什么要注意的问题吗?

访谈对象回答:我们的机构非常强调在联系律师的时候主要是要请公益律师,就是那些对公益诉讼比较感兴趣的律师。比如我们现在经常合作的几位律师,都是国内大名鼎鼎的一些公益律师。这样的公益律师跟我们合作,一方面是他们愿意接受这样的案子,另一方面是因为我们跟这些公益律师的基本理念是一致的。比如,我们跟这些公益律师在形成舆论方面的主要观点是一致的。这就不像是有些商业律师。我们也曾经和一些商业律师合作过。尤其像是在一些小地方、比较偏远的地方,有时候找不到合适的公益律师来代理案件,那就不得不找到当地的商业律师进行合作。有时候这些商业律师就存在一些问题,比如说不愿意配合媒体进行宣传。他们认为,我们就是拿了当事人的钱办理当事人的事,只愿意给当事人代理案子本身。如果找媒体的话,他们的其中一个顾虑就是怕得罪人,尤其是得罪被告。因为在反歧视诉讼案件中,通常被告都是比较有权有势的单位,原告都是弱势群体和个人。商业律师还有另外一个顾虑就是怕特别费事,花的时间花的工夫都会更多。商业律师的利益决定了他希望一个案子能够尽早结束。很多商业律师并不在乎你的案子有多大的社会影响,他们只在乎是不是能够尽早结束,只要案子一旦结束他们这一单的生意就算是做完了。所以,我们在有一个案子中间就遇到过这样的律师。代理案子的商业律师在诉讼形势非常有利的情况下，当时媒体都已经做了大范围的支持性报道了，对方被告的压力很大，结果这个原告的代理律师他竟然自己主动地去找对方被告提出和解，都没有经过当事人和我们的同意。这样的做法就相当地恶劣了。所以我们在联系反歧视诉讼案件的代理律师时都对这一点特别加以注意，尽量地都找公益律师来代理案件。

笔者提问：在一个反歧视案件正式提起诉讼后，通常来说原告和被告双方的交涉过程中会存在哪些问题呢？

访谈对象回答：从以往案件的经验来看，一般诉讼过程只要进行到双方开始正式谈判的阶段，难度就不是太大了。因为一般到了正式谈判阶段，对方被告就已经服软了。我们的一个谈判原则是尽量让对方来找我们提出解决方案。刚才所说的那个商业律师代理的案子其中一个错误是在什么地方？就是我们所代理的原告这一方不应该先去找对方被告。通常原告一找被告，对方就比较会拿架子。这种时候应该做好准备，让对方主动地来找我们谈解决方案。在这种情况下，往往能够达成一个让当事人比较满意的交涉结果。因为在这类案子中，通常当事人自身的期望值也并不高，所以有了一定的赔偿金额和赔礼道歉等形式往往就能顺利解决了。

笔者提问：在比较典型的反歧视诉讼案件中，一个公益组织通常会承担哪些角色呢？

访谈对象回答：还是以我们这个机构为例，通常我们主要是做以下几个方面的工作。第一，我们要给原告的代理律师提供充分的技术和资源的支持。因为我们这样的组织是经历过大量的同类案件的，所以在我们手里已经积累了比较丰富的相关诉讼的经验和资料。我们很清楚地知道这种诉讼应该怎么来进行。而很多律师因为他们没有相关的经验，即使已经处理过很多其他类型的案件，也对这种诉讼类型并不了解。所以，我们就可以把已有的这些资料、经验尽量地传递给原告律师。第二，我们要帮助当事人联系合适的报道媒体。因为很多当事人自身没有这个能力，而且很多律师也没有这个意识，所以这方面的工作主要还是由我们来承担的。第三，我们还会做一些知识性的推广行动。比如说，上周我们刚刚在我国香港特区做了一次有关案件的宣传示威活动。这个案件的基本情况是：河北省某地方的一个企业歧视了一些乙肝病毒携带者的员工，我们就帮这些受害者提起这个官司。而那个企业的态度很强硬，而且该地方的地方保护主义也非常严重，地方的法院以各种理由推迟不立案。我们的主办代理律师亲自出马，跑了 4 趟才在法院终于立上了案。一般现在的案子立案都不会要律师反复跑这么多趟了，但是这个案子就是进展地异常困难。而在立案之后，对方被告公司的态度也还是很强硬。当时，我们查到这个公司是在香港联交所上市的一个公司，而我们在组织这个案子的同时正好有一个机会到香港去出差，于是我们就专门到香港去做了一个有关案件的宣传示威活动。现在最新的消息是，我们在周五做了宣传示威活动，而就在周五那天的下午对方被告公司和当地的法院就同时给我们的主办代理律师打了电话，要求和解。我觉得这不能说是一个简单的巧合。

笔者提问：以您作为一名乙肝病毒携带者和健康反歧视组织的领导者的经验来看，您认为造成今天基于健康状况的歧视如此严重的主要原因有哪些？

访谈对象回答：我们还是拿乙肝歧视为例来进行说明。我认为基于健康状况的歧视这么严重主要是出于以下三个方面的原因：第一个方面的原因就是政府在行政行为上的失误。比如我们前面所说的《公务员录用体检标准》造成了如此大范围、大规模的生理健康歧视的问题。第二个方面的原因就是国家立法的失误。例如，在 20 世纪 90 年代制定的《食品卫生法》中，就规定了乙肝病毒携带者不能从事食品卫生行业。还有在《公共场所卫生管理条例》中，也规定了乙肝病毒携带者不能在公共场所从事服务行业。这些规定都缺乏足够的科学性，因此我认为这些就属于立法上的失误。第三个方面的原因就是虚假乙肝治疗广告的泛滥猖獗。这个现象也是在 20 世纪 90 年代后愈演愈烈。因为在这之前，我国的医药广告本来就很少。20 世纪 80 年代以前几乎没有医药广告。而在 20 世纪 80 年代以后，在市场经济的推动下，慢慢开始有了医药广告，然而这些医药广告缺乏有效的监管。所以，很多广告在宣传的时候都会采取一种将疾病妖魔化的宣传方式，以达到耸人听闻的效果，使患病的群众因为害怕而购买广告宣传的所谓“特效药”。比如，乙肝药物的生产厂家它们在宣传自己生产的药物时，会说乙肝病毒携带者如果不马上使用其药物进行治疗就会患上肝硬化，进而发展为肝癌直至死亡。这就叫做所谓的“乙肝三部曲”。主要就是宣传它的危害性，让人一旦发现自己携带了乙肝病毒就只好不顾一切地寻求治疗。再有一个，这种广告往往还会宣传某种疾病的传染性。就是如果你要是不治疗，就会马上危害到身边的家人、同学、同事、朋友等。所以，这些恐吓性的广告宣传给公众的认知造成了非常强烈的刺激。我觉得上面这几个原因应该就是乙肝歧视的主要原因了。当然，包括艾滋病歧视等可能也有差不多的一些原因。比如，为什么现在对艾滋病的歧视这么严重？除了刚才讲的政府的带头歧视之外，在二十世纪八九十年代前后，有些宣传对于艾滋病的妖魔化也起到了重要作用。我记得非常清楚，那时候我听过一个著名教育人士的讲座，其中他说中国有多好，举的例子里就有说中国没有艾滋病。他指出艾滋病就是美国等一些资本主义国家所特有的腐朽的东西。所以在很长时间里，我们的很多宣传把艾滋病和道德败坏等同起来了。因为这样的宣传泛滥，所以在社会大众的认知里就会潜移默化地觉得歧视艾滋病毒携带者或是艾滋病人就是应该的。

笔者提问：您提出上述几方面的原因共同造成了今天基于健康状况的歧视如此严重，那么其中哪一方面对歧视来说是更严重的呢？

访谈对象回答：我认为，很显然法律和政府的行为是更为严重的歧视原因。因为一些有问题的法律和政府的行为不仅仅是直接剥夺了个人的有关权利，同时也是加剧了一种不正确的宣传。比如，有的法律规定，乙肝病毒携带者不能从事食品行业，这种规定在无形中就向社会大众传递了一个信息，即乙肝病毒是要通过饮食这种方式传播的。这个反向的科普它的作用甚至要比任何正向的科普的作用都还要大。因为这是法律所规定的。人们不依这个法律行事就会受到相应的处罚。又比如说，有的法律规定，乙肝病毒携带者不能当公务员。这个规定就等于告诉所有人乙肝病毒携带者是不适合和大家在一起工作的。所以，很显然法律方面的原因是具有决定性作用的。尤其是《公务员录用体检标准》从20世纪90年代中期开始就直接导致了歧视的急剧恶化，它所造成的消极影响在今天看来是非常明显的。

笔者提问：在刚才讲的教育宣传方面，您所在的组织又做了哪些工作呢?

访谈对象回答:目前,我们的机构没有把教育宣传作为一个特别重视的重点工作来进行。主要就是因为刚才所说的原因,法律和政府的行为在宣传教育方面毕竟比我们的力量要大太多了。另外,我们也很清楚自身作为一个非政府组织是有一些基本的行事原则的,就是说非政府组织的人力毕竟有限,其他资源也很有限,比较缺乏有效的宣传渠道和途径。所以,仅仅指望靠非政府组织去进行宣传是不现实的。我们认为,在宣传教育方面,非政府组织所要做的主要工作是努力推动政府去进行宣传,促使政府去尽量多投入资源,而不是主要由我们自己去投入资源。因为宣传教育需要消耗大量的人力、物力资源,对于我们这样规模的非政府组织来说是不可想象的。比如说,请社会影响力很强的明星们去拍摄反歧视的宣传片,这种活动得投入多少万元的资金?而且如果要在电视台进行播放,一个播出时段就要每秒钟多少万元的投入?所以这样的宣传活动像我们这种民间的机构根本负担不起。而且,要是广泛动员志愿者前去散发传单,如果做得规模大了会给组织带来风险,而如果做得规模小了则根本起不到什么作用。所以,我们的机构一向没有把宣传教育作为我们核心的工作。但是,当然我们也在持续做着这方面的工作,只不过形式不是那种大规模的而已。比如,我们有时会采取行为艺术的方式来进行宣传。另外,我们在开展法律培训的相关讲座时,也会适当穿插一些医学知识的讲座,帮助大家普及健康方面的基本的反歧视知识。

笔者提问:除了上面讲的这些方面的活动之外,您所在的组织还从事其他哪些类型的反歧视工作呢?

访谈对象回答:支持反歧视个案进行维权是我们机构的重心工作之一。另外还有一个重心工作是进行有关的政策倡导、立法倡导。因为我们很清楚,歧视的主要根源其实并不在于一般的大众观念本身,而是在于立法和政府部门的行政行为。所以,我们做个案维权的一个主要目的就是要推动立法进行改变。而政策倡导也是相关的一个核心工作。包括我们支持的这些反歧视诉讼案件,我们想让它们成为有影响性的诉讼。而具体是想要影响谁?就是为了要影响那些立法者、影响相关的政府部门,从而来影响有关法律和政策的制定、修改过程。除了这些间接的工作之外,我们也有一些直接影响国家机关立法的工作。比如,在国家制定或修改相关法律的时候,我们就会写一些建议信,通过各种渠道提交给立法机关,并且动员有关的社群都去积极地提出建议。

笔者提问:这种建议信目前起到的作用如何?

访谈对象回答:就当前的情况来看,写建议信起的作用还是非常明显的。比如,在2004年的时候,我们动员了大约5000多名志愿者,给当时主管卫生方面工作的国务院领导人写了一封公开信,呼吁消除公务员招聘中的乙肝歧视。这个公开信寄出去大概4天之后,国家卫生部和人事部这两个部门的网站上就同时刊登出了一个公告,题目就叫做“告乙肝病毒携带者及其关注者”。其中在这个公告的开篇就写:“近期,乙肝病毒携带者及其家属致信国务院领导同志。国务院领导同志高度重视,专门做出指示,要求尽快解决乙肝病毒携带者受到歧视的问题。”而且,就在这个公告刊登的几个月之后,新的全国统一的《公务员录用体检标准》就出台了。在这个新的标准中,就把乙肝标志物的强制检测给取消了。这是过去发生的一个非常正面的例子。近期,还有一个比较积极的例子,就是今年5月我们机构帮助了1000多名残疾人致信国家公务员局,提出了公务员招录中仍然存在比较严重的残疾歧视的现象。结果,就在上周,我们发现河南省和福建省在新公布的政府五年规划中就提出,当地要带头优先招录残疾人公务员。根据我们目前所了解到的有关消息,从中央到地方的整个公务员招录系统都在这方面感受到了有压力,近期还可能会有更新的促进残疾人就业的措施出台。

笔者提问:您的组织是否有直接游说立法者的成功经验?

访谈对象回答:这方面的经验我们还是挺丰富的。而且在国内目前来看,游说立法者的这块工作我们也是做得最为突出的。一般我们直接游说的对象主要是各级人民代表大会的代表和政治协商会议的委员个人。其中有一年,我们还成功地游说了一个民主党派,就是中国农工民主党,通过他们以中国农工民主党党中央的名义向全国政协会议提交了一个专门的反歧视提案。但是总体来说,在直接游说这方面,我们的工作通常是舆论效应超过实际作用的。因为人大代表和政协委员个人在当前的体制下还没有形成很大的力量，所以游说代表和委员个人的实质作用还是受到了很大的限制。但是，我们通过游说活动制造了一种新的社会现象，就是通过民间游说立法代表。作为一种新生事物，这种现象被媒体广泛报道之后，就能形成一种舆论压力，从而推动立法和政府部门的政策向着对我们有利的方向发展。

笔者提问：在方才的访谈中，您已经提出目前我国的反歧视法律制度中存在着立法和政府行为方面的问题，您认为在立法、行政、司法这些领域中，问题最突出的是哪个方面呢？

访谈对象回答：我个人的感受是，司法方面的问题应该是最为突出的。当然，这不仅仅是司法制度本身的问题，也与立法存在的缺陷有关。现在尽管反歧视诉讼和前些年相比已经容易了很多，但是总体而言，案件胜诉的难度还是很大。比如，很多法院就是不愿意给你立案。法院的理由是你提起的这个就业歧视的案子应该要先去进行劳动仲裁，然而才能到法院来受理。这种说法是没有道理的。为什么呢？既然当事人他还没有在单位就业，也就还没有和单位形成劳动关系，这时候为什么必须要经过劳动仲裁的前置程序呢？但是，我们的很多法院它们就是这样要求的，有些就是不肯给你立案。而即使已经经过了劳动仲裁的前置程序，有时候法院仍然不愿意给你立案。比如说，之前我们讲的在河北省发生的那个案件，实际上原告和被告单位已经形成劳动关系了，也经过了必要的劳动仲裁前置程序，但是法院仍然不肯给当事人好好地立案。反歧视诉讼胜诉艰难的再一个原因就是举证的困难。因为现在在诉讼中举证的基本原则是"谁主张，谁举证"。但是在反歧视诉讼案件当中，关键的决定性证据往往是掌握在被告、资方、雇主手里的，而员工这方所能得到的证据是非常有限的。如果按照举证的基本要求，总是让原告承担主要的举证责任的话，是非常不公平的。而且经过了这些年来对反歧视案件的宣传报道，现在很多的被告单位都是非常聪明的，越来越不会傻乎乎地将自己有歧视行为嫌疑的证据交出去了。另外，在反歧视诉讼案件中，即使原告最终真的胜诉了，他所能获得的赔偿金额也往往是非常低的。因为基于健康状况的歧视通常发生的主要环节是在招聘录用的环节，这时候原告和被告还没有能够形成劳动关系，所以就不存在直接的经济损失——工资损失。因此，在索赔的时候,原告只能提出以精神损害赔偿为主的请求。但是,目前精神损害赔偿在中国法院所适用的条件还是比较苛刻的,精神损害赔偿的标准也非常低。你必须要证明你的精神上确实受到了这么大的伤害。而且,法官还经常会提出这种观点:“一个案子即使死了人才赔多少钱呀,你这一张嘴就要三五万元的赔偿怎么行呢!”所以说,赔偿少这个问题在反歧视诉讼案件中也是一个突出的问题。总体来讲,就是在司法方面的问题更大。当然,司法方面问题的根源还是立法的不完善。比如说当前的《就业促进法》它只有一个原则性的反歧视规定,还是没有相应配套的实施细则,也没有罚则。因此,在实践当中,想要仅仅通过引用《就业促进法》来实现反歧视诉讼案件的胜诉和赔偿,还是不太现实的。

笔者提问:在行政执法方面,目前是否也存在问题呢?

访谈对象回答:当前,在行政执法方面的问题其实也有很多,但目前来看这些问题并不是属于反歧视问题的核心。因为仅仅靠行政监管就想来实现法律的实施其实是靠不住的。首先,现在行政机关的效率大家都是知道的,而且行政处罚的处罚力度目前也是非常有限的。在就业歧视这个问题上,我们还是拿乙肝歧视为例,如果是用人单位违规地进行了乙肝标志物的强制检测,行政部门目前的罚款限额是不超过1000元。而很多判决的实际罚款金额也就是在800元以下。实践中,用人单位多做一个体检的钱有时候也是大致这么多。所以,想要靠行政处罚的手段来威慑基于健康状况的歧视行为通常是起不到什么实际作用的。这么一点罚款无论是对行政部门还是对企业单位来说,都没有实质上的约束力。当然,未来我们也应当更充分地利用好行政处罚这种震慑方式,但是目前反歧视制度的重点并不是在行政处罚这一方面。

笔者提问:总结您以上提出的各个方面仍然存在的缺陷,您认为今后应当如何更有效地促进基于健康状况的歧视这一问题的解决?

访谈对象回答:我认为,要进一步完善我们现有的反歧视制度。这个完善可以大致分成几个方面来说。第一个就是要在立法方面进行完善。立法方面,我们的人大和它的常委会一定要坚持“开门立法”的做法。以前我们有很多的法律在实践中适用时出了许多问题,就是因为人大在立这些法的时候采取了“关门立法”的方式,没有听取社会的意见、大众的呼声。很多情况下,这些专门搞立法的人对一些问题其实自己并不懂得,也没有去深入地了解,想当然地就立了法。如果不能坚持实行“开门立法”,听不到外面的声音,这些立法者他们就会犯错误,立出那些和现实情况相脱节的法律来。比如,最近我们的刑法正在修订过程中,也出现了类似这样的问题。第二个就是我们的行政部门应该克服一些现有的制度性的特权。比如,现在的《公务员录用体检标准》中为什么存在着那么多种类的歧视?为什么对那么多的疾病设置了就业门槛?许多门槛按理说是不应该设立的。现在包括一些非传染性的疾病,它也给设立了门槛,为什么?政府部门就是担心招收了得这些病的人之后,需要支付巨额的医疗费用。其实,作为企业来说,这个问题现在已经不再存在了。因为现在已经有了全民普及的医疗保险制度。但是,对公务员来说却是不同的。目前公务员仍然可以享有这样一个特权,就是可以在享有全民医保的范围之外,还有一个专门的公务员医疗津贴可以享受,并且这个专门的医疗津贴是由国家财政直接拨付的。这个专门的公务员医疗津贴要比一般民众所享受的全民医保不知道要优惠多少。所以,政府部门要是招录了更多的患病人员或有潜在患病可能的人进来公务员的队伍,它们今后在这个专门的公务员医疗津贴方面的开支就会增加。因此,政府部门为了节约未来的财政开支,也是为了现有的公务员的福利不受到影响,就随便地抬高就业门槛,让更多未来有可能消耗医疗资源的人进不来公务员的队伍。

笔者提问:所以这一问题的存在对于招录公务员的单位来说算是一个更加不利的招聘条件?

访谈对象回答:是的,而且这是属于一个制度性的弊端。因为公务员本身他们的工资已经很高了,福利待遇也很好,除此之外还能够享有这种专门的公务员医疗津贴。而且,因为公务员他们所享有的特权,排斥了本来有权利当公务员的公民,剥夺了这些公民的权利。因为少部分人的特权而剥夺了其他人的权利,这是非常不合理、非常不公平的制度。虽然这个问题可能在可预见的将来都是很难改变的,但是,我觉得一定要勇于提出这个问题。如果现在不提出来的话,等于是继续默认了这种特权的存在,放任了这种特权去肆意地侵害其他公民所应当享有的权利。

笔者提问：除了刚才提出的立法和行政制度之外，司法方面当然也有要改进的地方？

访谈对象回答：是的，而且重点需要改进的就是上面所说的几个方面，就是主要针对目前存在的立案难、举证难、赔偿低等问题来集中改进。具体来说的话可以有以下一些做法。例如，可以统一有关就业歧视的各类案件的案由，把"平等就业权纠纷"作为一种单独的案由给提出来，或者统一地把这类的纠纷案件归到现有的某一类案由当中去，比如"一般人格权纠纷"这一案由之下。这样就可以不再强制要求在这类案件中必须要经过劳动仲裁的前置程序。在反就业歧视案件的举证规则上，最好能提出将主要举证责任放在被告单位身上。就是说，原告一旦已经初步证明了被告单位拒绝录用或辞退的事实之后，就由被告用人单位一方来负责证明其作出拒绝录用或辞退的行为不是基于对原告健康状况的歧视。在赔偿规则方面，可以尝试确立原告有权获得精神损害赔偿的一般性原则，并且适当地提高精神损害赔偿的标准。在国外的许多反歧视案件中，我们经常看到原告一旦胜诉主要获赔的都是精神损害赔偿，而且这种精神损害赔偿的金额往往都是非常高的。

笔者提问：上面说的这些司法方面的问题主要是关于制度本身的问题，关于法官的个人能力方面会有怎样的影响呢？

访谈对象回答：上面所谈的主要的问题不是法官本身素质和能力的问题。根据之前所分析的结论，这些问题主要还是由于现在在法律上对反歧视诉讼这块很多方面还是空白，或规定得十分粗糙。作为法官个人很多时候在案子当中也很难作出更好的判决。现在，很多法官在审理这些反歧视诉讼案件时他们也有感觉压力很大，媒体经常有很多报道，政府公开的政策宣传上也很明确地提出要促进平等和反歧视，但是法官他们也不知道具体该怎么判决，因为在这方面更为详细的司法指引还是很缺乏的。所以，有时候甚至判案的法官他们也会问我们索取相关的资料，问我们在以前的类似案件中法官是怎么判的。我们也会把过往一些案件的判决书拿给法官来参考。这样的做法实在是比较无奈的，但是，它在客观上会更有助于法官在判案时作出一个比较合理的判决。

笔者提问:所以非政府组织能够通过这样的行为对法官判案产生一种正确的指引作用?

访谈对象回答:无所谓指引作用是正确还是不正确?只是我们这样做了以后,法官的判案对歧视这种现象会更有威慑力一些。因为在反歧视诉讼中也有一个很重要的原则,就是要尽量提高歧视者进行歧视行为的成本。无论是修改法律本身也好,进行个案诉讼也好,一个共同的目标就是要让歧视者不敢再进行歧视,提高他的歧视行为成本是一种很好的方式。所以,法官在审理案件中判决被告赔偿2000元还是20,000元对歧视者的成本当然是不一样的,赔得多了单位当然会更加注意其招录或用工过程中的合法性。这是一种反向的法律激励手段,通过惩罚规制违法的歧视行为。

笔者提问:在法律之外的其他方面,您对我国的反歧视制度的整体发展还有什么建议吗?

访谈对象回答:前面说的宣传教育、医疗广告等这些方面的内容我们也一直都在提,但并不是把它们作为反歧视工作的核心或是重点来开展。在这些方面,我们提出的主要有两个具体的诉求。还是拿乙肝歧视作为例子,我们的一个诉求是加强对有关乙肝的正确知识的传播,另外一个相对应的诉求就是遏制对虚假乙肝知识的传播。增加正确的乙肝知识传播需要的是投入更多的资源,而遏制虚假乙肝知识的传播则是要提高这种行为的成本,让人犯了一次以后就不敢再犯第二次,让这家企业犯了一次以后其他企业就不敢再跟着犯。我们可能很快将会提出一个立法建议,就是希望虚假药品广告能够做到假一赔(罚)十。因为现在我们的立法对食品是假一赔十的,在超市里买到了假的食品就要赔偿十倍,而虚假药品的危害要比假的食品危害更大,但是目前的立法对虚假药品的赔偿要求仅仅是假一赔二。所以,这种赔偿比例非常不合理的。如果能够做到虚假药品假一赔十的话,那么一方面是提高了作假者的违法成本,另一方面又提高了消费者的维权意愿。这是一件一举两得的好事。

笔者提问:除了上述问题之外,您还有什么想补充的内容?

访谈对象回答:有一些自己的想法。我一直以来都认为公民权利的实现是和一个国家中公民社会的健全密不可分的。比如说乙肝的反歧视,如果没有乙肝病毒携带者自发的自觉的这些维权活动,上面(政府层面)的政策不可能有这么根本性的改变,或者说根本不可能改变得那么快。只要有了一个活跃的健全的公民社会,有了这些社区组织、非政府组织等,那么一些不合理的制度、歧视性的政策要改变起来就会容易得多。

笔者提问:您对您的健康反歧视组织将来的发展有什么期望?

访谈对象回答:其实我也没有特别的期望。当然我认为从长远来看我工作的组织会向着越来越专业化的方向发展。和其他民间社会组织一样,其实我们的组织也是在"摸着石头过河"。我们现在的很多工作方式都是我们自己摸索出来的。当然也会学习很多其他机构的、其他领域的、其他国家的一些办法。而且我们还在继续探索。现在很难讲对今后有一个特别清晰的愿景。这也是不现实的。我这样讲的意思就是说"一切都有可能"。我们和其他国家的民间社会组织的发展完全不一样。我们的国家现在所经历的时代、阶段可能是处于西方国家 20 世纪 60 年代的阶段。所以拿我们现在的阶段跟人家 21 世纪的最新发展阶段来对比,我认为是没有可比性的。比如我之前去香港和欧美的一些国家访问,发现我们现在做的很多方面的工作跟他们 60 年代做得很像,甚至就是他们 60 年代做的那些。这个差别我觉得是很关键的。我们即便是(向他们的民间社会组织)学习,目前来看也应该是跟人家的六七十年代的经验去学。也有一些国家的民间社会组织发展的经验和我们的差距很大。比如我现在到德国去访问。他们国家的非政府组织跟政府关系非常好。每年从政府那里拿很多资助,而我们现在的环境还达不到这样的程度,所以这些经验基本学不了。美国的民间社会组织也是。在美国,非政府组织基本上 70% 的经费是来自政府的拨款。此外,在很多国家,非政府组织做直接倡导的工作已经越来越少了。而且他们的倡导方式也越来越单一。而在类似倡导的这些方面,我们的发展倒是比当今欧美的很多非政府组织都要先进,比如在倡导方式方面我们一直都很活跃和有创造力。他们的倡导功能则是已经逐渐在退化。

笔者提问:目前您领导的健康反歧视组织的工作看来是处在国内前列?

访谈对象回答:国内目前做这方面专门工作的非政府组织还并不多,所以就算是我们的工作处在前列,也没有什么可骄傲的。[有些自嘲地笑]

(2)子小组 A(b)访谈对象:健康非政府组织的律师 BJ002

笔者提问:请您介绍一下您的个人背景和工作情况?

访谈对象回答:我原来是一名中学的教师,学的是中文专业,是搞文学的。虽然做律师是属于半路出家,但我本身所学的文学专业和法律就是密切相关的。好的文学是反映人性的,而人性的张扬与人的权利意识、人的尊严密切相关。所以,我在学文学的过程中对法律也很感兴趣,后来就又学了法律。做了十年的中学教师后,我在 2004 年到北京做了律师。在做律师的过程中,我接触到了很多不同类型的案件,其中关于弱势群体的权利保护案件尤其引起了我的注意。这些弱势群体的成员要获得法律帮助是比较困难的。虽然大家都说"法律面前人人平等",但这种平等要真正得到落实需要有具备专业法律知识的人为这些弱势群体提供专门的法律帮助。于是我自然而然地注意到了这些弱势群体。比如在健康方面有一些缺憾的朋友、公民,往往他们的权利会因为种种因素而受到侵犯。所以,我认为有必要为他们提供专业的法律帮助来进行维权。在我的执业过程中,我也逐渐与一些非政府组织产生了联系,包括我现在所任职的这个健康非政府组织,于是我就有了机会为健康方面的弱势群体,比如乙肝病毒携带者,来提供法律帮助。

笔者提问:您个人以前有没有相关的受到歧视的经历?

访谈对象回答:每个人的成长经历确实会对人有很大的影响。我本身是来自农村,对普通的农民、那些生活在社会底层的人士的情况是比较了解的,能够亲眼看到他们在社会生活的各方面遭受了许多不公平的待遇。所以,我也受自身的感情因素的影响而愿意为这些人提供力所能及的帮助。后来,我在做律师之后,对更多的工人、普通劳动者加深了了解,听取了他们的各种遭遇,包括在劳动过程中轻易地被用人单位辞退。在这种辞退过程中,他们往往居于极为不利的地位,很难与用人单位处在一个平等的位置上去抗衡。所以,我愿意提供帮助来为他们服务。

笔者提问:您是怎样来到当前这个健康非政府组织工作的,在这个机构中您所承担的主要角色是什么？

访谈对象回答：我在到这个机构来工作之前，曾经通过同行的律师朋友介绍，为一些艾滋病毒感染者提供过法律咨询，并且详细了解了他们的生活状况。我曾经亲身到过艾滋病高发的省份，亲眼看到了感染艾滋病毒的人，听取了他们自己和家人所受到的种种遭遇，尤其是所受到的制度性的歧视。他们的上学、就业都极为困难，也很难获得足够的赔偿。我也仔细了解了这些人感染上艾滋病毒的具体传播途径。他们这样一群老实巴交的人感染了艾滋病毒实在是非常无辜的。他们遭受了种种社会对他们的不公正的歧视、偏见甚至是仇恨。而国家本身对他们的救助政策还很不够，现在仅有的一些政策落实得也不够完善，所以他们的生活处境是非常艰难的。我在开始做律师时，就为他们提供过相关的法律援助。后来，随着我与各种健康非政府组织的合作机会增加，最终到了目前这个机构担任了它的法律项目协调人也就是负责人，具体负责法律援助工作，包括撰写相关群体的权利状况调查研究报告等等。我所在的机构也不仅仅是为艾滋病毒感染者提供服务。因为基于对艾滋病这个公共卫生问题的关注，我们也广泛关注了其他的相关人群，包括同志人群、毒品成瘾人群、在京的维吾尔少数民族人群（我们有一个专门的项目对他们进行帮助，因为他们的就业、生活常常会遇到一定困难，还有比较高比例的一些吸毒人员），性工作者尤其是女性性工作者的人群（因为她们也是艾滋病毒感染的高危人群）。总而言之，我的工作主要就是对与艾滋病有关的人群的状况进行特别的关注，为受影响的这些人群提供相应的法律援助。

笔者提问：在您的机构中，法律援助工作具体是如何开展的？

访谈对象回答：目前，国内已经有不少艾滋病领域的专门法律法规和政策措施，我们平时主要在相关社群中进行宣传，让他们充分了解这些法律法规和政策措施的内容，比如《艾滋病防治条例》、“四免一关怀”政策等。同时，我们也指导他们在平时生活中应当如何正确地运用这些法规和政策。例如，如何使用“四免一关怀”的政策来保护自己和家人的隐私权，如果这一权利受到了侵犯又要如何去进行维护。这是我们进行的主要的宣传工作。平时，我们的法律项目也有提供专门的热线电话服务，同时对社群内部和外界公开，让大家有问题时可以及时咨询我们。另外,在相关的社群中,我们与很多志愿者存在长期的联系。这些志愿者往往来自相关社群本身,对社群内部普遍存在的问题非常了解。同时,他们也对我们的机构和相关活动的宗旨非常了解。如果在社群中出现了相应的个人和集体权利受到侵犯的问题,他们会帮助联系我们进行咨询,如果出现了需要起诉的案件,也会配合我们提供诉讼援助的服务。我们的工作人员中包括了专业的社区工作人员和律师等,也有另外聘请的合作律师,可以随时提供相关的法律援助服务,并协助代理诉讼和进行调解等活动。

笔者提问:您刚才说,您曾经担任过相关社群的权利状况调查和撰写调查报告的工作,能否具体介绍一下?

访谈对象回答:我们机构的整个法律项目中就包含了很多相关的调查研究报告,比如《关于毒品成瘾人群的法律状况的报告》《关于艾滋病毒携带者的法律状况的研究报告》等。我自己曾经撰写了《关于在XX省的艾滋病毒感染者的诉讼状况》这样的一份调查报告。在该省,已经有至少几十名艾滋病毒感染者提起了诉讼,也请了我和其他一些热心律师进行了相关案件的代理工作。我对这些案件的诉讼进程,包括曾经作了多少次的代理、代理之后案件的进展状况、立案的整个过程、中间遇到了多少困难、为什么会产生这些困难的理由等,都会及时进行相应材料的整理和总结。另外,我们机构每年都会发布相应的人权状况报告,在具体的每个权利方面也有个别的权利保护状况报告,像是《在京维吾尔人的人权状况报告》《同志人群的就业权状况报告》等。这些报告很多都是公开发表的。不仅发表在相关的社群、网络、邮件组等地方,而且还对社会公众公开发布。除此之外,我们还将一些重要的报告及时转交给联合国艾滋病规划署和国家的相应疾病控制与卫生部门,以作为未来立法和政策制定的参考依据。

笔者提问:您的机构发布的这些报告在社会上影响大吗?

访谈对象回答:应当说,这些报告还是有相当大的社会影响的,不过这种社会影响是表现在很多方面的。比如,我们机构的工作对整个中国社会进一步了解中国艾滋病的发展情况有非常大的帮助。中国的艾滋病感染情况和世界其他地区的不是非常一样。艾滋病最开始传播的时候,人们把艾滋病的问题意识形态化了,说这是西方腐朽的资产阶级生活方式所导致的,谈及艾滋病往往都跟吸毒、性乱、不健康的生活方式等情况关联起来。所以到今天为止,很多人在谈起艾滋病的时候还是会自然而然地联想到以上这些情形。但是,在实际中却不是这样的情况。中国的艾滋病很大程度上是缘于“血祸”的影响。其中比较典型的是中原地区一些比较贫穷的省份。比如,XX 省因为经济长期以来不够发达,导致了人们的生活非常困难,尤其是普通的农民到了该交学费、该买农作物种子、该买农药化肥的时候没有钱负担。在 20 世纪 90 年代的中期甚至是更早的时候,一些地方认为,要改变这种贫穷的情况靠卖血是很好的一个途径。当时,人们有限的科学知识认为,卖血是几乎一本万利的,“血卖了可以再长,长了可以再卖”。因此在一段时期内,血浆经济受到了大力的提倡。人们普遍相信,卖血是不会影响长期健康的。那时,在农村地方上就出现了很多的私人血站,这些血站的管理十分混乱。简单地来说,XX 省相当程度上是因为人穷得没有办法而大力倡导了血浆经济的发展,导致了许多人在完全不知情的情况下感染了艾滋病毒。当然,也有一些人是通过手术中的输血而感染艾滋病毒的。我了解过一个这样的典型例子。一个学生在 1996 年曾经有一次和同学在教室里追打,不小心撞破了头。尽管他当时的症状其实是很轻微的,但是在医院治疗过程中医生说需要输血,于是他就接受了输血。之后他就感染了艾滋病毒,一直感冒和持续发烧。但是医院一直将他的症状当做感冒来治疗,直到 2004 年他的艾滋病其他症状才慢慢爆发。之后他才去进行了专门的艾滋病检测,结果一检查竟然发现他同时感染了艾滋病、乙肝、丙肝等病毒。最近我又到他所在的地方去,发现又有一个高中生也发生了和他差不多的情况,也在 1996 年前后通过输血的途径感染了艾滋病毒。上述情况主要是发生在 XX 省,主要途径是通过卖血,中间也有少部分人是通过输血的途径感染艾滋病毒的。当然也还有外地人到该省去,在医院做手术后通过输血感染的情形。我今晚就要出发去办理另外一个案件,就是外省人跑到当地某个医院接受了输血之后感染了艾滋病毒。同样,在 YY 省也有类似的一个问题。YY 省的某地方有两家医院,很多产妇去了这两家医院生孩子,本来顺产后很快就能回家,但是这两家医院的医生就劝说产妇的丈夫,说让产妇接受输血更有利于恢复健康。结果,一输血之后这些产妇就感染了艾滋病毒。无论是通过输血还是卖血等途径感染上了艾滋病毒，在相当长的时间内，这些感染者都不知道自身的健康情况已经发生了变化。而有关的医疗等机构在了解到感染者的信息之后，也没有及时把这些信息告知本人。由于没有及时告知，这些艾滋病毒感染者往往又在无意识的情况下将病毒继续传染给了他人。尤其常见的是家庭内部的相互传播，比如丈夫妻子之间相互传染，上一代的艾滋病毒通过生产传染给了下一代的孩子。这两种传染方式在当时都是非常典型的。为了更好地让国内和国际社会了解到中国艾滋病毒感染的真实情况，我所工作的非政府组织认为有必要通过我们这样的机构来开展广泛的民间调查。我们一贯倡导，作为一个健康方面的非政府公益组织，我们的工作原则是公开透明。另外，我们这样的组织存在的一个重要意义也在于，作为民间机构对政府也是一个监督的角色。所以，我们主要的工作不是跟在政府政策后面进行解释、阐释等活动，相比而言，我们更经常是作为一种民间监督者的角色而出现。通过我们的行动，社会大众能更全面地了解中国艾滋病发展的真实状况。另外，我们和其他一些民间机构多年以来的共同努力也在某种程度上促成了国家的“四免一关怀”政策的有效实施。长期以来，我们都致力于帮助相关艾滋病毒感染者维护应有的权益，追究有关责任者的违法行为责任，同时也呼吁国际和国内的各级官方机构从法律和人道的角度来对艾滋病毒感染者加强关怀。应该说正是由于我们的不懈努力，促使国家的“四免一关怀”政策最终出台。当然，在好的政策出台之后，还需要走很长的路去真正地落实这一政策。这时，我们在相关社群的工作就非常重要了。2009 年，我到艾滋病最为高发的省份之一去进行过一次专门的社群调查。尽管很多人声称自己知道有“四免一关怀”这样的政策存在，但是真正得到完全履行的情况却并不多。这种情况下，我们往往协助相关的社群进行知识普及，让艾滋病毒感染者们清楚地理解相关规定，知道“四免一关怀”政策具体应该在哪些方面得到落实。当然，我们也同时普及了相关法律规定中的权益保护内容，比如国务院的《艾滋病防治条例》中对艾滋病毒感染者隐私权的保护等这些方面的权利。这样，当好的政策不落实或相关权利受到侵害时，艾滋病毒感染者就可以通过法律途径加以解决，从而促使立法者和政府部门的良好意图得到实现。

另外，在有些时候，我们的政府部门也可能出于很好的意图却采取了一些不恰当的措施，这种时候就有可能侵犯一些公民的正当权利。我们机构也随时关注着这样的情况。一旦发生，我们就会向有关部门写建议信，向媒体、公众公开进行普及宣传。比如，在大规模的“扫黄打非”活动过程中，一些地方曾经出现过侵权的行为。我们认为，不能仅仅为了工作的方便或是图一时之快，侵犯当事人作为公民的基本权利。比如，将安全套作为卖淫嫖娼的决定性证据这样的行为，我们认为会严重损害政府部门的自身形象和对公众、社会的庄严承诺。例如，在某地方进行扫黄打非时，媒体跟着对性工作者进行抓拍。警方在现场把性工作者抓了之后，有的连衣服也没让穿就直接对着脸部正面照相，还用绳索捆成一排。我们看到这种情况就及时地给公安部门写信，指出其中的问题。这样做产生了积极的效果。后来，公安部专门针对这类问题下发了文件，全面禁止在扫黄打非过程中对涉嫌卖淫嫖娼的人员进行正面照相等随意暴露其身份的行为。应当说，我们的工作产生的社会影响还是比较好的。

笔者提问：您在从事健康非政府组织的律师工作过程中是否遇到过困难呢？

访谈对象回答：我现在的这个工作努力去做很有意思，也能切实感觉到一种振奋的效果。（爽朗地笑）而另外，工作中的各种困难也需要时时面对。比如，在与我们的社群人士主要是同志人群、性工作者、艾滋病毒感染者等打交道时，往往需要做很细致的工作。我们这样的非政府组织的角色有别于政府。政府往往是以管理者的角色出现，所以社群人士对政府有时候会是一种比较排斥的态度。而我们在最开始也遇到了这样的障碍。但是我们本身就是服务者，是服务于他们的利益的，为他们提供帮助。我们的志愿者许多就来自社群本身。这使得我们的工作往往能克服相应的困难，并且卓有成效。同时我们确实坚持着一种独立的、开放的、有别于官方的监督者的立场。我们对政府部门的工作进行监督，提出各种批评意见。政府部门下属的许多机构在有些人看来也是民间机构，但实际上是我们所称的“gov - go”，就是所谓“政府的非政府组织”。这些组织也受到我们的监督。如果政府和这些机构没有正确地行事，我们就会督促提醒它们，如果它们在各方面有所改正的话,我们也会及时地发表声明,对它们的积极行动表示赞赏、欢迎。更多的时候我们是严守一种独立监督的立场。有时,我们在工作中也因此受到很大的阻碍。在我们帮助各地的艾滋病毒感染者时,这个问题曾经屡屡发生。前面已经说了,我国艾滋病毒传播的原因尤为复杂,和国外的传播途径很是不同。有许多病毒传播是来自地方的企业、医院等的原因,甚至有时候是由于地方政府在管理上曾经存在疏漏。所以,一旦我们帮助了这些地方的艾滋病毒感染者时,就会与这些地方的企业、医院等站在对立面上。在这个过程中不仅我们的工作难于开展,受到帮助的当事人也会深深感受到压力。有些企业、医院甚至会对我们进行污名化,告诉当事人不要和我们往来。但是,民众还是知道究竟是谁在帮助他们,大家的心里都很清楚。长期以来,我们的经费来源也是一个巨大的问题。最开始,我们的经费主要是来自外面基金的支持。这有时候会引起人们的疑虑,认为我们拿了别人的钱就不是完全独立的了。而我们一直坚持,不管给钱的基金是出于什么目的资助我们的项目,我们的工作就是要一直独立。我们既是要独立于政府部门,同时也是要独立于外面的任何机构和基金。钱给了我们以后,我们就按照我们自身的活动宗旨和与基金协议好的方式进行使用。我们决定了是要帮助某个案子,实际上就要把钱用到这个案子上。无论钱是来自谁,我们做的事始终是按照既定的目标进行的。后来,国家对外来基金的法律监管发生了一些改变。比如,从 2010 年 3 月 1 日开始,人民银行对于境外基金到中国来有一个新的结汇管理办法,要求结汇必须要拿着双方签订的正式合同到国内来进行公证。而这个公证在实践中真正操作起来很难完成。因为国外的基金规模往往很大,而我们只是人家资助的一个很小的项目,所以很难要求人家不仅能把钱给你,还到你这里来签订合同和进行公证。因此,现在我们在获得资金方面更为困难了。当然,我们能够理解政府这样做的原因是为了反洗钱的需要,只是这种监管确实对我们工作的开展造成了一定的影响。而政府下面的那些“gov – go”组织在这方面就没有受到什么影响。所以,作为一个非政府组织来说,资金也是我们面临的一个重要的问题。

笔者提问:一般而言,非政府组织的活动是否也能从政府或者企业这方面获得一定的资金支持呢?

访谈对象回答:也有一些机会从政府或者企业这方面获得一些资金支持,但是实践中操作起来也很困难。一些大的企业他们有钱,也愿意为社会做一些好事,但是他们往往担心如果资助非政府组织的活动会给他们带来不必要的风险。有时候资助非政府组织的活动可能会被看作是有偷税漏税的嫌疑。一旦企业给了我们资助,后面就可能会被工商机关、税务机关等各方面的有关部门进行审查。我们机构也是经常会被这些部门审查的,虽然查了多少年也没有查出问题,审查本身并无违法,但往往还是会影响正常工作。有时,我们的工作人员个人也会被有关机构审查,日常生活中也会遇到一些不便。所以我们的发展也是面临种种困难的挑战。但是,我们的机构十多年来就是一直这么走过来的,无论外界环境是好一些还是差一些,我们就是这么一直坚持在往前走的。

笔者提问:您提出了您所在的非政府组织活动中遇到的一些困难,这是否是由于法律框架本身对组织的行动有所限制呢?

访谈对象回答:其实我们的行动是全部在法律框架内进行的。如果不在法律框架内行动的话,早就构成违法行为了。所以我们是不怕有关部门对我们进行审查的。我们在财务等方面非常规范,一直都严格按照制度来行事。但是审查如果过度还是会对我们的正常活动有所影响。不过这段时间情况相对更好了一点。尽管仍然还存在审查,但是经过我们不断地与有关部门沟通,他们也对我们的活动更加了解了,所以现在的情况好了一些。

笔者提问:概括性地来说,您认为造成目前基于健康状况的歧视的具体原因有哪些?

访谈对象回答:我觉得,方方面面的歧视在中国都是由来已久的,不只是这种歧视而已。中国到目前为止,人与人之间的平等关系这个概念还没有能真正深入到人心里面去。如果你问人是不是应当平等,一般大家都会回答是应当平等的。所以仅仅问这个抽象问题的话,每个人都知道正确的答案。但是其实在日常生活中尤其是在人们的传统观念中,都还没有真正建立起来一种平等的意识。比如,职业歧视是很常见的。我们平时经常听到家长跟小孩说:“再不努力,以后让你扫大街去。”其实这就是一种很典型的职业歧视。还有前几年曾经报道过有官员说:“你就这样,以后当老师去。”就是有些人在观念中还歧视教师。我们的小学课本中说,人与人之间有分工的不同,但是没有高低贵贱之分。然而无论是在学校里,还是在家庭成员之间,都可以随时随地听到歧视的内容,比如“隔壁家孩子找对象找了个理发的”。所以,人的头脑里面没有真正的平等意识,人与人相互尊重的意思,这是一个非常大的问题。人们做不同工作的收入差别可能会很大,但这不应该影响我怎么看待你这个人。比如在香港,法官和警察、律师和警察这些职业之间收入差距都很大,但并不影响他们对警察职业的尊重。又比如到美国,门口的保安都会被很好地尊重。即使是上层社会家庭的儿女,如果有一个当小学老师的志愿,也会为儿女感到骄傲的,大多数都很支持。而在中国人们就不是普遍这么认为的。所以,造成歧视的一个很大的原因就是我们的平等观念本身还没有真正地形成。这个没有形成的责任当然也不是全在民众本身。政府在平时生活中也有做得不够的地方。平等的意识没有真正深入到民众的心里。另外,确实是由于不同阶层的人之间处境区别非常大,而且由于现在阶层与阶层的流动性还不够畅通,所以自然而然形成了阶层之间的对立。下面的阶层对上面的阶层不满,上面的阶层瞧不起下面的阶层,这方面实际上也造成了歧视。当然大家对工作的态度也造成了不同。有的工作人们认为是比较优越的,有的工作却是只有比较“下贱”的很底层的人干的。还有很多随时随地出现的对户籍的歧视,不同地域的人相互之间的歧视,这些都随处可见。例如,北京的银行招工就要北京户口的人。这些歧视和我们说的基于健康状况的歧视不一样,但是方方面面的区别对待就造成了人的普遍的歧视性心理。由于没有彼此的尊重,就健康状况来说,一个健康的人天然在身体有某种缺陷的人面前就存在有一种优越感,身体有缺陷的人在身体状况优于他的人面前就有一种自卑感。时间长了,人们就觉得某一方面就应该是不同待遇了,似乎大家都接受了这种现实。当然,健康领域的歧视还有它特殊的原因。主要是因为人们的无知,对某方面医学知识的不了解。比如,一般民众对艾滋病毒的传播途径一开始就很不了解,感到恐惧,于是产生了歧视。对艾滋病毒感染者的歧视既有一些是单纯出于道德上的原因,也有一些就是观念上不了解所导致的恐惧。我曾经听说过一个真事:有一群艾滋病毒感染者到一个律所去,希望获得法律帮助。最开始律师很高兴,因为客户来了。但是一问清他们是艾滋病毒感染者之后,律师立即就把这些人给赶走了。他们坐过的椅子没人敢摸,没人敢坐。当然这事是发生在很多年以前了。你说律师是诚心地歧视这些感染者吧?的确是因为他们感到恐惧,但就是这种恐惧导致了他的行为产生了歧视。当然这种问题也发生在乙肝病毒感染者、糖尿病人、血友病人等身上,是很多见的。这既是源于人们的无知,也是源于人们长期以来的歧视性心理。各方一直以来都接受了区别对待,但是有些人却最终走上了“讨说法”或其他不同的道路。这些人也是因为自己在这种状态下难以很好地生活下去了。比如,我们知道有个乙肝病毒携带者在公务员考试中一路过关斩将,最后仅仅由于自己是携带者而没办法获得职位。他在各方面都很优秀,最后却采取了一种极端的方式去抗争——杀人。这客观上就是源于人们对歧视已经习以为常。当歧视发展到那一阶段,就很难避免受歧视的人以极端的方式来反抗。而等到发生了极端的事之后大家再来进行反思,就会发现这种习惯的可怕。当然,除了观念上、习惯性的歧视,歧视也有其他一些具体的原因。比如不给盲人参加考试也是一种歧视。一些人就觉得,为了盲人一个人准备相应的考试材料太麻烦了。但是,我们人不仅仅是动物,不仅仅是依靠优胜劣汰而在社会中生存发展的。我们这样一个偌大的国家,应该让所有人都公平地享受到社会发展的成果。盲人他们在视力方面跟我们比,可能会有一些不足。但是这是不是他们从事某一项工作所必然具有的障碍呢?不一定。只要他们从事的工作不会因此受到影响,就应该为他们提供相应的条件。还有,有些血友病人很难找到工作,这当然也有一些他们自身的问题,但是和他们的工作能力本身并没有直接关联。只要不是出于工作本身的原因,不是因为完成工作存在缺陷,我们就应该一律平等地对待每一个人。为什么?我个人认为,我们哪一个人在健康方面是完全没有问题的呢?如果说,血友病人不能工作,那心脏病人能不能工作?高血压患者能不能工作?我自己就是高血压患者,要是按照医学上的说法,我这样的人也是随时有可能出问题的,于是我就什么都不能干、哪儿都不能要我工作了吗?这就太极端了。从某种程度上说,社会、单位排斥一些患病的员工,实际上是让这些人陷入了绝境。如果果真问题是这样严重，这些人什么都干不了，他们岂不是只有死路一条？另外，如果不存在血压、心脏病等方面的问题，人还存不存在其他的健康问题？当然是有的。到现在为止，谁也不能说哪个人在方方面面都是完全健康的。所以，只要这个健康状况跟某个人的工作能力没有关系，只要不是健康状况导致他不能胜任这个工作，我觉得都应该一视同仁地对待。但是我估计这个说法现在拿出去不会让所有人都能接受。对于乙肝，现在可能会说因为乙肝病毒携带者不会传染别人，大家觉得还可以过一个基本正常的生活。但这是通过许多机构这么长时间的努力、通过法律法规的出台等措施之后，社会中才慢慢地有一部分人相对地接受了。但是，对很多其他的健康问题，对工作本身也根本就没有什么影响，我们照样还是觉得一个人因此就不行。甚至有些学校，觉得一个人身高不行，长相不行，就不肯招录，这是多么明显的歧视啊！我记得小时候看电影，电影中演到盲人也能上大学。但是现在，可能有些学校公然地就制定了很多歧视性的录取条款，盲人在今天上大学反而更加困难了。甚至公务员在招聘的过程中，曾经也有过非常荒谬的规定，比如要求“女性乳房对称”。真是很难理解为什么要有这样的规定。另外，还有要求“五官端正”、长相好看等招聘条件。比如，中国的航空公司在招收空姐时，就要求年龄在 25 岁以下、形象气质要好。我觉得这就反映了人们对真正的平等没有意识，好像大家都希望看到年轻漂亮的空姐，所以我们就只招年轻漂亮的。但是，我们在国外也看到好多年纪挺大，也不是那么漂亮的“空嫂”甚至“空大娘”，也没有觉得这些航空公司的形象有什么不好。

笔者提问：您刚才主要谈了人们的思想观念和行为习惯造成了基于健康状况的歧视的存在，那么对于法律法规和政策措施这些方面的因素您是怎么看待的呢？

访谈对象回答：我刚才已经提及了，歧视是有很多方面的原因造成的。最开始可能是由于人们整体的平等意识不够，然后具体的阶层之间也确实存在不平等，接着现实的不平等又会引导人们的行为，形成一个行为指向，使人们根据这样的要求去行事，以适应社会。这样的社会各阶层的不平等，让个体的人也好，不同的用人单位也好，甚至国家的很多部门也好，都自然而言地采取了不平等的做法。另外，长期以来不平等的有关用人的法律、法规、制度，还有用人单位自己制定的各种不平等的土政策，都存在一些歧视性的规定，可以说是一种“制度性歧视”。所以，方方面面的原因都导致我们现在不得不面对这么一个充满歧视性的整体就业环境。这么一来，基于健康状况的歧视只不过是多种多样的歧视中的一小部分。其他我们最常见的歧视包括户籍或地域歧视、宗教信仰歧视等。还有，比如《人民日报》在招聘广告上写着“党员优先”，这也是一种会引起争议的区别对待行为。

笔者提问：总结来看，您认为上述所说的各种歧视原因当中，哪个因素起的作用更大一些？

访谈对象回答：我个人认为，整体上的歧视性心理起的是一个基础性的作用。但是，法律、法规就制度性层面的歧视巩固了人们的歧视心理，也使得歧视能够真正有根据地去实施。所以从这个角度来说，一方面，我们要改变现有的不合理的法律、法规等歧视性的制度。这对于平等权的教育、倡导也是非常重要、相辅相成的。这一点上，我们的机构就做得很好。另一方面，我们还要通过实际的案例推动平等权的落实，让人们普遍接受真正的平等意识。此外，需要通过切实的案例和行动去促进立法的改变。比如，每年两会的时候我们都会提交相应的提案、建议给人大代表，希望通过他们来改变歧视性的立法。说真的，这几年关于消除乙肝歧视的政策法规一个个出台，可以说每一步都跟我们这些健康非政府组织的努力密切相关。关于乙肝标志物方面的强制检测，最终也是在这些努力之下得到废止了。还有食品领域健康证的发放工作，以前乙肝病毒携带者是不能获得在食品行业从业的健康证的，后来也是经过各种机构和个人的努力，包括行为艺术等的推动，把原来那个落后的没有任何科学依据的荒谬的规定改变了。当然，在这个改变当中，媒体也起了非常大的良好的推动作用。媒体跟着我们的活动马上去做相应的报道，就会有更多人关注事态的发展，形成一个良性的循环。反歧视的工作是公民社会本身、国家相关部门包括立法机关等大家一同努力往前走所实现的。所以是观念本身还是法律制度原因更重要？我觉得真的不好说。这两个因素都非常重要。它们如果相互刺激，也可能会形成一个恶性循环，导致人们的歧视心理更为强化，歧视行为不断出现。而如果从这两方面同时去努力改善的话，通过行为的改变也可以推动制度层面的优化,同时通过倡导又推动了人们意识的变化,这就可以形成一个良性的循环。

笔者提问:针对未来的反歧视制度,您有什么促进的建议吗?

访谈对象回答:以上所说的两方面的改变当然能够很有效地促进平等权的实现。其实我们这些机构都是跟法律密切相关的非政府组织。我们往往先用个案来启动一个反歧视问题,然后通过相应的社群、网络等的倡导来改变人们的意识,进而推动制度层面的改善。实际上这两方面的改善是相辅相成的,需要它们的共同运作来促进反歧视目标的实现。

笔者提问:您对未来反歧视制度的发展有什么展望?

访谈对象回答:可能未来在某些领域中,反歧视制度的发展障碍会比较少。在健康领域中,有些歧视涉及政府层面的问题相对是比较少的,这些问题就更容易解决。比如,乙肝歧视这块就比较容易解决。但是在艾滋病歧视这块的工作相对地就更为麻烦一些,需要各方面力量一起努力,尤其是政府更多地参与问题解决。所以,我觉得未来反歧视制度向前发展的总体形势还是很乐观的,但是在某些具体问题上就可能困难多一些。因为一些具体问题它不仅仅是简单的一个公共健康的问题,或是一个就业的问题,而是更复杂、深刻的历史遗留产物。我们机构对国家反歧视制度整体的发展是持乐观态度的,但绝不能忽视特定时期特定问题的解决。各种变数出现的可能也存在着。比如,同样是健康领域的反歧视诉讼案件,在 2008 年以前立案都比较很容易,公益类的起诉都很容易提起。但是现在,我们在起诉中就会遇到很多困难。法院有时候会不立案、不受理、不接受案件材料,或者在立案受理之后又在诉讼过程中提出一些很难达到的要求。就拿立案来说,个人可以就单位的歧视行为进行起诉,但是法院常常要求当事人改变诉讼请求,把案件变成一个劳动争议。法院不希望当事人在诉讼中直接主张健康权、就业权或是其他什么权利的侵权,而是希望当事人仅仅就主张工资、劳动关系的纠纷这些。然而,往往当事人真正的诉求不在于单位少给了多少工资,不是一定要取得多少金钱的赔偿,而是由于单位实质上侵犯了当事人的健康权,当事人想为受侵害的权利讨个说法。所以,法院和当事人的诉讼目的是不一样的。法院希望简化当事人的要求为赔偿金钱，但是当事人要主张的往往不是钱，而是涉及人格尊严方面的问题。然而，法官现在往往不是很愿意接受当事人的这种主张。目前，我们在帮助当事人提起诉讼时也能够清晰地感受到有些法官的矛盾心理。有些法官一看到这样的诉讼的时候，他们也很高兴，也希望相关的法律能真正得到落实，当事人的合法权利能够得到保护。但是，由于这几年公益诉讼的规则还不明确，法官接到这类案子的同时也感觉很紧张，不知道怎样判较好。因此为了规避风险，有些法官对这些案子能够不接受就不接受，能够不立案就不立案，即使在接受了案子审理之后也希望能以调解等方式解决，通过拿钱走人的方式平息案件。我们这些非政府组织的律师在法庭上能发挥的作用也因此受到了影响。从这几年的经验来看，在司法案件中法官的被动性表现得比较明显，希望以后在推进司法改革的过程中能够在这方面有所进步。

笔者提问：最后，您还有什么需要补充的问题？

访谈对象回答：其他也没有什么特别要谈的。无论是哪方面的问题，基本都涉及法律制度本身。健康权、平等权的真正落实，可能需要比较大的制度层面的深刻变革。司法改革只是其中的一部分内容。如果没有这样根本性的变化，也就谈不上真正的司法进步。没有司法进步，将来法院能为反歧视制度所作的贡献也就非常有限了。

笔者提问：您刚才提出，政府在责任承担方面还需要进一步加强？

访谈对象回答：是的，政府需要更加勇于承担以前遗留下来的一些责任，促进具体问题的解决。

笔者提问：目前，从政府在医疗等方面已经加大了投入来看，是否是一种正在履行政府责任的行为？

访谈对象回答：我个人认为，离开了对个人权利的完全尊重，即使暂时在经济上有比较充分的保障，也仍然不能算是很好地履行了政府的责任。而且相关的待遇其实也是随着对权利的尊重而来的。没有仅仅是在经济上特别好的待遇，即使有也是不能长久存在的。比如，很多人对待宠物也会常常提供一些好的待遇，但是一旦宠物变老、生病就可能把它们抛弃。这就是没有把宠物看做平等的、有独立人格的、应当受到尊重的个体来看待。对待人就不能这样做。政府尤其应该以保护弱势群体的权利为己任。所以，政府仅仅是从医疗方面加大投入还远远不够。如果政府单纯是以一种救济的心态来行事，把免费的治疗、免费提供教育等优惠措施看作是一种向艾滋病毒感染者单方面施惠的行为的话，这些待遇不可能长久稳定地存在。随着政府政策目标的发展变化，未来也有可能会取消目前提供的这些待遇。唯有政府真正尊重个人的健康权、就业权、教育权这些基本权利，才能确保其稳定、持久地履行责任，不因政府自身的变化而影响公民对这些基本权利的享有。

(3)子小组 A(c)访谈对象：大学的法学教授、一般律师事务所的律师 BJ010

笔者提问：请介绍一下您个人的基本情况？

访谈对象回答：我在一个大学里教授相关的法学课程，同时我也在律师事务所担任兼职律师。我们有一个团队专门关注基于健康状况的歧视问题，既有从事这个领域的研究工作，也曾经代理过一些这方面的典型案件。

笔者提问：您曾经接触或者办理过哪些与基于健康状况的歧视有关的案件？

访谈对象回答：像针对乙肝病毒、艾滋病病毒、地中海贫血基因、抑郁症、单肾、视力障碍等健康状况进行歧视的案件我和我的团队都有或多或少地接触过。自己也曾经代理过其中一些特别有典型意义的案件，也为有些案件提供了相关的法律咨询服务。早在 2005 年前后，我的团队就做过有关艾滋病毒携带者受歧视的法律咨询。这些案件很多可以直接在网上查找到相关信息。媒体对这些案件也有一些采访，其中有些直接引用了我们对案件的分析。英文的媒体采访也有，比如乙肝歧视和基因歧视的案件。

笔者提问：您和您的团队在代理相关案件的过程中遇到过困难吗？

访谈对象回答：因为我自己主要是做教授的，我们的团队主要从事这方面的研究，实际中所参与的案件都是经过选择的一些典型案件，准备工作也比较充分，所以情况算是比较好的，虽然是有遇到一些困难但并不是非常严重。我相信，我们的工作是为了推进中国法律制度的进步和保障人们的基本权利，是属于为党和国家作贡献的工作。当然这样讲是有点王婆卖瓜了。(哈哈大笑)我们参与的实务活动都不怎么涉及具有敏感性的问题，都是严格根据法律来的，在国家、政府能接受的限度内开展工作。我们在诉讼过程中遇到的具体问题很多是其他原告代理人也都遇到的,像是法院办案中对这种歧视问题不够了解,有些就不愿意立案审理。有些法官是硬着头皮来审理案件的。当然现在这种情况不是那么多了。

笔者提问:目前您在这方面工作的进展如何?

访谈对象回答:我们之前代理和参与的一些案件都具有比较积极的影响,尤其是经过媒体的广泛报道之后,在国内外都有一定的知名度了。一些重要的歧视案件连央视也有报道。尤其是其中一些典型的案件推动了立法的改变,有些歧视性的制度已经被废除或者修改了。国家人事部公务员司的司长曾经召开过两次研讨会,专门讨论了涉及乙肝歧视的案件。他在谈我们办理的案件时曾经说过,我们的案件对立法的促进作用很大。所以,现在我们的工作整个发展趋势是比较积极的。中央也是比较关注的。

笔者提问:您对基于健康状况的歧视是如何理解的?

访谈对象回答:我认为,疾病它严格来说不是一种弱势,也不是一种缺陷。只是因为我们的社会对少数人的权利缺乏尊重,所以会排斥那些患有疾病或不是那么健康的人。为什么说疾病不是一种弱势?是因为一般在法律上来说,像“种族”(race)、“残疾”(disability)这些无法改变的特征才能称为弱势。同时,疾病也不能说是一种缺陷,因为每个人都可能会患有疾病,只是各自患病的程度不同,因而受到各方面的影响也不同。所以不能一概地称为缺陷。从现有的统计数字来看,中国的糖尿病人有 8000 多万,乙肝病毒携带者有 1.2 亿,存在基因问题的人有 5000 万到 6000 万,患有肺结核、麻风病的人也有很多。这些人难道一概都是有缺陷的?那中国有多少人是没有缺陷的呢?人们对疾病的歧视态度很多时候是不正确的。比如,人们对艾滋病人的歧视主要是出于恐惧心理。而基因歧视的问题则主要是出于无知。无知这种状态从心理学上来讲,其实是过分追求同质文化、一体化需求太强的结果。有人稍微“亚健康”了一点,就把他们给归入“不健康”人群的范围,而实际上他们的“亚健康”的情况并不严重。

笔者提问:您对基于健康状况的歧视这一问题的整体看法如何?哪些行业、领域中更容易构成这种歧视?

访谈对象回答：目前来看，在国家机关单位、事业单位、大企业、公共服务业中的歧视问题比较突出。小企业中则歧视现象比较少。这主要是因为小企业很少检查或者根本不检查员工的身体状况。比如，一般在招录公务员和招聘事业单位、国有企业、外资企业、大型的民营企业以及直接服务顾客的服务行业员工、教师等的时候才需要进行体检。因为体检本身要交好几百元的费用，所以还是挺贵的，除非法律强制要求和比较有钱的单位会主动去做，一般的小企业并不愿意负担或根本负担不起。在农民、农民工等重体力劳动者从事的工作中就不太存在这个问题。例如，建筑工地的民工，一般是按天/周/月来给工资的。如果按照每日计酬，今日来参加劳动，完工后就领钱离开，根本不会进行体检，因而也不怎么存在基于健康状况的歧视。这说明了对一个人健康状况的不了解其实就从根本上杜绝了歧视的可能。所以，体检制度到底有无必要存在是值得讨论的。以前，我们在有些行业中“面子工程”特别严重，把很多形式主义的要求带到了劳动领域中，其实是没有必要的。

笔者提问：您认为基于健康状况的歧视形成的主要原因是什么？

访谈对象回答：根据我在案件中了解到的情况，我认为最重要的歧视原因是人们的无知、偏见，再加上片面地追求完美。无知，是指对健康状况与工作能力的关系不了解，不知道很多情况下患病并不影响一个人的工组能力。偏见，是指在明知道某种健康状况不会实质影响一个人的工作能力的情况下，坚持认为这个人没有相应的工作能力，做不了或做不好某项工作，或者在没有科学依据的情况下认为一个人会把疾病传染给大家。片面地追求完美，是指中国的人力资源文化同其他的文化一样要求尽善尽美，并且一味“求美”，忽视了“不完美”的健康状况、长得不够漂亮都与工作能力没有什么实质上的联系。这里最大的问题是中国的传统文化中一向缺少包容性，总是强调主流化，注重同质性，不认可多样化、多质性，对所谓“非主流”的状况通常不太能够认同。所以，一个人的健康状况如果在某个阶段出了一点问题，就认为是不行的。2004 年，《中国妇女报》曾经作过一个报道，其中指出湖南省在招录公务员时有一项体检标准要求妇女要“乳房对称”。这是一个非常典型的无知、片面追求完美的例子。

笔者提问:目前我们的反歧视法律制度本身是否存在问题呢?

访谈对象回答:反歧视法律制度本身当然是有问题的。第一,目前的法律没有禁止任意体检。这就是一个主要问题。第二,企业对用工自主权存在很大的误解,但是法律没有能够澄清。我们目前的《劳动法》中规定,企业有用工自主权。但这个自主权不能滥用,不应该由单位任意对待求职者或者员工。在法律中有规定任职条件的,只要符合法律中的规定即可上岗。法律中没有规定的,一般情况下只要符合该工作岗位的基本要求,也就应该能上岗。对比其他许多国家的经验来看,美国的法律不要求体检,加拿大、法国等许多国家也是不体检的。在他们看来,一个人的身体信息就是属于个人的隐私。中国在1994年《公务员法》出台之前也是不体检的,而现在找工作到处都要求体检,这是企业滥用权力的行为。所以,中国在20世纪90年代试行公务员制度之后才有了体检。在《合同法》《劳动法》尤其是2007年《就业促进法》出台之前,劳动者的权益并没有受到足够的关注,保护的程度不够,任意体检是主要的问题。

笔者提问:您认为我们目前的反歧视制度有哪些可改进的地方?

访谈对象回答:我觉得最重要的一点是最终应该取消体检标准。我们应该恢复到像计划经济时代那种不用体检的状况。如果问问老一辈的法学专家,65岁、70岁以上的老人都很了解以前的情况,那时没有像现在那么多的限制。立法的改变甚至都还没有取消体检制度比较关键,当然立法方面也有很多难处。强制体检的制度本来是不应该有的,身体的隐私信息不应该被雇主等人来了解。就像前面说的,加拿大、美国和欧洲其他一些国家都并没有这种体检制度。国家没有权力对个人强制进行体检。目前,医学伦理学是支持我们的这一观点的,强制查体不符合医学伦理的要求,所以应该取消。但是,其他专业的医生可能与我们的观点有所不同。他们会更注重评估这样做的社会价值、社会影响和社会风险,认为一个人的身体状况会影响其他人,因此必须要检查。所以,他们与我们在这一观点上存在基本的冲突。

(4)子小组B(a)访谈对象:人民代表大会的官员BJ014

笔者提问:请您谈谈您的基本情况?

访谈对象回答:我在人民代表大会任职,目前主要是从事与立法有关的工作。每年我们会协助人大代表们提交立法建议。因为很多的人大代表不是法学专业出身,没有专门从事立法方面工作的经验,所以我们尽可能地帮助他们完成这项工作。我们处室平时也会按照职权开展立法调研和备案审查等工作。在这些工作的过程中有涉及反歧视的立法或者提案,其中有一些是和你所说的基于健康状况的歧视有关的。

笔者提问:您在工作中曾经遇到过哪些与基于健康状况的歧视有关的议案呢?

访谈对象回答:根据我的回忆,在过往的这两届人民代表大会中,至少有7件人大代表提出的议案是和基于健康状况的歧视这个问题有关的。这些议案当中,有的提出有必要制定一部专门的《反就业歧视法》,并在其中包含健康反就业歧视的内容;有的建议要修改现有的相关劳动法律法规,增加专门的反歧视条款,在这个条款中列举有健康反歧视的内容;有的声称要修改现有的教育法律法规,确保乙肝病毒携带者等学生能够上学。每个具体提案的内容都不一样,也有一些调研数据的佐证。这些议案我们在收取上来之后,会分发到相关的处室进行处理,其中发挥最主要作用的部门是人民代表大会常务委员会下面的法制工作委员会和人民代表大会下面的法律委员会,其他部门,比如人民代表大会下面的财政经济委员会、教育科学文化卫生委员会、外事委员会、内务司法委员会等也常常会涉及。

笔者提问:这些代表提出的议案对国家的立法会产生怎样的影响呢?

访谈对象回答:通常来讲,各位代表提交的文件都只是作为议案上交。国家在进行立法规划时会参考这些议案的内容,但不一定全部都会参考。有的议案不是第一次提出来,而是一直被代表提了很多年,但是最终还是没有能够纳入国家的立法规划。当然这个原因是有很多方面的。比如,之前说的有关制定一部专门的《反就业歧视法》的议案,已经在好几次人大会议上由好几个代表分别都提出来过,但是目前还是没有列入立法规划。不过,这也不是说没有纳入立法规划的议案今后也不能发挥作用了。一般地,如果正好哪一年某个议题被列入了立法规划,则该项立法所涉及的部门在起草法律条款时会再回头去找到相关的提案用来参考,有时候还会联系提案的委员一起协助起草立法。

这一点上我国与一些外国议会的经验不同。有些国家的议会可能一经正式提出议案，就要列入立法规划或审查的范围。

笔者提问：根据您的了解，我国目前在应对基于健康状况的歧视问题上开展的有针对性的反歧视立法总体情况是怎样的？

访谈对象回答：就我所了解的情况，在2007年之前，我们国家有关反歧视的法律规定都是比较分散的，比如，在《劳动法》《教育法》《妇女权益保障法》等法律当中都有相关的反歧视规定，而这些规定针对的都是该立法所涉及的特定领域或特定群体的权利保障中的一小部分内容，没有一个比较统一的专门规定平等和反歧视的法律。而在基于健康状况的歧视这个问题逐渐凸显之后，通过修改一些现有的立法，把这方面的反歧视问题专门提了出来。例如，新修改的《传染病防治法》第16条、《残疾人权益保障法》第34条等，明确规定任何单位和个人不得歧视传染病病人、病原携带者和疑似传染病病人这样一些内容。在2007年，国家还出台了一部全新的《就业促进法》。其中比较集中地规定了反就业歧视的问题。《就业促进法》中专门设立了一章"第三章：公平就业"针对就业歧视问题作出了规定。其中，与基于健康状况的歧视最相关的是第三章第30条，规定了用人单位招用人员，不得以是传染病病原携带者为由拒绝录用。但这一规定的适用有两个限定条件：第一，要经过相关的医学鉴定，确定传染病病原携带者是可以被治愈的，或者能够排除携带者的传染嫌疑；第二，如果不能满足前一项条件，则传染病病原携带者不得从事法律、行政法规和国务院卫生行政部门规定禁止从事的易使传染病扩散的工作。在《就业促进法》第三章中，还通过其他一些条文试图保障公平就业的实现。例如，第25条规定了政府的义务，就是要创造一个比较公平的就业环境，促进消除就业歧视；第26条规定了用人单位和职业中介机构都有不得歧视的义务。此外，在《就业促进法》关于"法律责任"的这一章中，还通过第62条规定了劳动者有提起诉讼的权利。劳动者如果在就业过程中受到歧视，可直接向法院起诉。

笔者提问：在2007年《就业促进法》出台之后，近期立法机关在消除基于健康状况的歧视方面又有什么新的动向吗？

访谈对象回答：因为《就业促进法》是2007年才刚刚通过的，是一部比较新的法律，所以在此之后，在就业领域的健康反歧视方面暂时可能不会有什么比较大的立法变化。人民代表大会中普遍的认为是近期再专门搞这方面立法不太可能了，因为继续立新法重复的可能性会很大。而且最近几年的一个现象是在这方面人大代表的提案声音比起以前已经逐渐淡下去了，不再作为一个提案重点对待。如果这时候再提出这方面的专门立法的要求，立法机关就可能拿出《就业促进法》作为例子来答复，说明我们已经有了比较相关的反歧视立法，或者有关的权利保障诉求已经体现在最近的这部立法当中了。事实上，仅仅制定出现有的这个《就业促进法》就已经动员了全国上下的许多力量，而且这部法律涉及的调整范围也很广泛，所以目前顶多是对这部法律当中的一些规范进行局部的完善，而不大可能进行大修或者是另立新法。

笔者提问：您同意上述立法机关的观点吗？对我国现有的应对基于健康状况的歧视的相关立法，您个人持有什么看法？

访谈对象回答：就个人意见来说，我觉得现有的反歧视立法虽然已经比原来进步了不少，但是仍然存在很多未能完全解决的问题。例如，现有法律中仍然对什么是“歧视”没有作出一个比较明确的定义。这样人们在现实生活中碰到区别待遇时难免还是会感觉很困惑。还有，有人提出，在实践中如何认定“照顾”的性质变成了一个难题。“照顾”会不会构成另一种形式的歧视？我们的立法中提出要照顾退伍军人、残疾人等人群，那么有没有在照顾他们的同时，事实上剥夺了他们与其他人群同等参与社会生活的权利呢？法律要求企业安排残疾人按比例就业，达不到比例的通过缴纳残疾保障金的形式可以代替。有些企业就直接缴纳了残疾保障金，从而完全排除了残疾人的就业。有些单位在招工时碰到残疾人，声称是为了照顾他们而把他们安排到低于其专业技术水平的岗位上，这样又有没有构成歧视呢？所以，虽然国家已经有了上面说的新的立法，但是仍然没有解决如何认定“基于健康状况的歧视”这一困难问题。这需要更多相关的配套法规、法律实施细则等来进一步地完善。此外，现有立法的立法体系也存在不少问题。上面所说的《就业促进法》第三章“公平就业”除了少数内容是全新的以外，许多规定都还是从以前分散的各个法律规定中照抄过来的，基本没有在内容上与之前的各部立法存在根本差异。包括第 30 条那一条专门的禁止歧视传染病病原携带者的规定，其实也是从2004年修改的《传染病防治法》第16条照抄过来的。因此，虽然《就业促进法》在形式上完全是一部新法，但是它在实体内容上并没有产生重大的突破，更多的还是整合了过去零散的就业领域各部法律法规的旧有内容，因而旧法规所具有的很多缺陷在这部新法中仍然存在。比如，前面提出的关于“歧视”定义的缺失。又如，应对歧视行为到底应该采取什么措施？既然可以提起诉讼，这种诉讼具体又应该归入哪种案件类型？案由是属于广义的劳动纠纷还是属于一般人格权的纠纷？采取了歧视行为的单位又应负起何种具体责任？上述等的重要内容，在这部《就业促进法》中都没有明确作出规定。不过，从总体上来说，《就业促进法》能够在2007年这一年出台已经是很不容易了，是许多机构和个人共同努力的成果。所以，尽管这部法的内容没有重大突破，它的立法过程本身已经释放出一个比较积极的信号。我们现在讨论它在立法上的各种不足，经过总结提炼以后可能就能进行更有益的内容修改，对其他领域的反歧视立法也能起到促进作用。

笔者提问：目前仍然存在的立法方面未解决的种种问题，主要是立法机关本身的责任吗？

访谈对象回答：这个问题比较复杂。（无奈地叹气）但我认为这个责任主要不应该归于立法机关本身。目前，我们的人民代表大会有专门的立法规划部门，但是这方面的立法规划不是仅仅由这个部门所能决定的。人民代表大会的立法规划部门通常不是处在一个能比较主动积极发起立法的位置。它能如何发挥作用主要是根据它现有的地位、作用、角色等来决定的。当前在我国的立法实践中，除了主要的基本法律，如刑法等，是由人民代表大会的立法规划部门直接进行立法规划外，其他的许多立法都是由国务院的法制部门先进行立法规划的，之后再呈报到人民代表大会的立法规划部门。像上面这部《就业促进法》的立法，就是由国务院的法制部门先提出规划和起草的。当然国务院法制部门的规划和起草过程也不是凭空一蹴而就的，仍然是由国务院下面的各个具体部门协助完成的。在这部法的例子中，主要涉及的就是我们的人力资源和社会保障部门，而它们也是劳动领域以前各种立法的主要起草者。所以，立法机关本身能控制的范围是很有限的。

笔者提问:您对我国应对基于健康状况的歧视的相关立法未来应该如何发展有什么建议?

访谈对象回答:根据前面已经指出的一些问题,我认为想要更有效地禁止基于健康状况的歧视,我们的立法主要应当在以下几个方面寻求突破。第一,继续对当前比较分散的反歧视法立法体系进行改革。可以在现有立法的基础上进一步整合,争取出台一部专门的反歧视法律法规,当中对基于健康状况的歧视进行更有针对性的规制。第二,在现有立法的基础上进行更多实质性的突破。《就业促进法》照抄了许多原有立法的内容,后续的立法应该突破这一点,根据新的现实情况尤其是司法中的经验来更新法律规定的内容。第三,对不够明确的现有法条的内容加以明确。比如前面说的"歧视"定义的缺失,需要在更新的立法中更为清晰地体现出来。

(5)子小组 B(b)访谈对象:公共卫生部门的官员、医生 BJ025

笔者提问:请您介绍一下您的基本信息?

访谈对象回答:我原来是在政府的卫生部门里面工作的,之前做过一段时间的医生。现在我已经退休了,但是国家也不让我闲着。(哈哈一笑)所以我又到了一个民间组织继续发光发热,就是×××中心。当然了,其实它不是那种真的草根的民间组织。它就是设在我原来工作的部门下面的。名义上是叫民间组织,实际上我们部门每年是有拨款给它的,它也主要是按照我们部门的要求开展工作的。目前我在这个中心担任顾问。

笔者提问:对于基于健康状况的歧视这个问题,您有哪些了解?

访谈对象回答:这个问题我还是挺熟悉的,以前工作中就有碰到过。我所知道的基于健康状况的歧视现在主要是有 4 种类型:第一种是乙肝歧视,第二种是艾滋歧视,第三种是对地中海贫血基因的歧视,第四种是对精神病的歧视。在我看来,其中第四种对精神病的歧视比前三种歧视都要严重得多。患有精神病的人他们的身体其实没有那么糟糕,他们的病况经常被夸大。因为他们家里的人不太愿意管他们,所以就把他们送到精神病院,而实际上他们的情况往往并没有那么严重。现在我们开始改叫"精神障碍"了,比原来只叫"精神病"要好一些。目前,针对精神病人的法律规则基本还是空白的。有些人不应该被送到精神病院,而应该送到社区进行治疗。送到专门的精神病院应该是很严重的情况才可以的。但是现在所谓“被精神病”的问题却非常严重。一方面,有些人他明明是正常人,却“被精神病”了。例如,单位员工老是找领导要工资,领导就说他“你有精神病”。当然,这种情况下员工可能是有些偏执,但领导却不能不经过专门的鉴定就说人患有精神病。另一方面,有些人只是患有轻度的精神病,却被说成是重度精神病患者。精神障碍可以分为好多种,有的是天生的,有的则是环境不好所造成的,又称为境遇性的,两者很难进行区分。北大的一位著名教授曾说,现在的上访人群中有95%都是有精神障碍的。这种说法当然不全对,但是也有一定的道理。所以我们要讨论不同人群的区分。例如,一个人很执着地要打官司,要“讨个说法”,这是为了争一口气,推进社会正义。不是所有的这类官司都要求赔偿,现实中就有打所谓的“1元钱官司”的。所以,不能说人家因为坚持要打这种官司就把人家当做有精神病。当然,确实也有一些人有一定程度的精神障碍。然而,现在把人送到精神病院进行专门治疗方面的问题很大,没有什么法定的程序来进行规制。当然,我们目前在立法方面已经有了一些进步。《精神卫生法》的草案正在制订当中。而在对待精神病患的社会舆论方面我们也有了一定的进步。现在的网民都比较注意及时地曝光问题。有这么一个舆论的口子开着,政府也能及时听到老百姓的声音。前面所说的4种类型的歧视,前面3种类型老百姓都是比较清楚的,而有些官员却不是搞得很清楚,或者即使能搞得清楚但是为了要面子就总是不愿意承担责任。因为他在这个问题上是有过错的。例如,YY省曾经有一个案件,有个人状告保险公司由于他是艾滋病毒感染者而不给他投保。早期政府出台的政策措施中,曾经限制艾滋病毒感染者投保,而现在这样的歧视性规定已经取消了。了解到这个案子以后,我就告诉这个当事人让他尽量通过打官司解决,不要采取上访的手段。因为现在上访容易产生问题,上访过程中可能发生的冲突很多。现在,我们的相关司法制度还不很健全,但通过打官司却能推动司法制度的完善。所以当事人最好是通过打官司的方法来解决问题。像我们国家刑法的进步也是很大程度上靠着大家打官司来推进的。又如,现在的《精神卫生法》草案比2000年的草案版本进步了很多,其中对病人权利的保障已经好了很多。所以,前面那个因为携带艾滋病毒而被拒保的官司在当时是输了,但是在后来的一些案子中还是取得了进展的。比如关于地中海贫血基因歧视的案子,尽管法院没有直接判当事人赢,但是通过这个案子,广东省就决定以后在体检中都不再强制要求查地中海贫血基因了。所以,在媒体报道中,打官司的这个过程也能起到一个宣传教育的作用。因此当事人最好是能在社会的关注中把官司打完,这样能让许多人都受到直接的教育和宣传。而这种通过案子进行教育和宣传的作用比一般的开报告会、介绍经验等方法要更加管用。当然,在官司进展过程中有时当事人难免会受一些苦,精神上可能要承受一些折磨。所以当事人一定要看得穿。打官司不仅仅是为了维护自己的合法权益,更是为了推动社会的公平正义。而如果一个官司打输了,应当由社会来适当地补偿受害者的损失。

笔者提问:您前面提出了乙肝歧视和艾滋歧视这两种歧视类型的存在。现在有些人质疑说,乙肝病毒和艾滋病毒是有一定的传染期的,在此期间病毒的传染性较强,因此这段时期对乙肝病毒携带者和艾滋病毒感染者进行隔离是必要的,并不构成歧视。作为公共卫生部门的一名专家,您对这个问题是怎么看的?

访谈对象回答:根据我了解的医学知识,乙肝病毒的确有一段时间是活动期,这段期间病毒的感染性较强,而在过了活动期之后病毒就不行了,基本不发生传染。但是,病毒传染的途径还是原来那些,并不会因为传染性的强弱而发生传染途径的改变。另外,即使是在乙肝病毒的活动期,人们还是可以采取有效的预防措施。通过打疫苗等方法来积极地预防就不会被传染上乙肝病毒。和乙肝病毒相比,艾滋病毒就更加不容易传染了。一般来说,艾滋病毒只要不是发生亲密的体液交换行为就不会进行传染。前面这种质疑主要是由于官员们的无知导致了恐惧,而恐惧又导致了歧视。

笔者提问:您认为发生基于健康状况的歧视,其主要原因是什么?

访谈对象回答:我认为,这种歧视主要是由以下的一些原因造成的。第一,是出于人们怕传染疾病的心理。人们往往会从个人利益出发,进行所谓的"符合理性"的考虑。例如,在医疗机构动手术之前,医生常常会要求病人先进行艾滋病毒的专门检查。如果病人一旦检查出来感染了艾滋病毒，医生就不给他看病，不给他做手术的治疗。比如做阑尾、胃镜等的手术，医生事先没有告诉患者给他检查了艾滋病毒携带情况，最后直到患者出院之前看到手术费用的账单时才知道被偷偷地做了这个检测。这里首先就会产生一个患者不知情的问题，实际上是同时侵犯了患者的隐私权和知情权。而一旦患者被查出来感染了艾滋病毒，医生就不给其做手术并让患者转去专门的传染病医院，这样更是一种错误的做法，进一步对患者的健康权和平等权造成了损害。现在这种暗中对患者进行检测的做法已经有所好转了，但还有一些地方仍然坚持着这种错误的做法。作为医生，我自己是不反对对艾滋病毒的携带情况进行正常检测的。如果能够全部检测出来社会上携带艾滋病毒的情况并及时给予携带者治疗，就不会使艾滋病的传播扩大了。但是这样做的主要困难在于，目前我国的艾滋病主要是通过普通大众的性传播途径扩散的，包括了同性和异性之间的性行为。这不像艾滋病爆发的早期阶段，当时病毒主要是通过专门的吸毒人群或性工作者进行传播的，那时病毒传播比较容易得到控制。在美国，规定凡是要检查艾滋病毒的携带情况都必须预先告诉患者，所以不存在患者没有知情权的问题。而在中国，由于存在上述的歧视情况，个人就不会自愿去进行艾滋病毒的检测了。所以实际上偷偷摸摸的检测并不利于扩大正常检测的范围。第二，歧视是因为人们对相关疾病的厌恶心理。厌恶心理的形成与我们大众媒体的宣传、官方文件的教育有关。这是一个关于价值观的问题。厌恶心理本身是出于非理性的。目前，我们的一些官方机构仍然还是有着这样的规定，即将艾滋病毒携带情况与卖淫嫖娼相联系。这些规定加剧了百姓和官员们的错误认识，助长了厌恶心理。实际上，中国的性工作者们大都是很注意身体的，现在这个群体当中携带艾滋病毒的比例和以前相比已经很少了。我曾经做过 6 个城市的性工作者患艾滋病情况的专门调查，发现这些人的境遇往往不能怪罪个人。许多人是被迫从事这一工作的，只是由于贫困、男女不平等种种问题，社会又没有提供及时的救济，才不得不成了性工作者。之前有一个国务院的文件称："唯有打击卖淫嫖娼，艾滋病才能得到控制。"这是没有道理的。同样具有较高的感染艾滋病毒的风险，吸毒上瘾者的情况和卖淫嫖娼又不太一样。吸毒上瘾者为何会对毒品上瘾？是因为毒品侵害了他们的脑子,使他们的行为不受控制。在法律上,有行为责任能力的人才应当承担法律责任。而这些人吸毒并不是他们的自主行为,所以他们不能承担法律责任,是非理性的。因此这些人应当被看做病人,应该由医生而非警察来进行处理,而不应该把他们看作罪人。现在对吸毒上瘾者进行治疗的方法主要有2种。第一种是代替性治疗,一般采用美沙酮。这种治疗效果好,成本低,毒品成瘾者身体上也能忍受。一旦他们得到了药品,就会变得有理性。第二种治疗吸毒上瘾者的方法是用其他类型药进行治疗。可以采用纳乐酮来占据他们的细胞,海洛因就不管用了,再加上另一种药,就可以进行减量戒断,最终可戒除毒品。因此这些人的毒品成瘾状况是可以控制的。然而,目前我们的媒体和一些官员夸大和渲染了艾滋病毒携带者犯罪的情况。他们的主要犯罪行为其实是偷窃、抢劫,有的也就是抢了几十元拿去买毒品了。而对他们进行普遍歧视的结果体现在法律上,就是把吸毒完全作为一种非法行为。所以我们坚持,应当把毒品成瘾等同于一种疾病来看待。在这一点上,我们与公安部门存在比较大的争议。国家法规的确是说过“必须打击丑恶现象”。但如何解释“丑恶现象”?不一定就是指卖淫嫖娼或者毒品成瘾。因为这些问题实际上应当是一种“病”,是个人也是社会的“病”。所以上面所说的两个陈旧观点都是造成歧视的原因。第三,错误的文件、决定等也是歧视的重要根据。有些错误的文件、决定长期不改是因为它们和部分人的利益息息相关。例如,有些公安部门抓了卖淫嫖娼的嫌疑人后不愿意放人。其中一个原因就是抓人可以罚款。有时候公安部门甚至专门去抓同性恋人群,这显然是非法行为了。错误的文件、决定有时甚至成了歧视艾滋病毒携带者的最顽固力量。第四,歧视也是由于执法部门的执法不严。这也是一个大问题。公共卫生部门对法律的执行问题还是很敏感的,我们部门对此还是相当关注的。但我们实在缺乏执行法律、贯彻实施反歧视规定的能力。国务院专门通过了一些含有反歧视内容的法规,比如《艾滋病防治条例》,但是公安部门往往不愿意担负起执行的责任。我认为,违法的歧视行为都应当受到法办。公安部门应当负责去抓歧视的责任人。但是因为执法是没有钱的,公安部门并不是很愿意干。所以,很多卫生系统的法律规定都不能得到很好地执行。因为仅靠我们自身的执法力量是十分薄弱的。公共卫生部门通常在政府中是力量最小的部门,执法工作都不大有能力介入。第五,因为利益相关,歧视在一些医疗机构中最为严重。目前大约有60%歧视艾滋病毒携带者的行为是发生在医疗机构。这也与我们现在正在推进的医疗改革有关。公立医院逐渐也开始考虑要挣钱,而不愿意按照“四免一关怀”等政策的要求为艾滋病毒携带者免费提供医疗服务。因为为他们提供服务赚不了钱,所以“四免一关怀”政策也落实不了。尽管国家是给了政策实施的配套资金,但是药物的价格也因此被定成了低价,医院不可能随心所欲地卖高价,即使卖了穷人也看不起病。所以,一些医院对艾滋病毒携带者的态度是能推就推,尽量不给他们看病。这主要是由于医疗机构有关利益的考虑。第六,无知会强化歧视行为。在联合国艾滋病规划署之前在中国6个城市开展的调查中,提及了好多种社会公众对艾滋病毒携带者的误解态度,这当然会影响艾滋病毒携带者得到公平的待遇。

笔者提问:您认为未来我们应当从哪些地方着手消除基于健康状况的歧视,改善那些病毒携带者的普遍生存状况呢?

访谈对象回答:根据前面所说的造成基于健康状况的歧视的几个主要原因,我认为应当针对每个歧视原因分别提出破解的办法。第一,立法机关应当进行法律制度的根本改革,仔细清理出那些易导致歧视的法律法规,使之失效。在这方面,我们部门已经协助清理了可能导致艾滋病毒携带者受歧视的相关法规。其他领域的法规梳理也亟待进行。第二,执法机构主要应当保障反歧视法律规定的执行力度。目前,中国正处在法律转型的重要阶段,很多法律法规虽然已经制定了,但是在实践中没有得到很好的执行或根本没有执行。同时,现在有许多重要的反歧视规定还不是法律,而是以条例或更低层次法律文件的形式存在。这些文件的执行力度本来就不强。所以,立法机关也应考虑制定一部专门的《反歧视法》或者《平等机会保护法》。不仅是针对健康/疾病方面的歧视,对于其他领域的歧视问题也应一并处理。此外,为了更好地保护当事人的隐私权利包括身体和健康状况的隐私信息,在这方面也应该有专门的立法,比如制定一部《隐私保护法》。第三,司法机构应当积极加强对歧视受害者诉讼案件的支持。歧视的受害者应当得到两方面的帮助:一是专业的法律援助,二是普遍的社会援助和社会救济。现在的中国人也是很有同情心的,向弱势群体的捐款等行为体现了儒家思想中爱护弱小的一面。我们未来要制定的《反歧视法》中应当明确规定,国家和社会如何对歧视受害者进行及时的援助和救济。司法是正义的天平。受害者应当获得赔偿,让受损害的合法权益得到有效的弥补。从长远来看,司法过程是有利于社会和谐、稳定的。所以,个人把反歧视官司打好是很有积极作用的。第四,对于社会公众对某些疾病的误解,要通过医学专家、媒体等进行广泛的宣传,专业人士积极介入。应当多围绕案子的内容来讲,这样的宣传会更有效。仅仅播放公益广告是不够的,应当尽量向社会公众科普医学知识。目前,北京市很少看到这方面又生动又好的公益广告,而有些中央的电视台也还在播放虚假医疗广告。所以,宣传这方面的问题还很严重。要尽量将专家与媒体结合起来进行宣传教育,这样科普的效果更好。当前,这两方面力量还没有很好地结合起来。现在连一些医院都不做这方面的宣传,连大夫自己都不懂相关的医学知识,这是很可悲的。所以,我们搞法律、做伦理研究的人都要更积极地投入宣传工作,帮助病人更好地维护自己的权益。第五,专门维护病人权利的那些健康非政府组织,像YY机构等,要大力发展。病人自己要积极组织起来,维护自身的权利。过去,人们总是想请所谓的“清官”“青天大老爷”来帮忙解决自己的问题,现在这种做法不太行得通了。即使能够请到清官,清官自己也有很多事情要忙。所以,要维护自己的权利,就得充分发挥自身的力量。第一步就是要提高权利意识。现在,即使动物都要维护自己的权利,人就更需要维权了。此外,许多政府部门的官员现在还是太注重名利了,应当让老百姓来加强对官员行为的监督。通过这种监督,老百姓也会受到教育。当前,官员的讲话发言往往与其实际行动差别很大,这是一个严重的问题,会影响政府部门在反歧视工作中的效率和公信力。比如,有些公安部门会影响民间公益组织的活动,甚至自身会发生一些歧视的行为。这会对我们反歧视制度的发展产生非常不好的影响。在国外也有这样的案例。在历史上,洛杉矶警察局曾经勾结精神病院,一旦有人反对他们,就把这些人给送到精神病院关起来。电影《换子疑云》就是由这样的真人真事改编的。中国有些地方也存在着这样的现象。当然,这种问题不是仅仅发生在健康方面的反歧视活动中。美国在“一战”以后女权运动流行，当时的政府也曾经说女权斗士有病。所以，民主社会中为权利奋斗从来也是很艰苦的。民主的潮流向前发展是要通过大家的共同奋斗实现的。有时候，个人需要乐于做一块垫脚的砖。也许这一辈子的行动都不一定能成功，但下辈子也许就能成功了。每一个主张权利的典型案件都有其深远的社会意义，都是为社会进步积聚了力量。所以我们现在也处在社会进步的进程当中，要更加注意每个普通人身上所不可忽视的力量，以人为本，承认人的尊严和平等的价值。现在的情况比起20世纪已经是好多了。我们正处在社会转型的关键机遇期，但是要坚持奋斗，不能坐等权利自己从天上掉下来。

(6)子小组B(c)访谈对象：中级人民法院的法官BJ028

笔者提问：请您谈一谈您的基本情况？

访谈对象回答：我现在是在XX中级人民法院担任法官。我们这个庭在以往的审判工作中曾经遇到过一些有关乙肝歧视的案件。一般这些案件主要是由当事人在基层人民法院起诉，经过一审之后对一审结果不服，所以上诉到我们这里来的。我们作为二审法院作出最终裁决。

笔者提问：您能大致回忆一下这些乙肝歧视案件的情况吗？

访谈对象回答：近几年这方面的案件还是很多的。我记得曾经的一个案件是一个乙肝病毒携带者到一家公司申请工作，结果公司发现他是乙肝病毒携带者之后就拒绝了他的工作申请。他到基层人民法院起诉，结果法庭没有受理这一案件，于是又到我们这里来要求受理。但是，我们的法官根据法律认为在这个案件中求职者和公司之间还没有形成劳动关系，就告知不应该作为劳动争议案件来起诉。另外还有一个案件，原告也是因为携带乙肝病毒而被一家公司拒绝了工作申请，他就起诉请求法院判决公司有歧视的行为。这个案件在基层人民法院起诉之后得到了审理。然而，基层人民法院在审理过程中发现支持原告请求的证据不足。尤其是原告在申请工作时，当时的法律还没有禁止在就业体检中进行乙肝检测的行为。这个禁令是在案件事实发生之后才颁布的。因此，基层人民法院就驳回了原告的诉讼请求。接着原告就上诉到了我们这里。我们的法官在核实案件事实和对照法律依据后维持了原判。这些案件的判决书等文件已经依法公开，在网上都可以查得到。

笔者提问:您对这些涉及乙肝歧视的案件是如何看待的?

访谈对象回答:我们作为法官在审理案件过程中当然是要坚持“以事实为依据,以法律为准绳”。(态度严肃,语气坚定)每个案件的审理结果都是由法律和证据决定的,不以我们的个人观点为转移。如果要是案件都以法官的看法来判决,肯定就违法了。所以,在司法实务过程中,我们是依法办事。当然作为公民,我们也是支持国家推进平等反歧视工作的,但是在案件中就要严格依据当时的立法来判决。从这些案件发生当时的社会环境来看,用人单位的行为不能说是毫无瑕疵的。比如,有的用人单位认为自己在招聘中就是有很大的用工自主权,提出要“择优录取”,这个“择优”到底什么是“优”呢,没有一个标准。又或者用人单位遇到了不想招录的人,就说自己单位“没编制”了,但是可能在拒绝了这个人之后又继续再招录。这种行为看起来像是有故意不招录的嫌疑。一般的用人单位招聘并不都像公务员招聘那样,有比较严格的招聘程序,经过笔试—面试—体检等环节,最终决定录取。例如,北京市的组织部门公开招聘领导干部,程序都是公示、公开的,这就比较让人信服。而很多一般的用人单位招聘没有一套严格的公开程序,所以可能产生各种“暗箱操作”的嫌疑。当然现在我们的社会环境变化了,更加讲究用人程序的公开、透明,网络上更是有一些专门的监督。如果不公开,当事人就能找出他的瑕疵来。如果是存在法律上所不允许的瑕疵,就可以据此判决违法。比如,如果告的是“侵犯人格权”,要作出特别论述并提供法律依据来证实。特别论述主要是指法律理论的阐述,要让法官能够信服。作出判决的理由要能成立,至少要求有充分的理论依据。而法律依据是指证据充分。作出“体检不合格”的结论要具体说明什么是“合格”的标准。个人行为和法律后果的关系要明确体现出来。当然,这些问题具体分析起来很复杂。有时候涉及宏观制度的问题,早期的制度本身存在一些缺陷,就更复杂了。所以我们坚持在司法实务中依法办事。立法上的问题我们法官是无法改变的。如果像早期的公务员体检标准等有些规定不对,因为在当时是已经生效的规定,所以我们在司法中就只能按照规定来执行。事实上,我们的法院在前面提到的一些案件中能够给予立案并进行实体审理已经很好了,比起以前已经是有了进步。原来有些法院说不予受理就不给实体审理也是有的。当然,随着时代的发展,司法实践也在不断变化,法官也不是都非常机械地做法律搬运工。如果在有些案子当中有可能证明歧视确实存在,这时候也许法官可以尝试突破一下。法官可以创造性地来适用现有法律,就是说虽然现在还没有直接的法律依据,但也不排除现有法律可以适用于某些情况。当然这样做有点像是法官在"创造法",是需要法官的胆量、勇气的。这时候法院和法官可能就要考虑创造性地适用法律对社会有无好处,有无积极的示范效应。这一点上,我们这个地区的法院还是比较先进的,尤其是近十年来的判决当中有很多就是创造性地适用了法律,发挥了典型案例的示范作用。

笔者提问:关于前面的案例中提到"择优录用"的问题,现在实践中这样的招聘要求还是挺常见的。您觉得主要的问题在哪里?

访谈对象回答:一个主要的问题就是前面说的"择优录用"中"优"没有一个标准,当事人难以据此来打官司。因为难以证明是由于自己的身体状况从而不属于"优"。这就像在一些"性骚扰"案件中那样,当事人很少有直接的证据可以起诉,往往需要找到很多的间接证据才行。通常来说,涉及人格权类型的案件经常都有这一类的问题。

笔者提问:所以,您认为与基于健康状况的歧视有关的案例是属于涉及人格权类型的案件?

访谈对象回答:这类案件一般在司法实践当中的处理主要有两种类型:一种是按照侵犯一般人格权的案件来办;另一种是按照劳动争议案件来办。这两种分类主要是依据现行的案由规则来归类的。如果已经是单位的员工,因为携带乙肝病毒被辞退了,那么就可以按照劳动争议来处理。如果还没有形成劳动关系,则可以按照侵犯一般人格权来处理。在有些人的设想当中,也可以按照合同法的规则来处理。不过最近三年来查询到的案件当中好像还没有过这类案子。这是因为劳动合同是一种特殊类型的合同,还是以劳动争议优先。侵犯一般人格权的案件我们以前也是办理过的。在20世纪90年代,超市因为怀疑有人偷窃而发生过随意搜身的问题,就侵犯了人格尊严。这种案件诉称一般人格权受到侵犯的挺多。不过,对所谓"人格尊严"概念的解释,针对不同的人含义也不同。例如,有些人认为称呼他是"残疾人"就是贬低他的人格尊严。美国以前有的饭店提出告示声明"中国人不得入内",

后来就判决饭店的告示侵害了中国人的人格尊严。但是在我自己的想法当中,“健康状况”其实不应该属于“人格”的一部分。以前我们有的法院处理过歧视丑女的案件,是因为相貌不好看造成了就业问题,这是一种针对“人格”的歧视,相貌与人格权更加有关。我觉得“人格权”的适用存在一个范围,是否所有的歧视都可划入有关“人格权”的问题?这是有争议的。我认为目前这方面的法律规定保护得不够健全,当事人其实有点找错了方向。基于健康状况的歧视不应该归入“人格权”的争议,这两个问题应该是不搭界的,归不到一起去。健康状况本身不健全,并不应该属于“人格”的问题。我们的《民法通则》中没有专门指出“人格权”,只把“人格尊严”放在“人格”当中来讲。其他的法规,像有关最高人民法院《关于审理人身损害赔偿案件适用法律若干问题的解释》等当中是有对“人格权”的规定的。例如,照相馆给人冲洗照片时将珍贵的一张照片丢失,这涉及了人格权利。又如,侮辱尸体、任意迁坟的行为损害了家属的感情。这些案件才是与人格权直接相关的。这类案件的数量很少,涉及的法律中对一般人格权的规定也很少,只有在最高人民法院《关于审理人身损害赔偿案件适用法律若干问题的解释》中才有规定。

笔者提问:请您就当前司法实践中有关基于健康状况的歧视案件的总体情况做一评价?

访谈对象回答:总体来说,有了相关的反歧视立法和政策之后,现在有关基于健康状况的歧视案件比之前要少了,原被告双方的法律意识也都提高了。不过,一般来说歧视类的案子都不是很容易打官司。例如,乙肝歧视等的案件至少还比较容易取得证据,像体检报告。而有些案件中则根本连证据都没有,实在是很难赢。现在有关基于健康状况的歧视诉讼中主要有几个问题:第一,很难充分获取证据。第二,法律法规的依据还很不足。在侵权案件中直接援引宪法条款的很少。只有以前那个著名的“宪法司法化第一案”中为了保护原告齐玉苓的教育权才直接援引了宪法。第三,“健康权”与“基于健康状况的歧视”有所不同,所以很多时候不能直接援引“健康权”作为案由来处理有关基于健康状况的歧视案件。此外,有关案件中涉及个人隐私的问题很难处理。现在如有案件涉及了个人的身体隐私,原告可以据此申请不开庭审理。但是,法庭方面要听到充分的理由才准许,理由不充分的就必须要开庭审理。能够成功申请的案件在实践当中是很少的。这是因为"隐私"本身的概念就很模糊、很复杂,法官要看具体情况才能决定。相对来说,涉及名人、性、国家秘密,领导人等的案件,属于法律比较明确规定可以不公开审理的,身体隐私就不是很好判断了。所以,当事人有权申请不公开审理,而由法院来决定是否接受。另外,法官审理案件中还有原被告双方权益需要平衡的问题,也是很复杂的。举例来说,在20世纪80年代发生了挺多通过血液及其制品传播丙肝病毒的案件。比如人们发生了车祸,经过手术输血感染了丙肝,会影响一辈子的生活。这实际上是"健康权"受到损害的问题,因为已经根本影响了身体健康。但是,当时的医院并没有过错,因为当时没有要求手术用血筛查丙肝病毒。随着医学的发展,现在才逐渐开始明确了丙肝病毒的传播途径,要求把它纳入筛查范围。所以,现在有些当事人要求医院作出赔偿,实际上最多只能是要求适当的补偿。适当补偿的范围也要按照当时的法律规定来决定。这就需要法官在审理过程中体现原被告双方的权益平衡。当被告的行为并不违法,而原告的诉求又有道理的时候,法院如何平衡双方的权益?法官需要作出至少逻辑上能讲得通的判决。其他例子,比如环境污染或是服用了不当的药品,其行为的后果可能要在几十年后方才显现出来,且关联性表现得很间接,这时候如何合理地保护人的权利需要仔细权衡。当然,除了有上面提出的一些问题,经过这些年来司法实践的发展,我们也有了一些进步。以前健康反就业歧视的案件必须要经过劳动争议案件的仲裁前置程序,"就业权"的保护很不完善。现在一般认为在劳动关系成立之前也可以认定存在歧视。关于"教育权"的保护问题,以前确保大家的上学权利也有困难。曾经有个案子中一个孩子因为有吸毒的嫌疑被学校开除,就没法上学了。这也有点类似于"前科歧视"。现在各种类型的歧视案件许多都可以用"人格权"受到侵害为理由提起诉讼。这种理由最早是因为当事人觉得冤枉而试探性地提出,现在则基本都受理了。所以是有进步的。另一个有关人格权受侵害的案件是最近发生的厦航员工威胁炸飞机而被厦航禁止登机的案件。法庭在二审中除维持一审驳回诉讼请求的判决外,还专门提示厦航要注重管理问题。这也是为了更好地平衡双方的权益,所以也是司法实践中的进步。

笔者提问:您认为,我国当前的反歧视制度尤其是司法方面的制度未来应当如何完善以更好地应对基于健康状况的歧视?

访谈对象回答:如前面所说的,在司法方面,法官未来在扩大解释法律规定的方面也许可以突破一下。立法需要首先改变,司法才能再跟着进步。而在没有更改立法的时候,法官创造性地适用现有规则就是需要的。以前的一些案子其实如果从法律上深入挖掘下去,也许还可以有不同的判法,这对未来司法制度的发展也许会产生不同的影响。

(7)子小组 C(a)访谈对象:商业公司的负责人——HZ002

笔者提问:请谈谈您的个人情况?您是如何接触到基于健康状况的歧视这一问题的?

访谈对象回答:我在一家公司担任主要的负责人,对于人事方面有一定的决定权。虽然没有听说过身边发生过基于健康状况的歧视的事情,但是相关的案例报道还是听说过的,比如在招工、招生等体检的过程中不收得乙肝的人。

笔者提问:您提出了在招工、招生等体检的过程中不收得乙肝的人的问题,您对各种疾病及其与个人工作能力的关系是如何理解的?

访谈对象回答:我觉得这个问题可以分成几种不同类型的疾病来讨论。第一种类型,就是乙肝病毒携带者。因为乙肝病毒不是通过普通的渠道传染。根据他们的健康状况来看,只要不是干重体力劳动的活,不至于促使他们身上的病毒爆发,就可以让他们工作。第二种类型,就是传染病患者。对他们要进行隔离,不能来工作。第三种类型,就是艾滋病患者。他们身上的病毒虽然不是通过空气等途径传播,但是人们对这种人普遍有恐惧感。考虑到他人的顾虑可以对他们从事的工作给予一定的照顾。尽量安排他们在单独的个别岗位上完成工作,减少与他人的接触。其中,对于第二种类型的人,我们一般在招聘过程中就通过体检程序淘汰掉了。如果已经是我们的在职员工,那我们就根据国家的政策和企业的规定,让他进行病休、请病假。之后,他再回来工作之前要拿到医院的证明,可能还要再试用工一段时间。如果病休的时间过长,也可能根据公司的规定解聘。是否解聘要考虑到他对公司的贡献度,进行一个综合的考量。我们作为企业也是有“社会责任”的。如果他工作时间已经很长了,我们也考虑为他适当换工作,继续维持劳动合同。如果他是新员工,就可能会直接解除合约。企业承担“社会责任”的一种形式就是尽量使人有适当的工作。考虑一个人的贡献度之后,企业要严格按照国家的规定来具体承担“社会责任”,是国企的话就要承担更多的“社会责任”。如果国家规定不能解约,那我们就要在企业内部另外找到一个合适的职位给他,仍然会给他提供基本生活费。对于第一种类型和第三种类型的人,我们公司没有设立专门的规章制度。这些人的直接管理者会考虑到宣传、照顾的需要,尽量给他们安排正常的工作。但是企业无法管理到员工个人之间的关系,这方面就需要个人自己去调节。举例来说,如果发生了员工之间自动自发的隔离,只要员工自己不向上反映、不强烈反对,我们作为管理者也就不会去管。如果员工自己持续提出这一问题,公司会进行讨论,但是只有员工自发隔离的理由不充分、属于很明显的不公正待遇公司才会去管。“很明显的不公正待遇”是指要求员工承担的工作明显超出了他本人的能力限度,比如他的力气、能力不足,却让他做必须花费一定力气或具备某种特殊能力的工作。有一种明显会构成“歧视”的情况,是指明明工作本身要求互相之间应当有很多的接触,却人为地隔离起来,例如,在流水线上不好好配合。这种情况只是由于员工的恐惧心理引起的,不涉及能力的合理范围。

笔者提问:如果出现了上面所说的这种情况,公司会怎么办?

访谈对象回答:如果确实出现了这种情况,公司会干预工作的分配,调整组织的安排。不过通常来说,没有对个人进行的处罚。只有在影响了公司工作效率的情况下,才会对个人进行处罚。一般批评教育是可以的,个人处罚则没有。因为这是属于个人的道德问题。个人的道德问题就应该主要用教育的方法来解决,处罚是解决不了的。只有影响了大家的工作效率,才会使用处罚手段解决。处罚的同时也要配合教育的方法。教育方法的本身也具有批评性、引导性。一般来说,法律和道德是不同的。法律是比较明确的,有硬性的规定,有是或不是、对或不对的要求,在短时间内可以立刻理解明白,阻止违法的行为。而道德不是提供一个简单的是或不是、对或不对的判断标准,而是一个相对时间较长的教育过程,所以,道德和法律采取的具体手段、过程和效

果都不相同。处理上面所说的这种情况要注意发挥个人道德和法律层面的不同作用

笔者提问:如果在您的公司有一些患有特定疾病的人,可能对工作群体和工作效率产生怎样的影响?

访谈对象回答:肯定会对工作产生很多影响的。(无奈一笑)首先是这些人周围的人群会戒备和恐慌起来,其次是会加剧一些疾病传播的可能性。这就会影响个人对工作的整个贡献度,也可能影响到整个工作群体的效率。同时,人们对这些疾病情况的认识程度也会受到影响。以前的各种科普宣传等并不会产生确定的效果,现在人们就可能对这些具有特定健康状况的人敬而远之。从单位管理者的角度来说,我更多地要考虑到工作效率和经济效益。而这些人他们本身的健康状况和与他人的关系都受到了影响。他们可能没有其他正常人的工作效率高,并且近距离的接触会让其他人觉得恐惧,使工作中的衔接不够紧密。因此,企业会尽量想办法避免这种状况的发生,对他们进行各种照顾。

笔者提问:您认为,基于健康状况的歧视问题存在的原因有哪些?

访谈对象回答:基于健康状况的歧视问题存在的主要原因是对科学知识的了解比较贫乏,或者受到了其他舆论的影响,对疾病产生了错误的看法,比如把乙肝这种病误认为是普通的传染病。作为企业总是想招到最健康的人从而为企业作出最多的贡献,所以企业有时候也存在问题。在企业的招聘中,一般通过体检来检查潜在的不胜任工作的情况,看其对工作、生活的影响程度。所以,体检还是有必要进行的,尽管体检报告可以有详细有简略。由医院出具证明来证实某个人是否适合某个岗位这种做法是不可行的,因为医院不能判断每个岗位需要什么样的身体状况。医院没有这个能力来为所有岗位一一提供判断结论。医院做不到的另一个原因是一旦提供了判断结论之后就要承担责任。所以,除了单位内部的医院,医院一般不会愿意提供职工能否胜任工作的保证,这超出了医院的工作范围。

笔者提问:您对当前国家的相关反歧视法律规定有什么看法?

访谈对象回答:国家有反歧视的法律规定应该是对的。许多疾病像乙肝等不是通过普通的传播途径感染的,不会影响人们的工作、学

习。所以孤立这些乙肝患者是不公平的,使他们受到了伤害。

笔者提问:您是否了解当前这些反歧视法律的执行情况?

访谈对象回答:我们自己这里没有什么问题,但是从媒体上了解到个别地方还是存在问题的。

(8)子小组C(b)访谈对象:大学诊所的医生HZ001

笔者提问:请介绍一下您具体是做什么工作的?

访谈对象回答:我在一所大学里担任校医院的医生。平时我有自己管理的科室,也负责为老师和学生组织体检。学生体检的范围很广泛,包括老生和新生,本科生和研究生。

笔者提问:根据您所掌握的医学知识,您是如何理解乙肝这种疾病的?乙肝的传播途径和防治手段有哪些?

访谈对象回答:乙肝就是乙型肝炎,是一种病毒性的肝炎。感染者的身体里因为有乙肝病毒的存在,所以肝的恢复能力较差,长期感染可能会转成慢性乙肝、肝硬化甚至肝癌。目前对乙肝的药物治疗效果还不是很好,不能根治。一旦感染了乙肝病毒一般就等于终身携带了。乙肝病毒分为活动期和非活动期。一般乙肝病毒携带者是处在病毒非活动期,而一旦进入病毒活动期就会有发病的外在表现。所以我们平时讲的"乙肝病人"实际上是分为乙肝病毒携带者和乙肝发病的病人两种。乙肝发病的病人要住院治疗,一般乙肝病毒携带者则不用。乙肝病毒携带者并不发病,只是他们的乙肝表面抗原呈阳性。俗称的"乙肝标志物"又叫"两对半"或"乙肝五项"是指乙肝病毒感染检测血清标志物,包括了乙肝表面抗原、乙肝表面抗体、乙肝e抗原、乙肝e抗体、乙肝核心抗体。乙肝核心抗原的检测方法相对较复杂,临床上通常不做,所以一般重点检查的项目就是"两对半"。如果"两对半"检测的结果显示是只有乙肝核心抗体呈阳性,这是一种好的表现,说明一个人体内已经免疫了乙肝病毒,没有得病。一般打疫苗后就会显示出这种结果。而如果检测的结果显示是乙肝表面抗原呈阳性,那么就说明已经感染了乙肝病毒,是乙肝病毒携带者。另外,谷丙转氨酶(GPT)的变化决定了乙肝病毒携带者是否发病。如果谷丙转氨酶升高,那么就处在发病期,否则,就不处在发病期。长期的乙肝病毒携带者一般谷丙转氨酶数值都比较高,这是由于乙肝病毒对肝脏的损害会慢慢加重。肝癌有很大一部分是由慢性乙肝转化而来的。目前,乙肝病毒在很多国家都很流行。比如我们常说的“澳抗”就是指“澳大利亚抗原”,这种抗原主要在澳大利亚、印度、日本、中国等地流行。中国现在有大约 1 亿的乙肝病毒携带者。乙肝病毒可以通过人与人之间的密切接触传播,例如,母亲传染给婴儿、输血、共用器械等都可以引起病毒传播。其中最重要的是通过血液来进行传播。“血清性乙肝”就是指以血液为主要传染途径的乙肝。其他的体液也有可能发生传染,但相对较少。像通过唾液的传播,在消化道中需要长期大量才可能发生传染,所以平时一起生活没事,但最好不要长期一起不分餐地吃饭。此外,乙肝病毒并不经过呼吸道来传播。乙肝病毒通常是散发流行的,控制乙肝病毒的传播以预防为主要手段,治疗为辅助手段。预防乙肝病毒传染的主要手段是使用专门的乙肝病毒防控疫苗,一般是交 85 元连续打三针疫苗,免疫期限在 5 年左右。所以要经常复查乙肝病毒的感染情况。如果乙肝表面抗体呈阳性,就说明乙肝疫苗是有效的。目前,乙肝病毒对症治疗的效果一般。治疗期间不能喝酒。通过使用拉夫米定等药物治疗可以使乙肝表面抗原转为阴性,但这个药物不是一般人都能用得了的。治疗后可使人的肝功能增强,加强肝制造胆汁的能力,更好地消化油脂。所以肝炎病人一般消化系统都不太好。像艾滋病毒一样,乙肝病毒可以洗掉,所以养成和人握手后及时洗手、饭前便后洗手的习惯比较好。乙肝病毒也可以通过蒸馏或用乙醇等消毒液来消毒。

笔者提问:目前在学校组织的各级各类学生体检中,是否有对乙肝病毒的专门检查?如果有,您认为这种检查构成对乙肝病毒携带者的歧视吗?

访谈对象回答:目前在公务员的录用体检中是有检查肝功能的,同时加查乙肝病毒 DNA 检测。我们学校在体检中按照国家的规定进行。在高考招生和研究生招生中,我们只要求检查肝功能,如果肝功能正常就可以被录取。学生到校医院自己来体检的话我们推荐做乙肝病毒 DNA 检测。乙肝病毒 DNA 检测是检查乙肝病毒的活跃程度,它的结果比较敏感,只要肝有了损伤就会导致 DNA 复制,检测数值就会变化。DNA 大量复制一般就是得了肝炎,可能是急性或慢性的肝炎,这时候乙肝病毒的传染性就会比较强。所以,学生来做乙肝病毒 DNA 检测后,如果检查结果显示 DNA 没有复制的就可以照常上学，一旦 DNA 有复制最好就马上进行治疗，以免一时的肝损伤转化为更严重的乙型肝炎。DNA 有复制也不是说情况一定很严重，只要 GPT 正常，DNA 不是大量复制，病毒传染性就不强，自己平时多注意一下身体不要太累也就可以。如果进一步检查了乙肝病毒感染检测血清标志物“两对半”项目，其中显示第 1、3、5 项（乙肝表面抗原、乙肝 e 抗原、乙肝核心抗体）的检查结果呈阳性就是俗称的“大三阳”，相对来说传染性较强，要进行有针对性的乙肝治疗。除此之外，乙肝病毒携带者一般没事，也没什么传染性。所以，如果对这些乙肝病毒携带者进行区别对待的话可能就会构成歧视。以前我们在学校中就有过这样的例子。有些学生他们不了解乙肝病毒的传播途径，不了解上面所说的这些检查的意义，就一味地排斥乙肝病毒携带者，不想和这些同学住在同一个宿舍里。我们对这些学生和他们的家长进行了宣传。结果后来他们和乙肝病毒携带者的同学合住一个宿舍一起住了 4 年，直到大学毕业了也没事嘛。（轻松地点头示意）

笔者提问：在您看来，对乙肝病毒携带者进行歧视的主要原因是什么？

访谈对象回答：就像我前面举的这个例子，学生主要是不了解乙肝病毒的传播途径，不了解专门检查的意义，才会在生活中排斥乙肝病毒携带者。一旦给他们进行了科普宣传之后，这个问题就自然而然地消除了。

笔者提问：您对我国现有的健康领域反歧视制度是如何看待的？

访谈对象回答：有这种制度当然是好的，现在我们给新生做入学体检时有些项目就再也不查了。但是制度也不是时时都能管用的。比如说我们前面讲的例子当中，学生当然也知道法律是不允许歧视的，但是他们自身就一直有着这种观念，该歧视的时候还是歧视。所以，即使是有了反歧视制度也还不够，制度是不能自己把自己给执行好的。执行的工作要靠谁来做？靠政府、学校还有我们的宣传，全都做到位了学生就不会歧视了。

（9）子小组 C（c）访谈对象：一般医院的医生 HZ006

笔者提问：请您谈谈你的工作情况？

访谈对象回答：我是我们所在社区医院的医生，平时就是给大家看病。因为是个小医院,人比较少,所以各种问题都看。最近我们医院新成立了一个体检中心,就把我调到这边来工作了。

笔者提问:您能否具体介绍一下您所在医院体检的情况?

访谈对象回答:我们医院的这个体检中心主要是医院为了挣钱而开的,基本上各种常规的体检项目都有。只要你交了钱,你想做什么检查都能做。我们基本上就是根据招工单位的要求,他们需要做什么检查项目我们就给做什么,然后把结果发给单位就行了。

笔者提问:如果招工单位要求做一些国家法律不允许检查的项目,比如乙肝五项,您所在的医院也能检查吗?

访谈对象回答:我们这里是小医院嘛,谁还来管我们呢!说真的,就算有限制,你只要交了钱,医院怎样也能想出办法来帮你查的。体检的时候,谁会注意究竟是抽了一管血还是两管血呢?体检单子上不要注明就好了。检查结果出来以后,再用电子邮件打个包发给招工单位的人事主管。这种事情天知地知你知我知,哪里有人管!(不屑撇嘴)

笔者提问:您认为,这种情况存在的主要原因是什么?

访谈对象回答:主要原因当然就是为了钱。自从前几年医疗改革之后,我们医院里好多措施都是乱来的,完全就是以经济效益为中心。不只是我们,其他医院好多也都是这样的,越小的医院赚钱越困难,各种各样的花招就越多。我也看到新闻报道里说我们这些做法是不对的,什么“和单位勾结,违法进行体检”。可是你看,现在医院都没有国家来管了,我们医生都快要吃不饱饭了,谁还关心我们有没有违法呢?现在各种改革都是最重视经济效益,其他的都顾不上了。对我们医院来说,体检就是最赚钱的一块,所以不可能自己跟自己过不去的。现在的人不像以前,良心都坏了。人的良心一旦变了以后,再想让它变好就不容易了。

笔者提问:您刚才提出这种做法被称为“违法体检”,那么您对我国当前有关体检制度的法律规定有什么看法?

访谈对象回答:现在的确是有很多法律规定说了对体检的限制和要求,但是真的实行起来根本就不是那个样子。中国人现在普遍都缺乏诚信。收了钱我就帮用人单位体检,法律又不知道。卫生局的人每天有那么多事都忙不过来呢,谁还会闲着没事总来盯着你有没有违法体检！法律说我们医生要对病人负责,要为了病人好,但是谁来对我们负责呢？现在单位出钱做体检,我们就要对单位负责。何况,病人早点知道自己得病了也可以早点开始治疗,这对病人来讲也许还是好事呢,自己不用花钱就给免费体检了一遍。

附录五:访谈内容分析示例

(1)分析访谈内容所用的符号解释

圆括号“(　)”中的内容代表访谈对象没有说完一个完整的句子,由笔者根据上下文补完访谈对象原句中所缺失的内容。

方括号“[　]”中的内容代表访谈对象的肢体语言或面部表情,用于理解访谈对象所表达的真实意思。

带下划线“__”的内容代表访谈对象提及的一个关键词或关键句子,是概括访谈对象观点的重要依据。

带波浪线“~~”的内容代表访谈对象的回答直接与本研究的主题相联系,在本研究中有时直接引用这些内容表达访谈对象的观点。

带阴影“　”的内容代表访谈对象作出的一个重要结论,显示了访谈对象的主要观点。

(2)带符号的访谈内容示例

笔者提问:除了上述问题之外,您还有什么想补充的内容?

访谈对象回答:有一些自己的想法。我一直以来都认为公民权利的实现是和一个国家中社会组织的健全密不可分的。比如说乙肝的反歧视,如果没有乙肝病毒携带者自发的自觉的这些维权活动,上面(政府层面)的政策不可能有这么根本性的改变,或者说根本不可能改变得那么快。只要有了一个活跃的健全的社会组织,有了这些社区组织、非政府组织等,那么一些不合理的制度、歧视性的政策要改变起来就会容易得多。

笔者提问:您对您的健康反歧视组织将来的发展有什么期望?

访谈对象回答:其实我也没有特别的期望。当然我认为从长远来看我工作的组织会向着越来越专业化的方向发展。和其他民间社会组织一样，其实我们的组织也是在“摸着石头过河”。我们现在的很多工作方式都是我们自己摸索出来的。当然也会学习很多其他机构的、其他领域的、其他国家的一些办法。而且我们还在继续探索。现在很难讲对今后有一个特别清晰的愿景。这也是不现实的。我这样讲的意思就是说“一切都有可能”。

笔者提问：目前您领导的健康反歧视组织的工作看来是处在国内前列？

访谈对象回答：国内目前做这方面专门工作的非政府组织还并不多，所以就算是我们的工作处在前列，也没有什么可骄傲的。［有些自嘲地笑］

(3)对上述带符号的访谈内容的分析

第一，在句子“上面（政府层面）的政策不可能有这么根本性的改变，或者说根本不可能改变得那么快”中，圆括号中的内容补全和澄清了访谈对象的观点。如果没有添加的词语“政府层面”，就不清楚访谈对象指的是谁发布的相关政策。

第二，方括号中的内容记录了访谈对象以非口头形式作出的回应，提供了一个理解其感受的独特视角。当访谈对象被问到是否认为他所在的非政府组织目前的工作是处在国内前列时，他有些自嘲地笑了。在他的这一笑中包含了比较复杂的情绪。一方面，他为他所在的非政府组织目前的工作确实处在国内的领先地位而觉得骄傲；另一方面，他为这一领先地位主要来自在该领域工作的非政府组织的数量匮乏而并不完全满意。他所期望的，应当是有更多的非政府组织加入这一领域的工作，从而更好地推动中国反歧视制度的整体进步。如果没有记录这一表情，在理解访谈对象对本组织工作的评价时就可能会有所偏差，不能准确地反映他的原意。

第三，下划线、波浪线和阴影强调了访谈对象在这几段对话中的基本观点，并将他的基本观点和本研究的主题联系了起来。这几段对话集中评价了在应对基于健康状况的歧视方面中国现有的非政府组织所做的工作，同时对其未来的发展方向进行了展望。首先，带下画线的内容表明了访谈对象对非政府组织在推进公民权利实现和国家政策改变这些方面整体上很有信心，同时认为非政府组织在未来的发展方向仍然不很明确，既要学习已有的其他国家与地区经验，也应当勇敢依据国情走自己的发展道路。其次，带波浪线的内容提示了这几段对话与基于乙肝病毒的歧视的联系。因为访谈对象自身具有乙肝病毒携带者的身份，其所领导的非政府组织的主要活动也是从帮助乙肝病毒携带者进行维权开始的，因此从这些已有经验出发得出乙肝病毒携带者自发的自觉的维权活动加快了政府政策的转变过程这一结论是比较令人信服的。最后，带阴影的内容总结了这几段对话中访谈对象的主要论点。访谈对象认为，非政府组织的积极和有效的工作能有力地推动中国禁止基于健康状况的歧视，而要发挥这一作用则需要在未来有更多类似组织踊跃参与，同时非政府组织要注意吸收先进的相关经验并以有创造力的方式在中国开展工作。

图书在版编目(CIP)数据

应对基于健康状况的歧视：理论、经验和挑战 / 李子瑾著. -- 北京：法律出版社，2019
（浙江理工大学法学文库）
ISBN 978-7-5197-3067-3

Ⅰ. ①应… Ⅱ. ①李… Ⅲ. ①健康状况-隐私权-人身权-研究-中国 Ⅳ. ①D922.74②D922.164

中国版本图书馆 CIP 数据核字(2019)第 020540 号

应对基于健康状况的歧视：理论、经验和挑战
YINGDUI JIYU JIANKANG ZHUANGKUANG DE QISHI：LILUN、JINGYAN HE TIAOZHAN

李子瑾 著

策划编辑 周丽君
责任编辑 周丽君
装帧设计 贾丹丹

出版 法律出版社
总发行 中国法律图书有限公司
经销 新华书店
印刷 北京虎彩文化传播有限公司
责任校对 王晓萍
责任印制 张建伟
编辑统筹 独立项目策划部
开本 A5
印张 9
字数 260 千
版本 2019 年 2 月第 1 版
印次 2019 年 2 月第 1 次印刷

法律出版社/北京市丰台区莲花池西里 7 号(100073)
网址/www. lawpress. com. cn
投稿邮箱/info@ lawpress. com. cn
销售热线/010-83938336
举报维权邮箱/jbwq@ lawpress. com. cn

中国法律图书有限公司/北京市丰台区莲花池西里 7 号(100073)
全国各地中法图分、子公司销售电话：
统一销售客服/400-660-6393
第一法律书店/010-83938334/8335　西安分公司/029-85330678　重庆分公司/023-67453036
上海分公司/021-62071639/1636　深圳分公司/0755-83072995

书号：ISBN 978-7-5197-3067-3　**定价**：40.00 元
（如有缺页或倒装，中国法律图书有限公司负责退换）